戦時哲学における国家と宗教

田辺元・南原繁・三木清を中心に

森田伸子　著

東信堂

はじめに

動物は戦争をしない。野生動物の世界では、つねに生き残るための闘争が繰り広げられている。野生動物の、長いとは言えない一生の時間は、すべてがこの闘争のために費やされ、闘争から離れた平安の時間は、闘争と闘争の間のつかの間の短い時間としてさしはさまれているだけのように見える。このつかの間の時間を、動物たちがかけがえのない時間と感じているのかどうか、それは私たちには知るすべもない。ただ、野生動物たちの間の、生存のための闘争を、私たちが戦争とは呼んでこなかったのは確かである。

最も進化した、特別の存在であるように見える人間だけが戦争をする。知られている限りの人類の歴史の時間の大半は戦争の時間である。もちろん、戦争がおこなわれておらず、平和な日常生活が営まれていた時間は、歴史に記されている戦争の時間よりずっと長かったはずである。歴史とはそもそも、特記すべき出来事を記したものであるのだから、歴史の時間が戦争の時間であるのは当然である、という言い方もできるだろう。そうだとしても、太古の昔から現代にいたるまで、天空の彼方から地球上を眺める存在があったとしたら、やはり、その存在の目には、人間は大昔から少しも変わることなく戦争を繰り返してきたと見えることだろう。生命の誕生とともに今日まで繰り広げられてきた生物たちの間の生存のための「闘争」と、人間が純粋に動物であることを止めて「人間」となって以来——もっと端的に言えば、自分たちの物語を語り伝える「言葉ロゴス」を持った時以来——、絶えることなく続けてきた「戦争」との間には、どんな違いがあるのだろうか。この問いに対しては、自然科学的生物学的な答えもあるに違いない。そもそも人間を特別な存在として見ること自体に対して疑義を唱える向きもあるだろう。

本書で問いたいのは、そうした客観的な問いではなく、人間にとっての「戦争」の意味、もっと言えば、悲惨で残酷な戦争の現実を経験しつつ、戦争は悪であると認識しつつ、なお戦争をやめない、あるいはやめられない人間という存在への問いである。この同じ人間が、同時に、戦争のない「平和」を希求してやまない存在であるというところにこそ、人間という存在の逆説的な謎が秘められているように思われる。自分が何らかの形で戦争の渦中に置かれているとき、人は、この「謎」に直面させられ、この「謎」を生きることを強いられる。そしてそこに発動する思考を「戦争の哲学」と呼んでみるならば、この哲学は今現在も、世界中で編まれ続け、生成の過程にあるであろう「哲学」である。戦争の歴史は人類とともに古く長いだけではない。かつて、天上の世界（それは神が支配する平和な「神の国」とも呼ばれてきた）と区別されて、漠然と「地上の世界」と呼ばれてきたものが、地球と呼ばれる小さな一つの天体となり、そこで起こっている戦争は空間の制限など瞬時にこえて遠い地にまで伝えられるようになった。冷戦終了後の現代の世界を見るならば、イデオロギーの対立も、あるいは、古典的な国家と国家の対立も、そのいずれの境界線も流動化し、それゆえ、戦時と戦後の区別もまた曖昧な、終りなき戦争が果てしなく続く世界となっている。

だからこそ、今、現代の「戦争の哲学」が切実に求められている。本書は、思想史という限定された方法によって、過去の戦争の哲学をふり返ってみることで、その一端に手をつけることができれば、との願いから書かれた。取りあげたのは、私たち日本人が最も直接的に経験した、そしてすでに終戦後八〇年になろうとしながら、いまだその「哲学」を完成することができずにいる第二次世界大戦の時代に生きた、四人の人物が書き残した「渦中」の思考である。

第一章では、田辺元の戦時から終戦直後における「種の論理」から「懺悔道の哲学」と「キリスト教の弁証」に至る国家と宗教の思想、第二章では、戦時期、ナチスの国家論と並べて田辺を批判した無教会派の南原繁におけるカント、フィヒテ論を中心とした国家と宗教の思想、第三章では、三木清のパスカル論から構想力論を経て東亜協同体論にいたる戦時の思想をとりあげた。彼等はいずれも、戦争する国家の内側にあって、避けがたく戦争に参加している自分自身と向き合い、同時に、この戦争を相対化し批判しそこから脱出し得る超越への回路を求め続けた。「内在」と「超越」のこの関係こそ、先に人間性の「謎」と呼んだものにほかならない。そして彼らはみな、この謎に対峙するための思考の武器を、彼等の幅広い教養の中から（戦前の知識人として彼らは、仏教、儒教、あるいは国学の教養を地盤として持っていた）、とりわけ西欧の思想、哲学、宗教に求めた。そこには、明治以降の日本の近代思想が、西欧の「輸入思想」でしかなかった、というよく言われる否定的評価を越える、ある種の必然性があったように思われる。確かに、明治期に解禁されたキリスト教は、西欧から来日した宣教師たちによって精力的に広げられて近代化のシンボルのようになった経緯があるし、日本の「哲学」は帝国大学に招聘された西欧、特にドイツの哲学教師たちによって基礎を築かれたという経緯も存在する。しかし、本書で取り上げる人物たちが、キリスト教や「ドイツ観念論」とりわけカントとヘーゲルに思考の手がかりを求めたのは、その中に、「内在」と「超越」の契機をもっともはっきりと見出すことができたからではないだろうか。それは、長い鎖国体制の中で「平和」を生きてきた日本人が、一九世紀後半の西欧列強国を中心とする苛酷な戦争状態にある世界の中に参入して、戦争する国家を生きなければならなかったときに、もっとも手ごたえのある思考の武器を提供したと思われる。序章ではこのような観点から、ホッブス、ルソーからカント、ヘーゲルにいたる西欧思想史の流れと、彼らと同時代のフランス思想界の動向について述べた。また終章では、彼らの子ども世代にあたり、日本主義の思想が席巻する戦時期に多感な少年期から青年期を送った、無名の一国学徒稲垣武一の遺稿を取りあげた。戦争する国家の中で成長し、祖国への自然な感情と祖国を越える「天の国」への信との間で揺れながら、ひたすら、この国の行く末を模索し続けた稲垣の魂の記録は、戦争の哲学が生成するその現場の一つの姿を、私たちにありありと示してくれるように思われる。

目次／戦時哲学における国家と宗教——田辺元・南原繁・三木清を中心に

戦時哲学における国家と宗教——田辺元・南原繁・三木清を中心に

序章　西欧政治思想史における戦争
――ハンナ・アーレントとJ・G・A・ポーコックを手がかりとして

西欧政治思想史を戦争という契機から見たときに、そこには、二つの大きな系譜を見出すことができるように思われる。その一つを、ハンナ・アーレントのかなり大雑把な概念である「唯物論／観念論」という呼び名で呼んでみよう。彼女は、死後に遺された草稿の中で、西欧政治思想史には、強固な伝統として、政治という事象を「人間が不幸にして共生せざるを得ないという必要性に迫られているかのようにして」（アーレント 2002 p.188）考える伝統、言いかえてみるならば、必要悪としての政治、という考え方が存在している、と述べている。この「必要性」とは、根源的には、生物学的生命の必要性、すなわち、生存の必要性＝欲求を指す。そこから、政治における支配、権力、その他もろもろの政治的事象が生ずる。

「人間は動物ではないにしても、生物学的生命の必要性を動物と共有しているという事実である。……生命の必要性を支配することによってのみ、人間は人間特有の生活を展開することができるのである。そしてこの支配は必然的に他者に対する支配である。言いかえれば、政治的領域を、身体的欲求におけるような生命の必要性と結びつけた形で考慮し、それによって政治的営為を厳密に物質的な領域に結びつけたことで、政治哲学が始まったのである。この唯物論、すべての活動は根本では物質的欲求に動機づけられているという確信、これがマルクスをも含む伝統的政治思想の一貫した特徴であり続けているのである」(同p.266)。

このように、政治という事象を、人間の動物的、あるいは物質的本性と、そこから由来する、自然と他者に対する支配と結びついた、いわばやむを得ない必要悪と考える政治思想は、同時に、それと表裏一体の関係で、ある種の理想主義、超越主義を要請する。

「人間本性とは、動物と共有している生物学的な意味での生命の自然的部分か、それとも、あらゆる人間の生命が目指していながら、本性の欠陥のために完全には手に入れられない何か《超自然的な》ものの目標として規定されるかのどちらかである」(同p.307)。

アーレントがこの「唯物論／観念論」の系譜として言及しているのが、ホッブスとカントである。それを彼女は、道徳(私的生活)と政治(公的生活)との関係に置きかえて、次のように述べている。

「道徳と政治、私的生活と公的生活の領域は、共に宇宙の永遠の秩序に支配され埋め込まれている。……一つには、例えばホッブスのように、個人的な道徳を犠牲にして政治参加の必要性を合致させようとする場合、権力がまさにその起源を有する政治的領域から始め、人間の本性を「権力に飢えた動物」であると結論することになる。他方で、これにたいして、例えばカントのように、個々の人びとが自分の私的領域にあって行動することと合致させられる場合、自分の中の法則が普遍的な立法者にまで持ち上げられる。どちらの場合も、一つの法の普遍性は保存される。つまり、権力の法則におとなしく服従する者は、本質的に権力に飢えているのであり、都市の法に従うものは自分自身の中に法則の本質を見出すのである」(同 p.197)。

他方、アーレント自身の政治思想は、明らかにこれとは異なり対立する系譜にあるものである。政治とは、決して、「不幸にして共存せざるを得ない」という必然性に属する事象ではない。それは、徳と喜びに属する領域なのである。「共和政の政体が前提とする経験とは、自分と力能において同等の者たちと一緒にいる経験である。この公的生活を支配する徳は、世界の中で一人ぼっちではない喜びである。」さらに彼女はモンテスキューの共和主義的徳について言及しつつ、「モンテスキューが徳と呼んだ平等への愛は、神のようにではなくて人間であることへの感謝の念である」と述べている(同 p.203-204)。これは彼女の主著『人間の条件』の中で、「活動」という概念によって語られている内容と同じである。彼女はそこで、プラトンの哲人の「支配」に基づく政治論との対比で、人間の有限性と多数性(多くの人が一緒にいること)に基盤を持つ、もう一つの政治のモデルを提示している。それは、つねに他者の存在に基礎を置き、それゆえ、つねに取り返しのつかなさ(不可逆性)と、予測のつかなさ(不可予言性)とにつきまとわれる政治の形である。この困難を抜け出す唯一の救済は、超越的な原理ではなく、人間の中にある、為された悪を赦す、赦しの能力と、不確かな未来に信を置き約束をし、それを守る、約束の能力である（アーレント 1994 p.373, 381-385）。

ハンナ・アーレントのこの政治思想は、彼女が亡くなった一九七五年に出版された、『マキャヴェリアン・モーメント』の著者、ポーコックによって、哲学から歴史学の文脈へと移されて継承されている。それゆえ彼は、当書が出版されてから三〇年後の再版にあたって、「その著書が私にとって最も共鳴できる最近の哲学者がハンナ・アーレントであるのは驚きではない」（ポーコック 2012 p.524）と述べたのである。彼が当書で共和主義について語っている多くの文章から一つだけ引用してみる。

「共和国は、その市民相互間の関係において徳の全体性を実現しようと企てた。しかし、それは時間的かつ空間的に限られた立脚点の上にであった。共和国は時間において始まりを持つものであるから、その始まりがいかにして可能であったかの説明をしなければならず、また理論上それは終わりをもたねばならない以上、その維持はその建設に劣らず問題含みであることを認めなければならなかった。共和国は空間において位置や場所を持つものであるから、それは隣国人に囲まれており、彼等との関係は市民の間にのみ存在する徳によっては支配できなかった」（同 p.166）。

ポーコックのアーレントとの違いは、人間の有限性の問題が、より一層現実的に、「問題含み」のものとして考えられていることであろう。この有限性は、具体的には、共和国の創建をめぐる問題——この創設の行為は、アリストテレスの形の定まらない質料としての人間集団を、政治的動物から成る国家という「形相」にまで作り変えることを意味する（同 p.157）――、国家という形相を維持するための市民的徳の問題――市民的徳はそれ自体が有限性を持ち、時間の中で必然的に腐敗し、共和国を死へと至らせる――、さらに、私たちのテーマに直接かかわる戦争と軍事的徳の問題として表現される。しかもマキャヴェリはこれらの困難な課題に、宗教の助けを借りずに取り組んだ、とポーコックは述べる。マキャヴェリのうちに、ポーコックは、「恩寵の次元の放棄と、徳を共和国においてのみ――すなわち、それ自体が人数と空間と時間において限定された数の諸共和国においてのみ――存在するものとみなす決心」（同 p.190）を見出す。

人間の自然性から由来する戦争と、人間が自らの有限性を徳へと転換するところから生まれる戦争。近代西欧政治思想におけるこの二つの伝統は、いずれも、戦争を人間性の抱える必然的運命としてとらえ、それに正面から対峙している点で共通する。唯物論／観念論の系譜においては、戦争はどこまでも唯物論的存在としての人間が抱え込む「悪」であり、それゆえに、唯物論とは異なる超越性の原理としての宗教を必然的に要請する契機として位置づけられる。他方、共和主義の思想においては、戦争はむしろ、政治的存在としての人間性の積極的契機として位置づけられる。共和主義者は、人間の有限性がもたらす、この避けがたい運命としての戦争との対峙の中に、人間固有の徳を見出すのである。運命の主人公はどこまでも有限な存在としての人間であり、その限りにおいて、平和は最初から断念されている。

この二つの系譜のいずれからも、戦争の問題を解決する道は開かれてこない。本章の最後では、超越に頼るのでもなく、断念するのでもない、新しい道を模索した例として、「物質と観念との存在論的一致」とアーレントが呼ぶ（アーレント 2002 p.152）方法によって、共和主義の先に進んだヘーゲルの戦争哲学を検討してみることにしたい。

第一節　唯物論／観念論の系譜——ホッブスからカントへ

一—一　ホッブス——国家と霊的コモンウェルス

〈ホッブスの唯物論〉

ホッブスの『リヴァイアサン』は、ピューリタン革命の動乱の最中、一六五一年に出版された。そのタイトルが『リヴァイアサンあるいは、教会および国家のコモンウェルス、その物質、形態、および力』とあるように、この書は、この世に存在する二つのコモンウェルスについて、アリストテレスの用語で言えば、質料、形相、運動の三つの角度から論じたものである。彼の唯物論的思考は、「序説」に余すことなく記されている。人間は技術によって自然を模倣し、人工的動物、あるいは、人工の生命を持つ自動機械を作ることができる。技術がさらに進めば、「自然の理性的で最もすぐれた作品である、人間を模倣する。すなわち、技術によって、コモンウェルスあるいは国家（State, Civitas）と呼ばれる、あの偉大なリヴァイアサンが創造されるのであり、それは人工的人間に他ならない。主権は……人工の魂であり、為政者たち……は人工の関節であり、賞罰は……神経である」（ホッブス 1-p.37-38）。一つの人工的に作られた機械仕掛けの人間としての国家、というイメージは、次節で見るルソーにおいても繰り返されている。ホッブスの唯物論は、ホッブスに対する最も厳しい批判者であったルソーにおいても異なる文脈において継承されているのである。

第一部では、この自然を模倣する人間自体が、自然の一部として、自然の運動によって作動される物質的存在として詳しく論じられている。人間の感覚は、外部の物質の運動による圧力から生じる現象であり、感覚はその刻印としてイメージを形成し、さらにイメージの連続として思考系列が生まれる。この過程を、詳細をきわめて具体的に述べた後に、「リヴァイアサン」の中でもっとも有名な、かの「万人の万人に対する戦争 wars」について述べる一三章「人類の至福と悲惨に関するかれらの自然状態について」が来るのだが、注目すべきは、その直前に一二章「宗教について」が置かれていることである。あたかも、人類の悲惨を唯物論的に語るためには、宗教論という、非唯物論的、すなわち観念論的思惟を是非とも必要とする、とでもいうように。その冒頭は、「宗教は人間においてのみ存在し、……他の生きた被造物には見出されないある特殊な性質、あるいはすくなくとも、それのある卓越した度合いに存することを、疑うべき理由はない」(同 2-p.181) との文章が置かれている。宗教の問題が、国家の問題と同じくらい、ホッブスにとって大きな意味を持っていたことは、「リヴァイアサン」のほぼ半分以上のスペースが第三部「キリスト教のコモンウェルス」および第四部「暗黒の王国」(ここでは、キリスト教の間違った解釈がもたらす暗黒について述べられている) に割かれていることが物語っている。その内容については、本節の最後に見ることにしよう。

第一三章を、ホッブスは、「人は生まれながらに平等である」という見出しから始めているが、この平等とは理念上の平等ではなく、自然的な平等を指す。つまり、人間の心身の諸能力の程度は諸個人の間でそれほど違いはないという意味である。おそらくこれを反復する形で、後にルソーは、ほかの人の二倍の大きさの胃袋を持つ人間はいないと表現している。ルソーの場合は、それなのに社会においては、ある人々が他の人々の二倍も三倍もの食料を浪費しているという社会における不平等の批判に向かうのだが、ホッブスはこの自然の平等から、人々の間の不信と戦争を引き出す。たしかに、自然状態において自然的な能力の圧倒的な差があれば、力の差はおのずと秩序を生み出すだろう。ちょうど狼とウサギの間のように。自然状態における平等のもとでは、つねに周りから脅かされる「継続的な恐怖と暴力による死の危険があり、それで人間の生活は、孤独で貧しく、つらく残忍でみじかい」。このような戦争状態においては、何ごとも不正ではなく、すべてが許される。ここに見られるのは、動物の間の生存をかけた闘争とある面では、変わるところのない状況である。しかし、そこには自然界の闘争には見られない人間の「戦争」の形がすでにくっきりと示されている。ホッブスは自然状態における人間同士の戦争の動因を、三つあげている。第一は利得、第二は安全、そして第三は評判である。第一と第二は、生命の保存という基本的な自然的欲求と結びつきうるが、第三はどうであろうか。「すべての過小評価のしるしのような、些細なことのために、それらが直接に彼らの人格に向けられたか、間接的に彼らの親せき、友人、国民、職業、名称に向けられたかを問わず、暴力を使用する」(同 1-p.210)。ここが、ルソーの激しい批判を呼んだところである。ホッブスが、「自然状態」といいつつ、そこに社会状態の人間を想定していることは、一見して明らかである。ホッブスは、社会状態をもって自然状態と見なした、とルソーは批判しているのである(ルソーのホッブス批判については、森田一九八六を参照)。しかし、この批判はホッブスにとってはなんらの痛痒を与えるものではなかっただろう。なぜなら、それはまさに彼の承知の上の事だったからである。以下の文章がそのことをはっきりと示している。

「しかし、個々の人びとがたがいに戦争状態にあったときが、けっしてなかったにしても、それでも、すべての時代に、王たち、および主権者の権威を持った諸人格は、彼等の独立性のゆえに、絶えざる嫉妬のうちにあり、剣闘士の状態と姿勢にあって、たがいに彼らの武器をつきつけ、目をそそいでいる。彼等の王国の国境にある彼らの要塞や守備兵や銃砲と、彼等の隣国に対するたえざるスパイがそうであって、これは戦争の姿勢である」。続けてホッブスが次のように述べるとき、そこでは、自然状態の「各人の各人に対する戦争」と、すべての時代における「王たち」あるいは「主権者たち」の間の戦争の区別はほとんどなされていないように見える。「正邪 Right and Wrong と正不正 Justice and Injastice の観念は、そこには存在の余地をもたない。共通の権力のないところには、法はなく、法がないところには、不正はない。強力と欺瞞は、戦争においては二つの主要な徳性である」(同 1-p.213)。

「共通の権力のないところ」とは、各人がむき出しの暴力で対峙しあう「自然状態」を指すだけでなく、じつは、次に見る国家のコモンウェルスが成立した後の、国家と国家の間の関係との両方を指しているのである。すなわち、ホッブスの唯物論的政治哲学は、彼の眼前で繰り広げられている諸国家間の戦争状態から出発し、そこから人間の「自然的本性」を引き出し、そして、この人間本性から国家の論理を導き出したものであった。

〈国家のコモンウェルスの設立〉

国家のコモンウェルスは、自然状態における各人の各人に対する戦争状態から脱出するために、各人の同意と信約によって設立された人工物である。すなわち、「その究極の目的は、各人自身の保存についての、そしてそのことによるもっと満足な生活についての、洞察である。言いかえればあの悲惨な戦争状態から、彼ら自身を解放することについての洞察である。」(同 2-p.27) このような「洞察」が可能であるということが、宗教を持つことと並んで、人間が他の生きた被造物と異なる特性なのである。その洞察によってなされた同意と信約とは、次の二点に要約される。

第一は、その信約は、具体的には、彼ら自身に代わって行為する権威を与えられた、一人の人物、あるいは複数の人びとの合議体との間に結ばれる。前者は君主制、後者は貴族制の統治形態を指す。この権威づけられた代表者が、主権者であり、彼等は絶対的な主権者権力を有することになり、代表される側はすべて臣民となり、主権者に対して、絶対的な服従のもとに置かれる。自然状態が悲惨な相互の殺し合いの状態である以上、そこから脱出するのは、諸個人に対して絶大な力をもつ存在が無ければ不可能である。主権者権力の絶対性と、服従の絶対性なくしては、コモンウェルスは無力なものに終わるだろう。

第二に、この信約は一種の契約であるが、あくまでも、個々人が、ある人、あるいはある合議体に対して、自分の権利を与え、今後、自分に代わって行動する権威を付与する、という個々の約束である。契約はあくまでも、個人と新たに主権者とされるものとの間の個別的な契約なのである。それでは、互いに戦争しあっている個人同士の関係はどうなるのか。それは次のように表現されている。各人は各人に向かって次のように言う。「私は、この人、あるいは人々の合議体に対して権威を与え、それに対して、自己を統治する私の権利を与えるが、それは、あなたも私と同じように、あなたの権利を同じこの彼、あるいはこの合議体に与え、彼、あるいは彼らのすべての行為を権威づけるという、条件においてである」(同 2-p.33)。この行為によって、個々人の烏合の衆である群衆は、一つの人格に統一される。つまり、群衆を一つの人格として統一するものは、彼等を「代表する者」（＝主権者）の統一性であって、群衆の諸個人の間にある統一性によってではないことを、彼は一六章と一七章を通して強調している。これが、次の節で見る、諸個人の相互の結合によって、個人とは全く異なる新しい一つの集合的人格を生み出す、という共和主義的伝統と、ホッブスとの違いである。それゆえ、ポーコックは、ホッブスのことを、「イギリスにおけるマキャヴェリではないホッブス」と呼んだ(ポーコック p.315)。この違いは、端的に、国家の戦争という事態において個々の臣民が取りうる行動の違いとしてあらわれる。

〈臣民の自由――自己の生命を守る権利〉

二一章「臣民の自由について」は、コモンウェルスの設立後もなお存続する臣民の自由について述べた部分である。臣民が主権者の命令を拒否し得る自由を持つのは、そのことが、主権を定めた目的を破壊する場合である。その例としてホッブスが挙げているのが、戦争と反乱のケースである。「彼等は、自発的におこなうのでなければ、戦争するように拘束されはしない」。(ホッブス 2-p.97) ここでは、「自由」ということが、「自発的に」、つまり、自ら望んで行うことであり、かつ、ホッブスの人間観においては、人が自ら望むことはただ一点、自己の生命を守ることであるという点を想起しておこう。主権者の命令であろうと、戦争で死ぬことを望まない限り、人は兵役に就くことを拒否しても、それが不正ということにはならない。拒否の方法としてホッブスは、自分の代わりに別の一人前の兵士を代置することをあげ、あるいは、戦闘において恐怖心から逃亡した場合も、それは、「臆病」という「不名誉」であっても「不正ではない」と言う。ただし次の二つの場合において、戦うことを拒否するのは、不正である。第一は、すでに自ら闘うことに同意して兵士の登録をしたり、徴兵金を受け取っている場合である。これは自発的におこなわれた行為であるから、それに叛くことは不正である。第二は、コモンウェルスの存亡が今現に脅かされており、すべての武器を取りうるものの力を今すぐに必要としている場合である（同 2-p.98）。コモンウェルスのそもその目的——自己の生命の保全——がかかっている以上、戦うことは自己の生命を守る闘いそのものであるから、それを拒否することは、主権を定めた目的を破壊することになるからである。

第二の反乱のケースは、「多数の人々が一緒に、すでに主権者権力に対して不正な抵抗をしたり、ある重大な罪を犯したりして、そのために、彼等の各々が死に直面させられるという場合、彼等は一緒に結合し、たがいに援助しあい防衛しあう自由」をもつ（同 2-p.98）、というものである。これは一見、主権者権力の不正に対して抵抗する、市民的な抵抗権の思想のように見えるが、その内容は全く違う。ここで問題になっているのは、主権者権力に対して、すでに「不正な抵抗」や「罪」を犯した集団の「自由」なのだ。不正はむしろ、主権者よりも反乱者側にあるのだ。主権者権力が、これに対して死罰をもって臨むのは正義である。にもかかわらず、反乱者たちが、今主権者権力と闘うこと自体は、「彼等の生命を防衛する」行為であるという限りにおいて不正ではないのである。初めにあった「抵抗」や「罪」は主権を定めた目的を破壊する行為であり、「不正」であるが、その結果生じた事態の中で、自己の生命を防衛するために一緒に主権者と戦う行為は「不正」ではない。ここには、当代にあって絶えることのなかった内戦が、そのどちらの側が正義であり、どちらが不正であるとも言えない状況の中で生きたホッブスの政治論がくっきりと浮かび上がっている。お互いがお互いの正義を立てて闘いあう革命と動乱の時代にあって、ホッブスが提起したのは、新しい「正義」ではなく、否定しようのない絶対的原理としての、生存権の原理であった。コモンウェルスとしての国家は、この原理の上に創設され、同時に、つねにこの原理との闘争状態のうちに維持されるのである。

〈霊的コモンウェルスと神の国〉

こうした状況を踏まえて、ホッブスが、『リヴァイアサン』の半分以上の分量にあたる第三部において、キリスト教のコモンウェルスについて述べていることの意味を考えてみよう。コモンウェルスとは、人間の技術によって作られた人工的な制作物であるのだから、「キリスト教のコモンウェルス」で問題として扱われているのは、教会という制度であることは明らかである。膨大な聖書からの引用を連ねてホッブスがまず論証しようとしているのは、現代の教会（カトリック教会にせよ、プロテスタント諸教会にせよ）は、キリスト教の本質とは何ら関わりがないという事実と、にもかかわらず、地上的なコモンウェルスとして存在している教会が、いかにこの世に分裂と争乱をもたらしているか、ということである。

「教会は、キリスト教徒たる人々から成る政治的コモンウェルスと同一物であって、その臣民が人間であるために政治国家と呼ばれ、その臣民がキリスト教徒であるために教会と呼ばれているのである。……この世においては国家についても宗教についても、現世的な政府の外には、政府はない。……（ゆえに政治国家と教会というふたつのコモンウェルスが並び立つところでは、つねに、――筆者）ふたつのコモンウェルスとの間の、すなわち、霊の側の人と現世の側の人との間で、正義の剣と信仰の楯との間で、そして各々のキリスト教徒たる人間自身の胸のうちで、キリスト教徒と人間との間で分裂と内乱が起こっている」（同 3-p.167）。

この混乱と分裂は、キリスト教が教える「霊の国」あるいは「神の国」という言葉の意味するところを完全に取り違えているところから生ずる。そもそもが「現世的および霊的な統治」という言葉は、人々を誤解させるために持ち込まれた二つのことばに過ぎないのである(同上)。この誤解を解き明かすために、そして聖書が示す本来のキリスト教がどのようなものであるかを示すために、『リヴァイアサン』の第三部と第四部は書かれた。

ホッブスは、聖書に書かれているキリストの「職務」は、次の三つであるという。第一は贖罪者すなわち救済者としての職務、第二は、牧者すなわち教え導くという職務、そして第三が、永遠の王すなわち神のもとでの神の国の王としての職務である(同 3-p.188)。聖書のどこにも書かれていないのは、地上において人々を支配する統治者としての職務である。「王国」あるいは「王」という言葉は、政治的コモンウェルスや政治的主権者を連想させるが、イエス自身が、この二つをはっきりと区別する言葉(「私の王国は地上の国ではない」)を多く残していることを、ホッブスは聖書の多くの個所を引用しつつ強調している。「霊的コモンウェルスはこの世に一つも存在しない。それはキリストの王国と同じものだからであり、その王国は、彼自身が、この世のものではなく、次の世において、復活の時にあるだろうと、言っているのである。……それまでのあいだは、地上には誰も、その肉体が霊的である人びとはいないと言うことからして、まだ肉の形をとっている人々の間に、霊的なコモンウェルスはありえない」(同 3-p.323)。

他方、教会は従来、イエスが使徒ペトロの上に教会を打ち立てたという聖書の記述をもって、ペトロの権威を代々継承するものとしての教会組織を正当化してきた。ホッブスは、イエスが使徒たちに託したものが何であったかについても、聖書の多くの個所を引用して、反論する。イエスは、使徒たちに対して、他の人びとを支配するいかなる権威も委ねなかった(同 3-p.211)。使徒たちに託された務めの最も本質的なものは、支配し命令することではなく、証しすることであった。すなわち、イエスは我々の罪を贖い我々を救済するために世に降臨した「キリスト(メシア)」である、というそのことを、世の人々に証しすることである。この証言するという行為は、教えるという行為と一体である。そしてそれは、支配するという行為とはまったく異なる、「神の国へと招く・招待する」という行為である(同 3-p.247)。使徒たちが被った「殉教」についても、ホッブスはこの観点からとらえ直す。キリスト教会の歴史は、迫害に抵抗し凄惨な死を遂げた多くの殉教者の物語によって彩られている。教会は彼等を「聖人」として聖別し、教会の歴史の中に組み込むことで、教会の権威を一層強固なものにしてきた。しかしホッブスによれば、殉教において本質的なことは、実際に自分が見た真実を世に証しする、というその行為そのものである。その結果としての死そのものは付随的なものにすぎない。「死ではなく証言そのものが、彼を殉教者たらしめるのである」(同 3-p.215)。殉教が証の行為であるとすれば、それは、実際にイエスと生活を共にし、その死とその復活を実際に目撃した者たちにのみ可能な行為であり、証し=殉教は彼等にのみ課された務めである。直接イエスを見ることなく、かれらの証言によってのみ信仰へと招かれた他の多くの信徒たちには、この証の行為は託されてはいないのだから、そこに「殉教」はあり得ない。このように述べることでホッブスは、神の命令(それは地上においては教会の命令によって代表される)に従って世の権力に抵抗すること、とりわけそのために「死ぬ」ことこそ、信仰の証を立てることだと見做す、伝統的なキリスト教の教えに真っ向から対決しているのである。

すでに見たように、この世の政治的コモンウェルスのために戦って死ぬことをも、ホッブスは決して絶対化することはなかった。世俗を生きる人間にとって、何よりも本質的なことは、「死ぬ」のではなく「生きる」ことであったとすれば、霊的コモンウェルスに生きようとする人間にとっても本質的なことは、「死ぬ」ことではなく生きることであった。ただ、キリスト教徒にとって「生きる」ということは、物質的生物学的生の保存ではなく、「信仰」と「正義」をもって生きることである。そして「信仰」とはすでに見たように、「イエスがキリストである」ことを信じることであり、「正義」とはホッブスによれば、「正しくあろうとする意志」を意味した。「神は善人においても悪人においても、ただつねにその意志を、行いそのものの代わりに受容するのである」(同3-p.356-357)。

以上のように、ホッブスのキリスト教は、きわめて純化された簡明なものである。彼は途中で、さまざまな教義について論じつつ、もしもこう言うことをすべて信じなければならないとしたら、キリスト教徒たりうる人はほとんどいなくなるだろう、とも述べている。この単純明快さは、彼の政治国家論の単純明快さと一対のものである。人は、地上にあっては生存という最も根源的な原理によって政治国家の一員となり、他方で、この世の先に来るべき霊的な国(神の国)へと招かれつつある存在でもあるのだ。これがホッブスにおける内在と超越である。地上の国家においては、国内的にも対外的にも、つねに戦争状態は潜在的に続いている。キリストが降臨したのは、この地上の戦争に介入するためではなく、地上の歴史の終わりに到来する神の国へと我々を招くためであった。ゆえに、政治的コモンウェルスと霊的コモンウェルスとが、たがいに交わることはない。両者をはっきりと区別し、異なる次元に置き直すことによって、それぞれが持つ人間にとっての本質的な意味を明らかにすること、これが戦乱の世にあってホッブスが『リヴァイアサン』という書物を通してしようとしたことであったと思われる。ホッブスは、この世にある限り、「戦争状態」は国家の中でも国家の間でも終わることはない、という現実を深く認識し、そこを生き抜くための原理を政治に、そして、この生の意味を、この世を越える霊的世界の中に見出そうとした。ホッブスにおいて、その唯物論的国家論と、純粋なキリスト教という観念論は、いわば互いにすみわけをして、決して交わらないままに、しかし、そのいずれもが、人間固有の本質として位置づけられているのである。カントは、ホッブスとその唯物論的現実認識を共有し、しかし、同時にこの現実を越えるものを、この世のうちに求めようとする。その時、ホッブスの徹底的な二元論がもたらすリアリズムは崩れる。内在と超越は、カントの戦争論において混んと入り乱れることになるのである。アーレントはこのことを次のように表現している。「カントにとっては依然として、絶望的なまでの偶然さ tostloses Ungefähr、わけもわからないままに、誤り苦しむという支離滅裂の集まりに過ぎなかった人間事象」と(アーレント 2002 p.304)。そうであればこそ、カントは、この現実に介入し、解決をもたらすものを求めずにいられなかった。カントはそれを、内在的超越性とも呼べる、純粋実践理性の原理と、さらに、この原理の「限界内に」位置づけられた宗教のうちに見出そうとする。

一―二　カント――国家と倫理的共同体

〈ホッブスからカントへ〉

アーレントは、一七世紀の唯物論哲学者ホッブスと、一八世紀の「ドイツ観念論哲学」の完成者と言われるカントを、対照的でありながら、普遍的な法を前提としているという点で共通するものとしてあげていた。たしかに、上述したように、ホッブスとカントは、具体的な政治状況の認識においても、単に対照的であるだけでなく、むしろ共通性が目立っている。この共通性について、カント自身が、ホッブスの名前をあげてはっきりと語っている箇所は、『たんなる理性の限界内における宗教(一七九三年、以下『宗教論』)』の中の注記の部分である。そこでカントは、ホッブスの自然状態における万人の万人に対する戦争という表現について、その「戦争」という言葉を「各人が各人に対してたえず武装していなければならない状態」である「戦争状態」と言いかえるべきこと以外には、何の誤りもない、と述べ、それに続くホッブスの言葉「人は自然的状態から脱すべきである」は、その帰結であると認めている（カント 9-p.139）。同様の表現は、『世界市民という視点から見た普遍史の理念（以下『普遍史』）』一七八四年でも、『永遠平和のために（以下『永遠平和』）』一七九五年でも繰り返されている。

ホッブスとの重なりと、微妙な、しかし決定的な違いは、この脱出において具体的に現れる。カントは自然状態からの脱出は、「各人の意志を砕いて、自らの意志をすべての人に強制的に押し付ける一人の支配者」、あるいは、「敵対状態にある者たちすべてに対して暴力を行使し得る上位の権力者」を持つことを通してのみ可能であると考えている。そもそも人間とは、社会をなして暮らす場合には、必ずこうした支配者（それは一人の人間の場合もあれば、複数の人間の合議体でもあり得る）を必要とする動物なのだ。支配者の強力な権力によって押さえつけられなければ、人間は必ず自分の自由を濫用し、他者を侵略することになるからである（カント 2020 p.46）。暴力を行使し得る絶対的な権力の必要性、という点において、カントはホッブスをそのまま引用しているかのようである。ところで、このような権力を行使し得る存在を、「人間」の中に見出すことは可能だろうか。それもまた一人の、あるいは複数の人間に他ならないとしたら、彼等がその権力を濫用することもまた明らかではないだろうか。ゆえに、自然状態を脱した社会状態——法と秩序の下にある状態——が可能であるためには、自ら「人間」でありながら、人間を越える「正義の人」が存在しなければならない。このような人は今現在も、また、遠い将来にも存在しないだろう。ここまでの現状認識においては、カントはホッブスの地平にいる。しかし、ホッブスが、存在し得ない「正義の人」

に期待するのではなく、現実において可能な政治の形を模索するのに対して、カントは、この「正義の人」の存在が、「歴史の最後の段階になって、どうにか実現する」と考え、あくまでもそれに期待をかける。この「歴史の最後の段階」という言葉はとりわけ『普遍史』において繰り返される言葉であり、それを招来させることができるものは、「正しい概念の把握」と「豊かな経験」とそして「善き意志」であるとされる。この段階は、限りなく遠い将来に、「多数の試みが失敗に終わった後」に位置づけられつつも、カントの政治思想全体を支える支柱のようにして決して放棄されることはない。この人類史の最後の段階に至る道程は、国家間における第二の自然状態からの脱出と永久平和の確立、というテーマにおいて、一層具体的に、力を込めて展開されることになる。

〈国家間の自然状態と自然の機構について〉

カントの政治思想において中心的な関心は、各人同士の間の自然状態から法的状態への移行の問題であるよりも、ひとたび成立した国家間における自然状態からの脱出の問題であった。国家間における自然状態の描写もまた、ホッブス的な戦争状態をほぼ反復するものである。「かつては個々の人間は、各人の自由のもたらす悪になやまされて、合法的な市民状態に入るように圧迫され、強制されたのだったが、いまや様々な国家も、個人がなやんだのと同じ悪に直面することを予期せざるを得なくなるのである」。国家間の自然状態は、かつての自然状態を上回る苛酷な戦争状態である。「人間の本性に根差したある種の邪悪さは、国内においてよりも諸国家間において一層あからさまに、争う余地なく現れる」（カント 2021 p.92）。正義の人である支配者を見つけることと同様に、この国家間の戦争状態から抜け出すことができるのもまた、遠い未来に託される。「様々な荒廃、政府の転覆、国力の徹底した消耗などを経験したあとになって、やっとのことで、理性があればこれほど痛ましい経験を踏まなくても実現できたはずのこと、すなわち無法な未開の状態から抜けだして、国際的な連合を設立するという課題を実現するようになるのである」(カント 2020 p.48-49)。

ここでも私たちは、ホッブス的な「唯物論」と、遠い将来に実現するはずの自然状態からの脱出との間の、ある種の飛躍にぶつかる。カントの国家間の戦争についての見解が悲観的なものであるだけに一層、この飛躍はリアリティを欠くもののように見えてくるのである。カント自身、そのことはいわば骨身にしみて了解済みの事であったように思われる。しかしカントは、この断絶を埋めるものを、超越性を導入することなく、あくまでも「自然」の中に求める。それが、『普遍史』と『永遠平和』において繰り返されている「自然の機構」あるいは「自然の技巧」、さらには、「自然の目的」と表現される自然的なメカニズムである。このカントの「自然」はホッブス的な機械論的自然と、アリストテレス的な目的論的自然との混淆であるように見える。

「(永遠平和の)保証を与えるのは、偉大な技巧家である自然(諸物の巧みな造り手である自然)にほかならない。自然の機械的な過程からは、人間の不和を通じて、人間の意志に逆らってでもその宥和を回復させるといった合目的性がはっきりと現れ出ている」(カント 2021 p.56)。

自然の機械的過程と、自然の合目的性が同義として語られているのである。この場合の自然の目的は、人間性の改善ではなく、「人間の意志に逆らってでも」諸国家間の融和を実現する、という目的である。自然の目的は、人間の救済ではなく、むしろ、悪しき人間の行為から「世界」を救済することにある、とでもいうようである。そのために、自然は人間のあらゆる利己心を利用する。「問題とされているのは、人間の道徳的改善ではなくて、単に自然の機構だからである」。カントが、自然が人間の利己心を利用して世界を救済しようとしてきた例とするものから、二つをあげておこう。一つは商業、もう一つは私たちのテーマである戦争である。まず前者について。「国家権力の下にあるあらゆる力の中で、金力こそは最も信頼できる力であろうから、そこで諸国家は自分自身が（固より道徳性の動機によるのではないが）高貴な平和を促進するように強いられ、また世界のどこででも戦争が勃発する恐れがあるときは、あたかもそのために恒久的な連合が結ばれているかのように、調停によって戦争を防止するように強いられている、と考えるのである」（同 p.74）。また、戦争はカントによれば、この広い地球上に、人間がくまなく住みつくようにするために自然が凝らした技巧の一つである。戦争で追い詰められた人々は、戦乱を避けて人の住まない荒れ地や砂漠、氷雪に閉ざされた地帯にまで逃げ込み、そこに住みついた。戦争は、地球上に荒廃のまま放置された地域がなくするための、自然の狡知なのである。

このように、自然は、人間の利己心に働き掛けることによって、自らの目的を達成する。その最終目的とは、人類の間の融和を実現することである。ならば、そのようなまわりくどい方法ではなく、直接人間の道徳性の改善という方法をなぜ自然は用いないのだろうか。それは、人間の道徳性というものが、自然の領域には属さない別の次元のものだからであろう。だからこそ、カントは、繰り返し自然がなすことは「人間の道徳的改善ではなく」とか、諸国家の間の関係が少しずつ改善されてきているとしても「その原因はもちろん道徳的な内面性ではない」とかいう言い方を繰り返すのである。自然がなしうることは、人間の利己心同士のメカニズムを作動させることで、結果的により良い政治的状況を作り出すことである。そしてこのよりよい政治から、国民のよりよい道徳性が生まれるのであって、決してその逆（国民の道徳性が良い国家を作る）ではない（同 p.71）。

これが、自然の領域における物の順序というものである。諸国家間の永久平和が実現されるまでに生じる、さまざまな荒廃、政府の転覆、戦争による国力の徹底した消耗、等々、その他のいっさいの厄災は、諸国家がもはやこの状態にとどまることができない状態に陥り、共存を受け入れざるを得なくするために、自然が凝らす技巧なのである。

しかし、このようなメカニズムによって、本当に「歴史の最後の段階」は到来し得るのだろうか。かの自然の「人間」でありながら、しかし、一切の利己心を超越した「正義の人」は、自然がいかなる技巧を凝らしたとしても、作り出されることはないだろう。だからこそそれは「正義の人」と呼ばれうるのだから。『永遠平和』に付された付録の中で、カント自身、「正義」について述べられた古来の言葉を通して、そのことを認めざるを得なかった。「正義はなされよ。たとえ世界が滅ぶとも」。この言葉の意味を、カントは次のように説明している。「政治の格率は、それに従うことで得られる繁栄や幸福から出発してはならない。法義務の純粋概念から（その原理が純粋理性によってアプリオリに与えられる当為から）出発しなければならない。たとえこのことからどのような物理的（自然的）結果が生ずるとしても、そうしなければならない、ということである」（同 p.101）。「法義務の純粋概念」と「自然的結果」とのこの矛盾を解き明かすことで、ホッブス的「唯物論」とは根本的に異なるカントを私たちは見出だすことができるだろう。

〈普遍的法としての道徳法の存在〉

ここでもう一度「普遍史」に戻って、そこで言われている「自然」が目的論的自然であったことを確認しよう。最初から自然が目指していた、しかし人間には隠されていた目的について、そこではっきりと、「国内的には完全な国家体制を樹立することであり、しかもこの目的のために対外的にも完全な国家体制を樹立し、これを人間のすべての素質が完全に展開される唯一の状態とすることである」と述べられている。完全な国家と、完全な国際関係の樹立によって人間性を完成すること。これは後年の『永遠平和』の課題そのものである。『普遍史』は人類の過去の錯綜した悲惨な歴史の中に、この隠された目的を読み取るために書かれた(そこに、観察者としての、認識者としての哲学者の役割がある)。他方、『永遠平和』は、この目的のために、これから人間が何を為さなければならないかを示すために書かれた。このように両書を位置づけてみると、そこに、人類史の過去と未来との間の「現在」に立つカントの位置がはっきりと見えてくる。過去は自然の必然の歴史であり、未来は人間の自由の行為の歴史である。マルクスの歴史観にも似た構図がそこには確かに存在しているのである。歴史を正しく認識すれば、過去の必然の歴史と、人間自身が主体的に参与していく未来の自由の歴史との間は、一本の太い糸が通っているのだ。これはホッブスが懐くことのなかった発想であり、啓蒙の世紀の発想である。

カントの場合、その糸は、普遍的絶対的な道徳の「法」であった。このことは、政治と道徳との関係について述べた『永遠平和』の付論ではっきりと述べられている。

「道徳は、無条件で命令する諸法則の総体であり、われわれはその諸法則に従って行為すべきなのであるから、道徳はすでにそれ自体として、客観的な意味における実践である。」こう述べた上で、カントはこの法則との関係で、道徳と政治の関係を次のように述べる。「実地（実践）の法学である政治と、理論的な法学である道徳との間には、いかなる争いもあり得ない。実践と理論は対立するものではないのである」（カント 2021 p.80）。存在するのは、一つの普遍的で絶対的な「道徳法の総体」であり、道徳と政治は、その法についての学の理論編と実践編であるならば、両者の違いは本質的なものではなく、そのアプローチの違いに過ぎない[1]。そして言うまでもなく、より本質的なものは、理論であり、理論を逸脱した実践はそれ自体が誤りである。この観点から政治をとらえ直すなら、あるべき政治の姿ははっきりとする。人類史の表層をとらえて、そこから悲観的な人間観を引き出し、正しい政治などあり得ないと考え、現実的な利害計算にのみ基づいた政治家は、「人間通」で「実務的な」政治家と呼ばれる。しかしこのような政治は、政治の本質に叛くものであり、さらに言えば、実は、実際的でもあり得ない。現実は流動的に変化し、計算はつねに狂うものだからである。政治という実践は、いかに現実が困難であろうと、つねに道徳という政治の本質である「理論」から離れてはならない。カントはここに続く箇所で、いくつかの困難の事例を引きつつ、複雑な状況の中で、どこまでが「理論」の許容範囲であるかを具体的に事細かに述べている。あくまでも道徳の「理論」の範囲にとどまりつつ、現実の中でそれを「実践」に移すための具体的な努力を続ける、こうした政治の実践家のことを、カントは、人間通の「実務的政治家」と対比させて「道徳的政治家」と呼んでいる。『永遠平和』全体は、国家間の平和的な関係を確立するために、この「道徳的政治」がなすべきこと、なしうることを、具体的に論じたものであり、それゆえ、この書は単なる観念的抽象的な「平和論」ではなく、最初の具体的な「国際政治論」として評価されてもきたのである。

「公法の状態を実現することは義務であり、同時に根拠のある希望でもある。これが実現されるのが、たとえ無限に遠い将来のことであり、その実現に向けてたえず進んでいくだけとしてもである。……永遠平和は、……単なる空虚な観念ではなく、我々に課された実現すべき課題である」(カント 2020 p.253)

カントにとって当為は、為されるべきものであり、為されるべきであるがゆえに、可能でなければならない。すなわち、人間の無限の努力を要求するものでなければならない。

〈倫理的共同体としての人類社会と「神の国」〉

しかしながら、カントのこの希望を根本から支えるものが、普遍的で絶対的な道徳法であるとしたら、この法を私たちはどこにどのようにして見出すことができるだろうか、という問いが否応なしに立ち上がる。そしてこの問いは、カントが哲学者としてのキャリアにおいて初期から晩年にいたるまで問い続けたものでもあった。その初期のものを、私たちは、『視霊者の夢』(一七六六)において認めることができる。ここではカントは、古代以来の伝統的な、理性を宿す魂 Seele である霊 Geist と物質との結合体としての人間から議論をはじめる。私たちの関心から注目されるのは、カントがここで、道徳性ということを、「特殊意志」Privatwillens と「一般的意志」allgemeinen Willens との結合、あるいは一致として表現していることである。そのうえで、カントは、完全な道徳性、すなわち、特殊意志と一般的意志との完全な結合は、ただ、霊的世界においてのみ可能であると言う。霊的世界においては、この結合は、霊的世界を構成する単位としての個々の霊と全体との結合として、霊的法則によって、すなわち、霊の直接的交互関係においてなされる。しかしながら、物質的世界においては、すなわち、人が肉体と霊との結合状態において生きるこの世においては、特殊意志と一般的意志とが完全に一致する状態、すなわち完全な道徳性は存在し得ない。この世界においては、「われわれは外的事物をわれわれの必要に関係づけ」、「利己的傾向性」に従って行動するからである。しかしにもかかわらず、そうした中にあっても、我々はしばしば、「あるひそかな威力がわれわれをしてわれわれの意図を同時に他人の幸福に、もしくは他人の選択意志に適応されるように強制する」のを感じる。このような「われわれの内に感じられる、一般意志と一致するようわれわれの意志に対して働くこの強制」を道徳感情とするならば、次に問題となるのは、この強制がどこから来るのか、ということになる。カントは、それはわれわれの霊的本性に由来するものと考える。すなわち、われわれは肉体から離れた霊的世界に入る前に、「すでにこの世において」、霊的法則とその結果を、不完全な形においてであれ経験するのである。このように考えることによって、われわれの現在と未来、すなわち、この世とあの世は、「継ぎはぎでなくて一つの連続した全体」をなすことになるであろう（カント 3-p.152,153）。

ここで注目されるのは、ともに一七六二年に公刊されたルソーの『社会契約論』と『エミール』の影である。「一般意志と特殊意志の一致」は前者から、内的な強制としての「道徳感情」は後者の「良心」から着想されている。カントが『エミール』の熱心な読者であり、とりわけその「良心」という概念に強く惹かれていたことは広く知られている。カントはルソーの「良心」の中に、ニュートンによって発見された天空の星々の運行に働く「法則」にも比すべき、人間の内面において働く絶対的な道徳的法則を見出したのだった。しかしここで特に注目すべきは、カントがこの道徳の法則を、ルソーの政治思想の概念である「一般意志」と「特殊意志」の一致として表現していることであり、それを霊的世界においてのみ真に実現し得るものとしていることである。次節で見るように、ルソーは「一般意志」と「特殊意志」という用語で語られる政治の問題を、「良心」という言葉で表現される道徳の問題と同一地平において論じることは決してなかった。ルソーの受け取り方のこのカント的な特徴は、そのまま、カントの政治思想の際立った特徴を暗示している。この特徴は、晩年、『永遠平和』とほぼ同じころに書かれた『宗教論』において論じられた、道徳と政治と宗教との関係のなかに一層明確に表現されている。この三つはカントにおいてつねに一体のものとして考えられているのである。

『宗教論』においてカントは、政治的公共体を、強制法の下に人々が共存する関係と見なし、それとの対比において、「倫理的公共体」をこうした強制から自由な法則、すなわち徳の法則の下に人々が合一されている状態として位置づけている(同9-p.136)。ところで、すでに見たように、徳の法則とは、カントにおいては普遍的な法であるから、人類全体にかかわる法であり、ゆえに、もっぱらこの法に従う倫理的公共体とは、すなわち人類という公共体(世界国家)である。「徳の義務は全人類にかかわるのであるから、倫理的公共体という概念はすべての人間の全体という理想にかかわるのであって、この点でこのものは政治的公共体の概念とは区別される。」(同9-p.137)これを『永遠平和』の言い方で言い直せば、政治的公共体とは、徳の法則の実践共同体であり(そこで働いている法は、あくまでも現実に適用され実践されている徳の法であるが、その現実性ゆえに強制法という形を取らざるを得ない)、それゆえ現実的個別的公共体である。このような政治的公共体に対して、ここでは、それとはっきり区別されるものとして、徳の法則がそのまま「理論」として純粋な形で実現している倫理的公共体という概念が、個々の政治的公共体を越える人類社会という概念とともに、明示的に語られているのである。この人類社会が世界国家であることは言うまでもない。

実践的な国際政治学を目指していた『永遠平和』においては、明示的に語られることのなかったこのような「倫理的公共体」＝人類社会＝世界国家が、ここ『宗教論』において全面的に論じられている、ということは、カントにとって道徳法則が、「理論」として、純粋に実現し得るのは、霊的世界においてのみである、という初期の思想が、晩年においても一貫していることを暗示している。そして実際、『宗教論』において、倫理的公共体の建設という業は、人間にではなく、神そのものにのみ期待される業である（同9-p.143）とされるのである。しかしまた、人間は、その実現のいっさいが、あたかも自分たちの努力にかかっているかのように振舞わなければならない。「神の国の来たらんことを、神の意志が地上で行われんことを」という、日ごろから親しんでいただろう、福音書の「主の祈り」を引用しつつこの節を終えたとき、カントは、この「神の国」が、たとえはるかに遠い未来においてであっても、この地上的時間の中に実現することを、信じていたのかどうかは、私たちにはわからない。しかし、それが実現されるべきものであり、人間の力がそこに加わることによってのみ、実現し得るものとなることを信じていたのは確かであるように思われる。

第二節　マキャヴェリアン・モーメント——有限なる共和国

〈共和主義から近代国民国家へ〉

近代西欧政治思想の底流に、フランス革命の時代まで一貫して存在していたもう一つの系譜は、古代ギリシャのポリスとローマ共和国の政治的モデルとその戦争論である。この系譜の頂点は、フランス革命であった。この革命は、古代風の衣装をまとって催された革命祭典や、パリの街のあちこちに建てられた古代風のモニュメント、革命に参加する者同士の間の「同士市民 citoyen,citoyenne」という呼び名などによって彩られた革命であった。マルクスはそれを「古代の衣装をまとった革命」と呼んだ。カントとヘーゲルは、この革命戦争の時代のヨーロッパを、身をもって生きた世代であり、その政治思想には、それぞれの形でこの経験が刻印されている。革命の直前の時代に、この系譜に属する政治思想を表明したのがルソーであり、その思想は、「歴史上初めて、政治的なる領域に躍り出た貧民層」(アーレント)の爆発的なエネルギーを背景に、つかの間の政権をつかんだ、そしてルソーの熱烈な賛美者であった、ロベスピエールの恐怖政治として歴史的実現を見たように思われた。血塗られたギロチンの恐怖は、この共和主義の神話を一気にスキャンダラスなものにおとしめた[2]が、共和主義の伝統そのものは、失われることはなかった。それは、革命期のロマンティックで危険なものから、より現実的なものへと歴史の中で変容しつつ、現代にまで続いている。今、少なくとも「近代国家」を自称する国家の中で、人民主権を否定する国家はおそらく存在しない。そしてその国名に「共和国」を付す国家は数多い[3]。

しかし、フランス革命を契機としてヨーロッパ各地に成立し、その後世界中に生まれた国家は、もっぱら国民国家と呼ばれ、State of nation とか、national state とわざわざ言わなくても、nation という語が、国家とその主体である国民とを両方指す語として広く用いられている。この呼称が近代国家と古代共和国との違いを象徴しているように思われる。古代共和国においては、公共体である共和国 republic とその担い手である市民 citizen, citoyen とは、呼称の上でも、その内実の上でも、はっきりと区別されていた。近代国家と古代共和国とのこの用語法の違いの意味するものは大きい。近代国家においては、その国家の領土内で生まれたものは、一定の手続を経て、みな平等な国家のメンバーと見なされる。対して、古代共和国と市民との関係はより限定的、自覚的であり、いわば「実定法」的なものであった。現代における共和主義者であるアーレントが、自然法思想を斥け、実定法主義を断固として主張するのは、この伝統に根ざしている。

もとより、古代ギリシャ・ローマの共和国の時代と近代との間には、長い歴史の時間が横たわっており、政治的事象の成立しうる状況は様変わりしている。にもかかわらず、近代初期からフランス革命（実際はそれに先立つアメリカ革命）とその余波が続くまでの時代の中に、この古代共和国の伝統にたつ政治思想が確かに存在した。この政治思想は、どこまでも、近代の問題に対峙し、その解決を求めようとする「近代政治思想」であり、そこで古代共和国の理念が果たしたのは、一つの「神話」の役割であった。

〈マキャヴェリアン・モーメント――1　共和国の時間的有限性〉

近代初期における共和主義の思想を、一六世紀イタリアの諸都市国家の激しい抗争の歴史の中に探り当てたのが、ポーコックの『マキャヴェリアン・モーメント』である。彼がこの歴史の主人公として位置づけたマキャヴェリのことを、彼は、「近代的」条件のもとで「古代的」価値を表明することに関心があった人物、と評し、この「近代」と「古代」の隔絶について彼自身十分に自覚的であったと述べている（ポーコック p.517）。さらに、本書のタイトルそのものが、「近代」における「古代」共和主義の運命を語っている。再版のあとがきで、彼はモーメントという言葉について、マキャヴェリの時代にあって、「共和国」の形成あるいは定礎が可能と思われる「時」と、それが不安定であり歴史の危機を伴うと思われる「時」との二つの「時」を共に現わしている、と述べている(同 p.508)。近代における「共和国」は、その可能性と不可能性の接点である「歴史的緊張」のなかで、ほんの一瞬の「時」において成立する。マキャヴェリは、まさに共和国というものが持つ、この有限性について、もっとも冷厳に自覚していた共和主義者として描かれている。もっともマキャヴェリはこの有限性を、今現在自分がそれに依ろうとしている近代の共和国の固有性としてよりも、共和国という存在そのものの性質として、とりわけローマ共和国の中に見出していたが。いずれにせよ、「共和国が完全に安定したもの、あるいは完全に有徳なものになることは決してないというマキャヴェリの確信」(同 p.436) について、ポーコックはしばしば言及し、マキャヴェリはそのローマ主義にもかかわらず、「彼等ローマ人の長期的な成功については全く幻想を抱いていない」(同 p.189) と述べている。マキャヴェリを通して本書で強調される「共和主義」の特徴の第一は、この「有限性」である。そしてこの有限性は、普遍性に対する「個別性」と結びついている。

「共和国は、自らの主権と自立性を主張するように構成されていたのであり、それゆえ個体性と個別性を主張するのである。……共和国の個別性をこれほどまでに主張することは、共和国が永遠ではなく時間の中に存在し、それゆえ一時的で、永遠ならざるものとして運命づけられていると主張することであった。なぜなら、これが個別的なものの条件だったからである」(同 p.50)。

〈マキャヴェリアン・モーメント――2　空間的有限性と戦争〉

個別性は、「創設されたもの」であり、決して永遠性を持たないという共和国の時間的な有限性に由来すると同時に、空間的な有限性にも由来する。そしてこの空間的な有限性は、共和国と戦争との必然的な結びつきを生む。むしろ、共和国的自由は、そこに戦争と征服とを必ず伴うのである。「共和国が近隣とのあらゆる接触を避けられるならば、軍備を制限して貴族政的な安定の中で永遠に存在することも出来よう。しかし、そんなことは出来ない以上、拡張を拒むことは、運命を支配しようともせず、その間に自らをさらけ出すことである」(同p.176)。運命を支配するために可能な選択肢は、同盟か、覇権か、むき出しの暴力的支配かのいずれかである。いつ覆されるかわからないむき出しの支配は不安定である。いつ相手に叛かれるかわからない同盟は危険である。それゆえ、ローマがかつて取った方式である覇権が残された手段である(同p.189)。こうして、戦争が共和国の本質的特性とされる。戦争は、ホッブスやカントが考えたような、人間性の悪から生じるのではなく、共和国という存在そのものの本質――共和国的徳――から生じる。共和国が有徳であるならば、戦争は避けられない。これは逆に言えば、平和は、共和国的徳の頽落状況において生ずるということになるだろう。共和国同士の関係で言えば、戦争は、この世の有限な徳の総量が、閉じた体系の中で諸共和国の間に循環していく過程ともみなされている。ローマの覇権の下での諸共和国の存続は、この有限な徳の総量が戦争によって維持されたケースと考えられている(同p.189)。

〈マキャヴェリアン・モーメント――3　共和国的徳〉

他方国内的には、共和国の徳は、政治的徳と軍事的徳との一体化の中に存在すると考えられている。

「共和国は共通善である。したがって、市民があらゆる活動をこの善に向けるならば、共和国に彼の生を捧げたと言われよう。愛国的な戦士は彼の死を捧げる。両者が似ているのは、普遍的な善のために特殊的な善を犠牲にすることによって、人間本性を完成する点である。これが徳であるとすれば、戦士はそれを市民と同じく十分に発揮していることになる」（同 p.178）。マキャヴェリはその戦争論において、職業軍人である兵士と、召集された市民兵とのどちらが信頼できるか、というしばしば繰り返された議論に対して、はっきりと、市民兵の優位を主張している。「軍隊に召集された市民は、家があり自分の職業があるので、戦争を終わらせ帰宅しようと望むであろう。ところが傭兵は、戦争が際限なく長引くならば、悲しむどころか喜び、戦争で勝利しようと試みもしないだろう。市民は政治体の中で自分の場を持っているので、戦争が行われるのはそれを保持するためであるとことを理解するであろう」（同 p.178）。このような市民の徳は、しばしば「自律と関与」という言葉で表現され（同 p.529）、自由主義的な「権利」の思想と対比されている。

〈マキャヴェリアン・モーメント――４　徳の腐敗〉

共和国が時間の中で有限であるとしたら、それは歴史の時間の中でひと時存在するだけである。それは必然的に衰退し、消えていく。かくしてローマでさえも永遠ではなかったのだ。しかし、共和主義の伝統的思考の中には、それを時間の中の必然的結果としてではなく、共和国的徳の衰退、あるいはもっと言えば腐敗の結果としてとらえる考え方があった。マキャヴェリはとりわけこの腐敗の理論を強調した。彼にとって腐敗はいったん始まってしまえば、それを阻止することは出来ない絶対的な力を持っており、それゆえ、何としてもその発生を阻止しなければならなかった。ポーコックはマキャヴェリが共和国の腐敗の第一の原因を不平等に求めていることを指摘しつつ、マキャヴェリの言うこの不平等が、富や政治的権威の不平等を指すのではなく、「人々が公共善や公的権威を配慮すべき時に、一部の者たちが他の特定の者たちに配慮してしまうような状態を意味している」と述べている。すなわち、平等とは、誰もが同じように公共善に配慮する状態でなければならない。腐敗はこのような意味での平等が失われたとき、すなわち「あまりにも強力な党派性の発生」から始まる。この党派性は同時に、「貴紳 gentilhomini」と呼ばれる類の人びと——すなわち、城館に住み臣下を従えている人々——という具体的な社会層と重ね合わされる。共和国の腐敗は、市民一人一人が平等に公共善や公的権威と直接的に結びつくのではなく、何らかの党派や権勢のある少数者の配下に置かれる時、取り返しのつかないものとなるだろう（同 p.184）。

ポーコックは、マキャヴェリ的共和主義を、マキャヴェリ以後の一七・一八世紀のイギリスとアメリカの政治思想にまで適用しているのだが、その際、特にこの「腐敗」のテーマの連続性が強調されている。一七世紀の「新マキャヴェリズム的政治経済学」と彼が名づける系譜においては、徳を腐敗させるものとして商業が、一八世紀の論争においては商業とともに、より根源的な「情念」が対置されるようになる。そして、この矛盾を「劇的かつスキャンダラスに指摘したという意味で、一八世紀のマキャヴェリであった」と彼が呼ぶ、ルソーの登場をもって、この共和主義の伝統は閉じられるのである。

〈共和国の死とルソー〉

マキャヴェリからルソーに至る、共和国的徳の腐敗の思想史を、ポーコックは以下のように述べている。

「ルソーの役割は、個人が存在するまさにそのときにすでにこの矛盾は耐え難いものであり、このことは社会の歴史のどの瞬間においても真実であり、また真実であり続けたと主張することであった。……社会の企てのすべては、社会の本性上、必然的であるとともに自己破壊的であった。この宣言の衝撃は、多くの点で、マキャヴェリにおける市民的な価値とキリスト教的な価値との絶縁の宣告に匹敵する」(同 p.437)。

このようなルソーの位置づけに対しては、すぐに疑問が寄せられるだろう。ルソーが語る社会の本性上の自己破壊、あるいは矛盾というのは、果たして、共和国的徳の腐敗の結果なのだろうか。少なくとも、人類の普遍的な腐敗(ルソーはそれを自然からの逸脱 dénaturer と呼ぶ)を余すことなく描いたルソーの『人間不平等起源論』は、そのような構成にはなっていない。同書は、自然状態と社会状態の二部構成になっており、前者においては、恵まれた自然条件のなかでの、孤立した個人たちの互いに無関心な平和的共存状態が、後者においては、自然条件の変化に伴い自然発生的に生まれた人々の集団生活の、無秩序で自己破壊的な発展が描かれている。これを共和国的徳の腐敗の歴史と重ねることには、大きな無理がある。しかしながら同時に、人類の普遍的な腐敗の歴史と、共和国の不可避的な腐敗の歴史との間には、確かにある種の共鳴音が響いている。この共鳴音に導かれながら、ルソーの『社会契約論』を読み直してみよう。『社会契約論』におけるルソーは、確かにまぎれもなくマキャヴェリアンであり、その主要な箇所でいつも彼が立ち返るのもマキャヴェリである。しかし同時に、ルソーはある一点においてマキャヴェリから、あるいは、共和主義から逸脱し、共和主義の歴史は、確かにルソーにおいて終点を迎えるのである。その一点こそが、戦争という契機なのである。

第三節　ルソーの共和主義思想と戦争

〈ルソーとマキャヴェリ――1　共和国の創設と立法者〉

『社会契約論』においてルソーは、自由な行為を構成する二つの要素の区別を強調している。あらゆる自由な行為は、二つの原因が協力し合うことで生み出される。一つは何かをしようという「意志」であり、もう一つはその意志を実際に実現する「力」である。共和国において、前者は人民の意志であり立法権によって行使され、後者は政府（gouvernement）の執行権によって行使される（ルソー 5-p.163）。共和国は、主権者としての人民の存在なくしてはそもそも存在し得ない。そこで、『社会契約論』は、第一に、人民という存在の成立について、第二に、人民が行使する立法権について、そして第三に、人民の意志を執行する政府について論じられることになる。

人民とは、集合名詞である。それゆえ共和主義の理論は、まず、諸個人がいかにして「人民」になるかという、いわば始原の問いを問うことから始められなければならない。ルソーはこの始原に、社会契約――すなわち、人々が相互に交わす結合契約――を置くのである。この契約の目的は、「各構成員の人格 personne と財産とを共同の力全体によって防衛、保護し得るような結合形態を見出すこと、そして、この結合形態は、結合した各人が、自分自身以外には何人にも服従することなく、前と同じように自由でいられるような形態であること」（同 5-p.121）である。この目的が実現されうるのは、すべてのメンバーが、自分の人格と力のすべて（あるいは権利を）共同体全体（あるいはその意志である一般意志）に対して全面的に譲渡することによるしかない。この最初の契約によって、各人の集合は

「人民」という一つの公的人格を持つ政治的存在となる。すなわち、「人民」となるにあたって、各人は、各人相互の間での結合契約を結ぶのだが、その契約は同時に、その結果生まれるであろう共同体の一般意志を想定した、全面的譲渡の契約でもある。この共同体は、平等な権利を持つすべてのメンバーから構成されているのだから、この全面的譲渡によって、各メンバーは何一つ失うことなく、新たに、法の保護を得ることになるのだ。しかしながら、このような契約が可能であるためには、明らかに、「人々が、法の生まれる前に、彼等が法によってそうなるはずのものになっていることが必要である」。共和国の創設という問題が抱えるこうした困難は、共和国の内部においては解決できない。そこで「あらゆる時代を通じて建国者たちはやむなく天の助けに訴え、彼ら自身の英知を神々のものとしてほめたたえた。それは、人民が自然の法則にしたがうのと同じように国家の法律に従い、……公共の至福と言う軛を素直に身に着けるようにするためである」(同 5-p.149)。このような始原における立法者という発想を、ルソーはマキャヴェリから得たように思われる。彼はマキャヴェリの以下のような文章を引用しているのである「じっさい、いかなる国民においても、異例の法律を制定するにあたって、神の仲立ちに頼らなかった例はかつて存在しなかった。そうでもしなければ、これらは受け入れられなかったであろう。なぜなら、賢者にはそうすればいいことがわかっていても、他の人びとにそれを納得させうるだけの理由がみつからないような利益というものが、しばしばあるからである(『ティトゥス・リヴィウス論』)」(同 5-p.150)。

〈ルソーとマキャヴェリ——2　一般意志と部分的集団〉

実は、この立法者の章が出てくるのは、共和国創設の場面ではなく、主権者としての人民が、立法権をいかに行使するかを論じた部分である。法とは、全人民にかかわる事柄についての、全人民の意志(一般意志)が表明されたものを指す。このような意味での法による国家は、その統治形態が何であれ(君主政であれ、貴族政であれ、民主政であれ)、ルソーはそれをマキャヴェリ同様、共和国と呼ぶ(同5-p.144)。しかし、全人民の意志を表明する法律の起草は、社会契約の場合同様、決して容易ではない。個々人は自分にとって幸福が何であるかはわかるが、個々人の結合体である人民は、簡単に自分の幸福が何であるかを見きわめることはできない。彼等には、自らが何を欲しているかを教えるものが必要である。それが立法者である。立法者の役割はしたがって、共和国の創設においてだけでなく、その維持においても必要なのである。ここで、個人と、人民という結合体との違いについて言われていることは、ルソーの戦争論においていっそう重要な意味を持つことになるだろう。

しかし、立法者がいたとしても、立法者自身は、法を作成するだけで、それを採択するのは、立法権を有する人民である。これが人民の立法権の実質的な意味であり、そしてその決定は、法案についての人民の間での慎重な討議と、投票による多数決によってなされる。ルソーは、多数の意志と一般意志を区別しているが、しかし、現実的な政治論としては多数決を支持している。問題は、多数決が、いかにして一般意志を現わすものとなるか、そのための方策を考えることである。その時ルソーが一番危険視するのは、共和国の中に、それぞれ異なる特殊意志を持つ部分集団が存在してその意志が投票に反映されてしまう、ということである。それをルソーは簡単な算術の問題として示している。一〇〇人の投票者がいるとして、それが三つの部分集団に分かれていたら、実質的な投票数は三となる。一〇〇の投票と三の投票において、意見の違いがはっきりと出るのは後者である。多数の投票においては、たがいの差異を相殺したところから共通性が生み出されることができるからである。このように、ルソーは人民という結合体が、真に結合体としての意志を表明し得るのは、それを構成する個々人の意志が純粋に反映される場合であると考えているのだ。ここでもルソーが引用するのはマキャヴェリの以下の文章である（同5-p.135）。「分派や党派を発生させる対立は国家に有害であり、そうでない対立は国家に有益である。それゆえ、共和国の創設者は、国家内に反目が現れるのを避けることができない以上、せめて党派的な集団が形成されないように備えるべきである」。マキャヴェリ同様、ルソーも、共和国にとって有害なものは、対立よりもむしろ党派性であると考えているのである。

〈ルソーとマキャヴェリ――3　政府の腐敗と共和国の死〉

すでに見たように、共和国にとって重要なことは、人民主権、すなわち立法権を持つ人民の国家であることであって、その政府の形ではないと、ルソーはマキャヴェリ同様に考えている。政府とは主権者によって委任された、もしくは雇われたものにすぎない。一般意志を実行に移すための力が一人に集約されているのが君主政であり、複数の人びとの団体にあるのが貴族政であり、人民すべてにあるのが民主政である。最後の民主政は立法権と執行権が一つになっている政体であり、最も不安定で、内乱、内紛の起こりやすい政体である。もしも人民が、自己の幸福が何であるかを知り、かつつねにそれを実行することを望むような完全な人民であれば、これは最も望ましい政体であろうが、すでに見たように、ルソーはそうした人民の存在を前提にしてはいない。第一の君主政は、執行権がただ一人の自然的人格、一人の現実の人間の手に集中している。すべての力が一点に集中しているという点で、これは最も活力のある政体である。しかし、人民全体に執行権を置くことと同様、一人の人間にそれを託すこともまた、きわめて危険である。自然の人間である以上、最善の君主であっても、自分の好きな時に悪王になりうることを望んでいる。ただし支配権を失わないですむという条件付きだが。「政治の説教者が、君主を前にして、人民の力はすなわち国王の力なのだから、国王の最大の利益は、人民が富み栄え、数を増し、隣国にとって脅威となることだ、といくら説いてみたところでむだである。国王たちは、それが本当ではないことをよく心得ている。国王の個人的利益は、まず第一に、人民が弱くて、貧しくて、決して国王に反抗できないということである」。そしてこのことを誰よりもはっきりと証拠をあげて明らかにしたのがマキャヴェリである、とルソーは言う。マキャヴェリの『君主論』は国王たちに助言を与えるふりをしながら、人民に偉大な教訓を与えた、共和主義者のための書なのだ（同 5-p.179）、と。それゆえ、最も共和国にふさわしい政体は、選挙による貴族制である、とルソーもマキャヴェリ同様に考えている。この選挙はもちろん、人民自身による直接的な投票によるべきである。しかし、自分の意志の実行を他者に託す、という行為そのものの中に、すでに、共和主義を裏切る原理が働いている。ポーコックは共和主義の最も深刻な矛盾をここに見出している。

しかし、いずれの政体を取るとしても、政府は不断に主権に対抗しようと努めるものであり、それゆえ、「遅かれ早かれ統治者（政府）がついに主権者を圧倒して、社会契約を破棄するときがくるに違いない。これこそ、ちょうど老いや死が、ついには人間の肉体を破壊し去るのと同様に、政治体の出生の当初から、たゆみなくそれを破壊しようとしているところの、生命に固有な避けがたい悪なのである」（同 5-p.193）。この衰退は、民主政が腐敗して衆愚政治に、貴族政が腐敗して寡頭政治に、そして君主政が腐敗して専制政治になることで現実化される。ここにこそ、マキャヴェリアン・ルソーの真骨頂が表現されている。「スパルタやローマでさえも滅びたのだから」、国家を永遠のものにしようなどと考えてはいけない。「人間のなすことに、人間の条件が持ちこたえられないような堅牢性を与えようなどと、うぬぼれてもならない」(同 5-p.196)。共和国が必然的に腐敗し有限なその存在の終わりを迎えるという、有限性と腐敗の政治学とをルソーは確かにマキャヴェリと共有しているのである。

〈ルソーにおける戦争論と共和国のもう一つの死〉

以上のように、ルソーの『社会契約論』はマキャヴェリからもっぱらその冷徹なリアリズムを継承しているのだが、一方、マキャヴェリが強調している市民的徳と軍事的徳という観念は、ほとんど強調されていない。共和国における市民的徳と軍事的徳とが強調されているのは、『社会契約論』の中でよりもむしろ、同年に出た『エミール』の冒頭においてである。戦地にある子どもたちの戦死を奴隷から伝えられて、「卑しい奴隷よ、私はそんなことは聞いていません。祖国は勝利したのですか」と尋ね、祖国の勝利を感謝する祈りを捧げに神殿に赴いた、という、スパルタの有徳な婦人の有名なエピソードである(同 6-p.21)。しかしルソーは、このような共和国は永遠に失われた過去のものであるとはっきりと述べている。しかし同時に、ルソーは、ギリシャの戦争を理想化していたわけでもない。「ヘラクレスやテセウスのような古代の英雄たちは、盗賊を相手に戦ったが、その彼ら自身が強奪行為をやめなかった」(同 5-p.279)。ルソーは現代を、『社会契約論』における三つの政体のうちの一つである君主政の腐敗形態としての専制政治の時代としてとらえており、その意味では、ポーコックがルソーを共和国の系譜の終わりに位置づけたことは、確かに当たっているのである。『社会契約論』は、このように見れば、共和国の死後において、共和国的政治理論をあえて論じたものとしてとらえることもできる。『社会契約論』が共和主義の伝統を継承しつつ、その最も生命的核心とも言うべき市民的徳＝軍事的徳に関する部分において、すなわち戦争に関する部分において、それと異なる様相を示しているのは、こうした立ち位置に由来すると思われる。

戦争に関する記述は、『社会契約論』の中でほんのわずかの部分を占めているだけであり、しかもそれは奴隷状態についてという短い章においてである。それは、戦勝国が、敗戦国の国民を殺す権利や、奴隷にする権利（これはグロチウスも認めている権利である）に対する異議を述べる中で、戦争における国家とその構成員の関係について論じた箇所である。ここでルソーは、戦争を、人と人との関係（relations des hommes）、あるいは、個人的関係（relations personelles）から生じるものではなく、国家と国家との関係からのみ生じるものであることを強調し、この国家と国家との関係を、物と物との関係（relations des choses）、あるいは、実体的対物的関係（relations reeles）と位置づけている（同 5-p.116）。戦争は、個体としての国家が、他の国家と有限な空間を共有するところから生ずる必然の事象である、と見なす点において、ルソーはマキャヴェリ的戦争論を共有している。国内においては共和国の法が支配しているとしても、国家と国家の間には共通の法は存在し得ない。国家と国家の間にあるのは、弱肉強食の自然状態である、とルソーは考えている。そして、共和国とは主権者である人民の国家であり、主権を構成するのは一人一人の市民であるのだから、戦争は市民自身の戦争である。「統治者が市民に向かって、『お前の死ぬことが国家に役立つのだ』と言う時、市民は死なねければならない。なぜなら、この条件においてのみ、彼はそれまで安全に暮らしてきたのであり、また、彼の生命はもはやたんなる自然の恵みではなく、国家からの条件つきの贈物だからである」。もしもこれに従わないなら、「彼は契約の違反者として追放されるか、あるいは公共の敵として死刑にされるか、そのどちらかによって国家から排除されなければならない」（同 5-p.141）。ルソーの共和国においては、「統治者」は主権者たる人民自身が選んだ存在であり、その命令は、人民が人民自身に対して与える命令でもある。そして、自らが定めた法に従うことは、ルソーにとって、自律性という究極の道徳性を意味するのである。

しかし、にもかかわらず、ルソーは次のように言うのである。

「戦争において諸個人は、たがいに偶然に敵同士になるのであって、人間としてでなく、市民としてでさえなく、ただ兵士として、祖国の構成員としてではなく、祖国の防衛者として存在するのである。要するに、各国家は国家だけを相手にするのであって、人間を相手にするのではない。性質の異なるもの同士はいかなる真の関係も持ちえないからである」(同 5-p.117)。

「市民としてでさえなく」「祖国の構成員としてでもなく」ただの兵士として。このただの「兵士」とは、マキャヴェリが市民兵と比較して劣るとした戦闘の専門家たる軍人(あるいは傭兵)を指しているようにも見える。これはルソーにおいて、国家というもののとらえ方自体が、共和主義的伝統と微妙にずれていることと関連する。「物」としての国家という言葉がその鍵となる。国家が、一つの個体であるというだけでなく「物」であるという時、国家同士の関係もまた、物同士の関係となる。物同士の戦争は、市民的・軍事的徳によらずして、同じく「物」としての「兵士」の武器の力によってのみ遂行される。この「兵士」は、戦争の「道具」とも言いかえられている。ゆえに、武器を捨てて降伏する兵士は、この道具の役割から降りた存在であり(もしも彼が市民であったら、このようなことは不可能であろう。これは「道具」ならではのことである)、もはや敵の攻撃対象ではなくなる。だから、彼を殺すことは許されない。

こうやって、すべての兵士が戦争の道具であることをやめれば、その構成員を一人も殺さずに国家を殺す、ということが可能となるのである（同 5-p.118）。

以上と全く同じことが、『戦争は社会状態から生まれるということ』と題された未完の断片でも、より一層直截な形で言われている。ここでは国家は人工的身体とも、機械とも言いかえられている。この機械には心はなく、あるのはただ利害的関心だけである。ゆえに、良心に働き掛ける「自然法」という存在は意味がない。この巨大な機械にとって戦争は必然である。「国家は自分より強大な国家が少しでもあると、自分は弱小だと感じる。自分の自己保存と安全が、必然的に他のすべての隣国よりも強くあることをもとめさせるのである」（同 4-p.376）。ここには、個体性と有限性によって互いに戦争状態にある共和国のイメージが重なるようであるが、マキャヴェリがそれを、世界において総量が決まっている徳をめぐる争奪戦として述べていたのとは異なり、利害と力という動因で動く機械としての国家には徳が入り込む余地はない。この国家は、原初の社会契約によって生まれた公的な慣習 convention（約束事、フィクション）としての国家に過ぎない。ゆえに、戦争を終わらせるには、この原初の約束を一気に破棄すること――社会契約をただの一撃で断ち切る――ことで十分なのである。そうやって国家は滅びても、ただの一人も死ぬことはないだろう（同 4-p.380）。

ここに見られるのは、腐敗の結果としての衰退と死とは別の、共和国のもう一つの死である。それは人民が、人民であることをやめることによって自ら招く共和国の死である。それでは、武器を捨てて「単なる人間」に戻った存在とは、いかなる存在だろうか。人はそこに、国家という有限性から解放された、普遍的人類の一人としての人間を認めたくもなるだろう。しかし、ルソーはその著作全体を通して、つねに、反コスモポリタンの立場を貫いている。人間の本性の同一性という事実から人類の普遍的社会を導き出そうとする思想に対して、ルソーは、ほとんどホッブスと変わるところのない見解を示している。「この同一性は、人々にとって、結合の原因であるのと同程度に闘争の原因であり、彼らの間に協同と一致をもたらすのと同じくらい競争と嫉妬をもたらすからだ(同5-p.272)。こうして、共和主義に戻ることも、共和主義の先に進むことも、ルソーにはできなかった。カントは、そして、次に見るヘーゲルは、この隘路を突破する契機を人間性に内在する超越性(ある種の神的性格)に求めたのだが、ルソーは政治の問題を超越性によって解決しようとはしなかった。

〈共和国とキリスト教〉

ルソーは、『社会契約論』の最後で、「市民宗教」について論じている。彼はそこで、国家との関係において考えた場合の、宗教の三つのタイプについて述べている。一つは、国家と一体の宗教であり、そこにあるのは一種の神政である。「そこでは統治者以外に教主はあり得ず、…祖国に奉仕することがとりもなおさず守護神に奉仕することになる」。戦争においては、それぞれの国家がそれぞれの神のもとに闘う。国家同士の戦争は同時に神々の間の闘いである。それをルソーは実定法的・あるいは国家的宗教＝市民宗教と呼ぶ。それと対照的な宗教が、イエスの福音によってもたらされた純粋なキリスト教である。これは、いかなる特殊的政治的集団にも属することのない、純粋に霊的な宗教である。この宗教によれば、人間はみな神の子であり、たがいに兄弟である。彼らを結びつける霊的な絆は、肉体の死によっても失われることはない。これをルソーは普遍的な「人間の宗教」と呼び、これこそ、真正で崇高で真実の宗教であると述べている(同5-p.244-246)。『社会契約論』と同年に出された『エミール』の中で、彼は、一人の聖職者の「信仰告白」という語りを通して、この宗教に対する深い共感を表明している。しかしながら、この二つの宗教は、現実においては存在しない宗教である。第一の宗教は、「もはや存在しないし、存在することも出来ない」。こう書いた時、ルソーは、共和国の終焉を自らに言い聞かせているかのようである。第二の宗教はといえば、「キリスト教徒の祖国は、この世のものではない」。純粋なキリスト教徒によって構成される社会がもし存在するとしたら、それはもはや人間の社会ではないだろう。

もはや存在しない国家の宗教と、この世にいかなる祖国も持たない人間の宗教と、この二つの不在の宗教に代わって、世界を支配してきたのは、「最も奇怪な宗教」と彼が呼び、かつてホッブスが「霊的コモンウェルス」と呼んだ、第三番目の宗教である。「すべてのキリスト教徒の著作者のうちで、ホッブスだけが、この病弊とその療法を見きわめていた…彼の政治学が醜悪なものとされたのは、そこに恐ろしいもの、虚偽のものが含まれているからというよりも、むしろ、正しいもの、真実なものが含まれているからである」(同 5-p.244)。しかしながら、ホッブスの死後一世紀近く過ぎた、フランス革命前夜の時代において、ルソーが提案するのは、ホッブスのラディカルな政教分離ではない。ルソーがいま新たに提唱する「市民宗教」は、神と、来世と、来世における正当な裁き、そして、社会契約と法の神聖さという四つの教義を持ち、キリスト教＝人間の宗教と、神政国家の宗教＝市民の宗教の、いわば折衷案のような宗教である。もしも、最初の三つの教義だけであるならば、それは、地上のあらゆるものに対すると同様、国家に対しても完全に無関心な『人間の宗教』となるだろう。それが端的に現れるのは、ほかならぬ戦争の場面である。ゆえに、実定的法に対する忠実さを要求する第四の教義が求められるのである。他方、もしも第四の教義に限定されるならば、市民は「栄光と祖国への熱烈な愛によって」勇敢に戦うであろうが、自国の法を相対化する一切の視点を欠いた宗教は、排他的圧政的な、残忍で不寛容な宗教となるだろう。このようにルソーの新しい「市民宗教」は、国家の宗教と人間の宗教が、互いに相手に対して抑制的否定的な力を及ぼしあう関係で併存する宗教なのである。

こうしてルソーの共和主義は、「恩寵の次元の放棄と、徳を共和国においてのみ…存在するものとみなす決心」(ポーコック p.190)に立脚するマキャヴェリの共和主義から、微妙に逸脱したものとなる。すでにみたように、ルソーが生きた世界は、共和主義の腐敗と死の一つの形態である専制主義の支配する世界であった。それは、国家と宗教が二つの権力を持つ共同体として、互いに相手を利用し、補強しあう体制が作動する世界であった。このメカニズムによって、国家は宗教によって神聖化され、宗教は国家によって地上の権力を保証される。そこに生まれたのは、致命的なまでに強力な、政治的、宗教的な不寛容である。この不寛容は、かつての複数の神々が持つ不寛容とは、はっきりと質的に異なる不寛容である。なぜならそれは、超越的なるもの、永遠なるもの、絶対的なるものを味方にとりこんだ不寛容だからである。ルソーはその市民宗教の最後に、このような不寛容の否定を、五番目の教義としてあげている。神々の死後に登場したこの新しい不寛容は、専制政治の廃棄を掲げたフランス革命において、さらに、人類の普遍的な解放を掲げた二〇世紀の諸革命において、その不吉な容貌を顕わにすることになるだろう。

第四節　ヘーゲル政治哲学における国家と宗教

四―一　若きヘーゲルの共和主義

〈始原の共和国〉

「彼らは、自由人として、自分たち自身が定めた法律に従い、自分たち自身が自分たちの指導者として立てた人物に服従し、自分たち自身が決めた戦争に従軍し、自分たち自身の事柄におのが財産、おのが情熱を傾け、幾多の生命を捧げた。彼らは教えも学びもしなかったが、あくまでも自分たち自身のものと呼べるような最高の道徳原理を、行為を通じて、実践したのである。公の生活でだろうと、私的な家庭生活においてであろうと、誰もが自由人だった。……自分の祖国、自分の国家という理念が、そのためにこそ自分が働き、それによってこそ自分が動かされている、眼にこそ見えね、気高いものであった。これこそが、自分にとってこの世界での最終目的、いや、自分の世界の最終目的であった。……誰もが、この最終目的を守っていくこと、それを生かすこと、それの存続することのみを切望したし、また、自分で、このことを実現することもできたのである」(ヘーゲル 1973 p.242)。

ヘーゲルは、草稿として残された若い日の論稿の中でこう述べている。ここには、前節でみた共和主義の特徴がほとんどすべて表現されている。主権者としての人民、自ら選んだ統治者への服従、真に自分の祖国と呼びうる国家への献身。この献身の最大のものが、祖国のために戦って死ぬことであった、という市民的徳＝軍事的徳についても、ヘーゲルは多大の憧憬の念をこめて語っている。

「自分の民族の精神の中で、自分の祖国のために、自分の力をつくし、自分の生命を費消した、しかも、このことを義務から行った自由な共和主義者は、自分の労苦に対して、代償、補償を請求できるほどには、自分の功労を高く見積もってはいない。――彼が働いたのは、自分の理念のため、自分の義務のためである」（同 p.116）。

〈共和国の有限性――腐敗と死〉

戦争は、共和国の空間的有限性の必然的結果であったが、同時に、共和国は時間的有限性の中にもあった。それをマキャヴェリもルソーも、共和国の腐敗と死として語っていた。この点においても、若きヘーゲルは共和主義に忠実である。

「アテナイやローマは、戦争で幸運に恵まれ、財産が増え、今までよりも快適な生き方を知り、贅沢を知ったために、戦功や富の、貴族による独占が生じてきて、貴族階級が多くの人たちを支配し、彼等の勢力を及ぼすにいたったが……民衆は幻惑され……喜んで、自発的に、国家での貴族階級の優位と権力とを承認した」（同 p.243）。

政治的自由が失われ、自己の世界の最終目的であった祖国が失われたとき、自己にとって世界は、財産保全の権利を保障するだけのものになる。ここにいたって、共和国は死を迎えるのである。そして、共和国が死んでしまった以上、そのために戦う戦争の意義も失われる。ローマの支配の下で広く見られるようになった兵役拒否、あるいは忌避の現象はその当然の結果である。彼等は、逃亡や、自ら闘えない不自由な身体になることで、兵役を逃れようとした。せめて自分の財産を守るためにでも死をかけて闘わなかったのかと問われたなら、それは、矛盾した馬鹿げたことである、と彼らは言ったことだろう。なぜなら自分が死んでしまえば、たとえ財産が残ってもそれを楽しむ自分がいなくなるのだから。財産を楽しむことよりも、財産権（法）の担い手としての国家こそが大切だ、という考え方は政治的な権利を持たない民族にとっては無縁のものなのである（同 p.255-256）。

こうして共和国が死ぬと、共和国に根づいていた、共和国の「魂の習慣」ともいうべき共和国の民族宗教もその存在の場所を失う。地上の神に代わって、遠い彼岸の神が人々をとらえるようになる。「自由を強奪された挙句、自分にとって永遠なもの、絶対的なものの逃げ場所を、神に求めざるを得なくなっていた。自由の強奪が繰り広げていく悲惨な状況の中で、人間精神は、幸福を天国に求め、期待するに至っていたのである」（同 p.252）。若き神学生ヘーゲルは、自由なポリスの衰退と、ローマの支配の下で広がったキリスト教をこのように描いている。始原の共和国が財産保全の権利だけに関心を持つ私人たちへと分解していく過程は、そのまま、地上の世界と彼岸の世界との分裂・乖離の過程でもあった。

〈古代的自由から理念としての自由へ〉

この若き日の共和主義の残響は、後のヘーゲルの国家論のいたるところで聴きとられる。彼を、マキャヴェリ、ルソーと同様に、失われた古代の価値を近代の条件の下で思考する共和主義の系譜に位置づけることも可能かもしれない。しかし、ヘーゲルのその後の政治思想は、彼が隣国においてつぶさに目撃したフランス革命の推移を経て、次第に変化していく。そのことをヘーゲルは著書の中で、表立って表現することはなかったが、共和主義の魂とも言うべき「人民主権」の思想が彼の政治思想に据えられることはなかった。むしろ彼は、「自由の国家の創設」という共和主義の理念そのものを明確に否定し、自然発生的に生まれた共同体がいかにして、「自由な国家」になりうるのか、という問題へと国家論の軸を移したのである。そのことを彼は、古代世界の破壊とその結果である分裂した世界の中から、新しい自由の精神が生まれる、という構図として語っている。

古代共和国は確かに自由な国家であった。そしてヘーゲルは、国家の本質を自由の精神に求めており、いかに強大な国家であっても、そこに自由の精神が見出されないものは、国家として認めなかった。だから、古代の中国やインドの大帝国を諸国家の世界史の外においたのだ（ヘーゲル 1994 上 p.195）。ヘーゲルにとって真の国家の歴史はギリシャのポリスに始まる。しかし、ギリシャ人たちの知っていた自由には、決定的に重要なものが欠けていた、とヘーゲルは述べるのである。

「彼等が知っていたのは、人間は生まれによって（アテネ人、スパルタ人、市民に生まれることによって）、あるいは、性格の強さや教養や哲学によって（賢者は、奴隷の身分でも鎖につながれていても自由だ）現実に自由になる、ということだけだった。自由の理念はキリスト教によってもたらされたのであって、キリスト教によれば、個人は神の愛の対象であり目的であるがゆえに、個人として無限の価値を持っている。個人は、精神としての神と絶対的に関係し、神の精神を自分のうちに宿す使命を帯びているがゆえに、いいかえれば、そもそも人間であるがゆえに、最高の自由を約束されている」(『エンチクロペディー』§482 2006 p.322)。

即自的に自由である、ということから、自由の理念を持つということへの移行は、ヘーゲルの自由の哲学において決定的な意味を持つ。自由の理念とは、外的な諸条件に左右されることのない、絶対的で無限の価値を持つ個人という存在においてのみ可能である。そして、個人の価値は、個人が神の愛の対象であり目的であるという事実によってのみ保証される。古代世界の崩壊のがれきの中から生まれた、個々ばらばらの私人という否定的存在は、ここで絶対的な自由の理念を宿す個人として再生されている。それと同時に、現世逃避の宗教であるとされていたキリスト教は、この自由な個人を生み出し、この個人を通して自らを実現する精神として再生される。

しかも、自由の理念は、個人と神との直接的な関係においてだけではなく、現世における国家という現実的存在の中においても(むしろそこにおいてこそ)存在する、とされることで、始原の共和国の共同体精神がそこに再現されるのである。「もしも宗教そのものにおいて、人間が絶対の神に対する関係を自分の本質として知るならば、その時は、人間はさらに、神的精神を現世的現実存在の領域へも出現するものとして、国家、家族等々の実体としても持っているのである」(同上)。

〈古代の戦争と近代の戦争〉

しかし、この再現された共和国は、あくまでも模像に過ぎない。そこには、古代共和国における市民と国家との自然的な一体性は失われている。この国家の住民は、市民であるだけでなく、私人でもある。ヘーゲルは『精神現象学』における「精神」の章を、古代ポリスの共同体精神から始めているが、そこでのポリスはすでに、青年ヘーゲルのポリスではない。ここでのポリスは、家族という、国家とは異なる集団との相互に否定的な関係にあるものとして表現されている。家族は自然発生的な共同体として生産と消費の単位であり、そこで私人たちは、私有財産を持ち、相互に強く結びついた日常生活を送っている。それは共同体の神とは異なる、家族の神ペナーテースを持つ。この神は、いわば人間の自然性を守る守護神である。国家は、一方で、この自然的共同体に根を下ろし、他方で、この自然性を否定し、私人としての個人を、国家という全体の中で全体のために生きる、真に自由な有徳な存在にしなければならない[4]。市民は、あのオリジナルの共和国の市民のように、自ずから自由な市民ではなく、自由の理念を自らに自覚することで初めて自由になることができるのだ。この関係が最もラディカルに表現されるのが、戦争という場である。国家はこの時、自然的共同体の原理である「生」に対して、自然を否定する「死」として対峙しなければならない。ローマの支配下に生きる、自由を失った私人たちにとっては、生だけがすべてであり、死は避けるべきものであった。自由の理念を目的とするヘーゲルの国家は、端的に、「死」の国家とならなければならない。

次に引用する文章は、ヘーゲルを忌むべき哲学者として考える人々が、真っ先にあげるであろうものである。

「市民たちが、個々ばらばらの生活に根を下ろしてしまわないために、すべてが風化して蒸発してしまわないために、政府は時々、戦争によって彼等を内面から揺さぶり、……この戦争という課された仕事の中で、自分たちを支配する死というものを感じさせなければならない」(ヘーゲル 1998 p.307)。

ほぼ同様の文章は、『法の哲学』にもみられる。そこでは、長い間風が吹かないとよどんで腐敗してしまう海の水を、時折強風によって揺り動かして健康な状態にするために、戦争が必要であると書かれている(ヘーゲル 2000 p.590)。これらの文章は、直ちに、ルソーが共感をこめて引用していたマキャヴェリの文章を思い出させる。

「かってギリシャは、もっとも残忍な戦争のただなかにおいて栄えた。おびただしい血が流れたが、全土は人間で満ち満ちていた。マキャヴェリは言っている、『殺人、追放、内乱の中にあって、わが共和国はいっそう強力となったように思われる。市民たちの徳、習俗、自立が、共和国を強めた効果は、あらゆる不和が共和国を弱めた効果よりも大きかった。少しくらいの騒乱は人心に活気を与える。人類を真に繁栄させるものは平和よりもむしろ自由である』と」(ルソー 5- p.192)。

マキャヴェリ、ルソー、ヘーゲルに共通して流れている、こうした、自由と死と戦争のテーマは、彼等の共和主義が、近代という条件の中で考えられた、模像の共和国であったことを示している。オリジナルの共和国における戦争は、「自由であること」を守るためのものであり、模像の共和国における戦争は、市民が真に「自由になるため」の戦争であった。そしてこの「自由」は、自然性の否定としての「死」と深く結びついている。ヘーゲルにおけるこの自由と死のテーマは、後に見るように、第二次世界大戦期に、革命と戦争を生きた一人の哲学者に深い印象を与えることになる。

四―二　国家の有限性

〈国家の有限性――国家の概念と実在〉

ヘーゲルはしばしば、国家という存在を絶対視する国家主義者と考えられてきた。後に見るように、第二次世界大戦期のドイツ新ヘーゲル主義の哲学者たちの中には、ヘーゲルの国家論の中に、ナチスドイツの全体主義国家を正当化する理論を見出したと考えた人々もいた。しかしながら、ヘーゲルの国家論をたどってみるならば、そこで最も強調されているのは、国家の「有限性」の方である。

彼が考える国家の有限性は、二つの意味を持っている。一つは、共和主義思想をそのまま継承する国家の死に表現される有限性である。国家の死は、まずは、すべてのものは、時間の中で、生まれ、そして死んでいくという、自然界の存在の有限性として考えられている。諸国家の興亡の歴史である「世界史」を論じた『歴史哲学講義』は、このような国家の有限性の歴史的描写とも言える(5)。「かくて、なにもかも食いつくす時の力に逆らいつつ、確固たる土台の上に目標を設定し、時のはかなさを食い止めてきた、ゼウスとその一族までもが、ついには食いつくされてしまう」(ヘーゲル 1994 上 p.134)。これは、この地上において永遠のものはない、というルソーの認識と共通のものである。しかし、とりわけヘーゲルが強調するのは、もう一つの国家の死であり、それは、自然死に対して「自殺」と称される死である。

「民族精神は、単なる個体ではなく、精神的な共同の生命体であるから、自然に死ぬというだけでは足りない。民族精神の自然死は、むしろ自殺という形をとると言える。民族精神が肉体を持った個人と違うのは、それが共同の存在であり、したがって、自分を否定するものをその共同世界の内部に存在として含むからである」（ヘーゲル 1994 上 p.131）。

「自分を否定するものを内部に持つ国家」とは、上で見たような、分裂をかかえた国家を指している。そしてこの分裂それ自体を、ヘーゲルは「有限性」と呼ぶのである。あらゆる事物は、概念と実在との結合体であり、この結合が解かれたときに、そのものは存在することをやめる——死ぬ。人間の場合であれば、人間は魂という概念と身体という実在との統一体であり、この統一が失われたとき、人間は死ぬのである。それは国家の場合も同様である。国家の魂に相当する概念は、すでに見たように自由の理念であり、それと対置される国家の身体に相当する実在とは、具体的には国家を構成する諸個人とされる。国家の魂である概念は、身体である各個人の中に衝動として内在しており、各個人はこの概念を現実の中で実現しようとせずにいられない。魂から完全に離れてしまえば身体は死んでしまうように、「そうしなければ個人は滅亡する外ないであろう。……ゆえに最悪の国家であっても、それが存在している限りは、そこでは各個人はやはり力を持つものとしての概念にしたがっているのである」（ヘーゲル 1961 下 p.261）[6]。

このように、共和主義が、国家の「腐敗とその結果としての死」と考えたものを、ヘーゲルは、存在の論理そのものとしてとらえ直し、国家の「有限性」と言いかえているのである。共和主義思想においては、腐敗と死は、避けられない必然として共和国に内在すると考えられているが、しかしそれはあくまでも、完全な共和国をむしばむ病とその結果としての死であって、共和国の本質そのものをなすものではない。しかし、ヘーゲルにおいて、「有限性」はむしろ、ありとあらゆる存在の本質そのものであって、国家もそれをまぬがれないものとして考えられている。

〈国家における有限な意志と思考〉

概念と実在とのこうした、いわば論理的、存在論的関係は、国家という具体的な存在においては、思考する精神と、意志となった精神との関係としてとらえ直される。『エンチクロペディー』の第三部をなす「精神の哲学」は、精神が「主観的精神」から「客観的精神」へそして「絶対的精神」へと上昇していく過程を論じたものであり、国家は「客観的精神」の中心を占めるものとして位置づけられている。ここで、主観的精神から客観的精神への移行の場所で論じられているのが、「意志」である。自由の理念を目標とする国家は、それを実在の世界において形あるものとして現実化する身体を必要とするが、この身体の活動を可能にするものが、意志である。意志としての精神と、思考する精神との関係は、端的に次のように述べられている。

「意志としての精神は自分で決断を下し、自分で自分を満たす力を自覚している。満たされて存在する個々の事態が、精神の理念が物として実在する側面となる。意志となった精神こそが現実に入り込むのであって、知としてある精神は、一般的な概念の地平を出ることは出来ない」『エンチクロペディー』§469（ヘーゲル 2006 p.308）。

知としてある精神(思考する精神)は、それだけでは、現実の中に入ることは出来ない。同様に、意志は思考する精神なしには、「有限な意志」にとどまる。なぜなら、意志は自由である限りにおいて、自らを満たすが、その自由は単に抽象的であるにすぎない。その満たされたものの「内容」が真に理性と一致しているときにはじめて、意志はその形式性を脱して真に自由な意志となりうる。しかし、意志自身には、この「内容」を獲得する力はない。意志は思考と結びつかない限り、その有限性を脱することは出来ない。

しかし、理念を現実において存在せしめるものは、まず何よりも、この活動を本質とする有限な意志であることをヘーゲルは強調するのである。

「理念はこうしてただ、有限な意志の中にのみあらわれる。しかしここで言う有限な意志は、理念を発展させる衝動であり、また自分を展開する理念の内容を現実として措定する活動である。この有限な意志が客観精神である」『エンチクロペディー』§482(ヘーゲル 2006 p.322)。意志は、国家が現実に存在するものであるためには、不可欠な必要条件であるが、この国家が真に自由を志向する国家となりうるための、十分条件は、思考の側に位置づけられていることになる。そして、「存在」としての国家において、実在が概念に従うように、現実の世界における具体的な国家においては、意志は思考に従わなければならない。あるいは自ら、思考する意志とならなければならない。

しかしそれでは、国家における「思考する精神」は、果たして有限性をまぬがれているのだろうか。いや、ヘーゲルが、国家の有限性と言ったとき、国家において働く限り、思考もまた有限であるということは前提されていたのである。客観精神から絶対精神へと進む最後の場面で、このことが明示的に語られている。国家は、絶対精神にまで進むことによってしか、その有限性を脱ぎ去ることは出来ない。その個所の本文全体を引用してみよう。

「民族精神は自然的条件に左右される外的な存在である。内部に無限の可能性を持つ共同体はそれ自体が、特殊な、限定された共同体であり、その主観的側面には偶然の要素がつきまとい、無意識のしきたりが広がり、意識される内容は、たまたまそこに在って、外的な自然や世界と関係しているものである。しかし共同体の中にあって思考する精神は、国家や、その時々の国家の利害や、法律や、慣習の体系のうちにある有限性を克服して、精神の本質を認識しようとするものだが、この認識自体が民族精神の限界を内にもっている。だが、世界史を思考する精神は、特殊な民族精神の限界とその世界性（現世性）を払い落とし、精神の具体的な普遍性をとらえ、永遠の現実的な真理たる、絶対精神の知へと高まっていく。そこでは、知的な理性は、現実的自覚的に自由な存在となり、自然と歴史という必然的存在は、精神が啓示されるために役立ち、そこに精神の名誉が盛り込まれる単なる器にすぎないものとなる」『エンチクロペディー』§552（ヘーゲル 2006 p.380）。

四―三　世界史と宗教哲学

〈世界史を思考する精神〉

こうして私たちは、ヘーゲル哲学の最も問題含みの部分に到達した。意志と思考によってでも有限性をまぬがれない国家は、最後に、世界史の中で、絶対精神と出会うことで、最終的にその有限性から真に脱することができる。しかしそれは、地上における国家という「現世性」を脱することによってである、とヘーゲルは言う。ここに、ヘーゲルの哲学全体が、近代性をまとった一つの壮大な「神学」である、という評価の根拠が置かれてきた。この評価をどう考えるにせよ、ヘーゲルの国家と戦争の哲学を考える上で、彼の宗教論が欠かせないものであることは明らかである。まずは、「世界史を思考する精神」の検討から始めたい。

世界史を思考する精神は、もはや、「共同体のうちにあって思考する精神」ではない。それは自己が属する国家の外に立って、思考する精神である。しかしそれは、国家のエゴイズムを捨てて、他の国家の立場から考える、と言った意味ではない。国家の外で思考する、ということは、地上の世界の外から思考するということを意味する。なぜなら、ヘーゲルにおいて今問題になっているのは、諸国家がそれぞれに自由の理念に向かって歩みを進める、この世の世界全体だからである。この世界をヘーゲルはここで「世界史」と呼んでいる。それゆえ、世界史を思考する精神とは、地上に存在する「有限な国家」全体を思考する精神であり、さらに言えば、国家の有限性そのものを思考する精神である。そして有限性を思考するためには、有限性を越えるもののまなざしが必要である。すなわち、世界史を思考する精神は、超越性の原理――宗教性――を必然的に要請するのである。

〈思考する精神と神の摂理あるいは歴史の理性〉

現在一般的に流布している版の『歴史哲学』は、次のような文章でとじられている。

「歴史に登場する民族が次々と交替する中で、世界史がそうした発展過程をたどり、そこに精神が現実に生成されていくこと――これこそが正真正銘の弁神論であり、歴史の中に神が存在することを証明する事実である。理性的な洞察力だけが、精神と世界史の現実とを和解させうるし、日々の歴史的事実が神なしには起こり得ないということ、のみならず、歴史的事実がその本質からして神みずからの作品であることを認識する」（ヘーゲル 1994 下 p.374)。

これは、神の摂理というキリスト教の伝統的な観念を思わせる文章である。しかし、ヘーゲルは実はそれと真っ向から対立する立場に立っている。『歴史哲学』の序論にそれが示されている。キリスト教の神学者たちは、しばしば歴史は摂理の計画通りのものであると言う。そして同時に、この神の摂理の計画は、人間の認識の及ばないものである、と言う。人々を時折訪れる、思いもかけぬ出来事を、神の摂理として認めることは、彼らのよくするところである。しかし、国家という全体を登場人物とする世界史の場において摂理を語ることは、人間の認識能力を超える、神の領域を冒す行為としてかれらは断罪するのである。そこには、神を真に知ることは不可能である、という、人間の有限性を強調する宗教の立場が働いているのだが、ヘーゲルは、この立場に対して正面から対決を挑むのだ。神の認識可能性、あるいは不可能性については、近代において特に重視されるにいたった問いである、と述べた後に、「いや、それはもはや問われることがない、と言うのなら、神の認識は不可能だという偏見に満ちた理論に、対決せざるを得ない」と宣言する(同 p.32)。もしも近代の哲学が、人間の自由や理性の力を本気で主張しようと思うなら、「哲学は、さまざまな神学と対決しつつ、宗教的な問題ととりくまねばならない」(同 p.33)。神の認識可能性というのは、神学的立場からも、近代の啓蒙思想の立場からも、共に否定されてきた。前者は神の絶対的超越的立場を守るために、後者は神そのものを否定するか、あるいは、人間の絶対性の方を強調するために。ヘーゲルはこのいずれとも真っ向から対立する。それゆえヘーゲルは、宗教当局からは、ある時は、神についてあまりに少ししか語らない無神論者として、ある時は、あまりに多く神について語る汎神論者として(そして啓蒙思想の継承者たちからは、保守的なキリスト教の護教論者として）断罪され続けたのだった[7]。

この神の認識可能性を、ヘーゲルは、啓示宗教としてのキリスト教の特質の中に見出す。「キリスト教においては、神はみずから姿をあらわし、その真相を人間の前に示すので、神はもはや隠された秘密の存在ではない。このように神が認識し得るものであるとされると、そこに、神を認識する義務も生じてくる」（1994 上 p.33）。

『歴史哲学』の講義とほぼ同じ時期に行われた『宗教哲学』の講義（一八二七年度）[8]において、彼が、啓示宗教としてのキリスト教を、宗教の発展史の最後に位置づけているのも、この啓示宗教としての特質を重視するからである。この場合の「啓示」は、言葉や象徴を通しての啓示ではなく（そのような啓示ならあらゆる宗教が啓示宗教であると言えよう）、神が人間の有限な身体をもって、見たり、触れたりできる存在としてこの世に降臨し、人間と同じように、傷つけられ、世の犯罪者たちとともに、十字架上で血を流して死ぬ、というありようを通しての「啓示」である。このことをヘーゲルは、次のように述べている。

「宗教は、有限な精神（人間）が無限な精神（神）について抱く意識と言える。しかし無限な神が有限なものに対立しているだけでは、神自身が有限なものに制約されているということになろう。有限なものが神自身の中に想定され、有限／無限という抽象的な対立が廃棄されなければならない」（ヘーゲル 2023 p.441）

このような「啓示」のあり方こそ、キリスト教を他の宗教から区別する本質的な特徴である。ヘーゲルは、このような啓示の中に、神は自らを人間に認識させようとしている、それゆえ、神を認識することは、人間の側の義務である、という事実を読み取っているわけである。神が人間の思考の力によって認識可能な存在であると考えることは、この世界において働いている神の意志——神的精神——をも我々は認識することができると考えることである。これを翻って、世界史の立場から見ると、世界史は認識可能であると考えることである。この世界史において働く、認識可能な神の意志を、ヘーゲルは「歴史の理性」と呼ぶのである。

〈概念による和解と神の平和〉

私たちは、『宗教哲学講義』の末尾において、「世界史を思考する精神」による「平和」の到来というテーマに出会う。最後の章で、世俗と宗教、教会と国家との抗争と和解について論じてきた後で、最後に、彼は「世界史における和解」について、いくらか唐突と思われる仕方で触れているのである。自然的存在である有限な精神は、それ自身潜在的に神的なものであるから、それ自身において自ら和解へと高まるものであるが、「他方また、世界史において、この和解に到達し和解をもたらす。世界史における和解は『神の平和』である」と。「神の平和」については、従来、世の終わりに神が再臨し究極の平和をもたらすという、終末思想として（内村鑑三の再臨運動——第三章参照）か、あるいは、キリストを信仰する者の内面における平和としてか、いずれかにおいて語られることが多い。しかし、ヘーゲルにおける「神の平和」はこのいずれとも異なる。それは、どこまでも思考する存在としての人間によってもたらされるべきものである。ヘーゲルは、この平和は、人間の理性 Vernunft（悟性 Verstand ではなく）によって、思考され、認識されることによってのみ与えられるものであると述べ、欄外の註で、「概念によるこうした和解がこの講義の目的でもある」と付け加えている（ヘーゲル 2023 p.575）。ほぼ同時期の『エンチクロペディー』及び『歴史哲学』における世界史の哲学のテーマが、ここで、宗教哲学の側から語り直されているのである。

〈思考の働く場――永遠の現在〉

ヘーゲルの思考は、『歴史という後ろ向きの思考』である、とアーレントは述べていた。確かにヘーゲル哲学には、未来志向的なもの、未来に向けての提言的なものは存在しない。それは、過ぎ去ったものについて思考し、過ぎ去ったものの意味を思考する。そこに田辺は、カント的な「主体性」の欠如とヘーゲル哲学の限界を見出すことになるだろう。しかし、ヘーゲルにとって問題だったのは、過去ではなく、「現在」である。

「過去がどんなに偉大であろうと、わたしたちは現在にかかわるものだけを問題としなければならない。というのも、真理の探究を志す哲学は永遠の現在にかかわるものだからである。精神は不死であって、すぎさることも、いまだ現れざることもなく、その本質からして、今あるものだからである」（ヘーゲル 1994 上 p.137）。

思考する精神が働くのは、この永遠の現在においてである。真理はこの永遠の現在において、今ここにある。しかし、それはどのような仕方において「ある」のだろうか。現実の世界史の歩みは、不完全なものである。その不完全性たるや、血で血を洗う暴力と戦争の「地獄図」（同 p.42）であり、個人や諸国家を犠牲に供する「屍殺台としての歴史」（同 p.45）であるとヘーゲルは確かに認識している。現在、という地点は、歴史を通して真理が現実化した形を取って、ここにある時点である。しかし、顕在化したと思われる「真理」は、かくも、おぞましい姿をしているのだ。しかし、ここにおいてこそ、思考の力が働かなければならない。この不完全なものを単に抽象的にとらえるのではなく、「その不完全性の中に完全なものを萌芽ないし衝動として含むものとして」とらえること、それが思考の力である。この思考の力のことを、ヘーゲルは、アリストテレスのデュナミス可能態（力、能力）のごときもの、と呼ぶのだ（同 p.102）。思考の力は、顕在化――現実化――したもの（エネルゲイア）のただ中で、そこに内在しながら、そこを潜り抜けながら、その闇の中に完全なものを探り当てる力である。この力は、「自然の感覚や自己疎外の外皮を突き破り、意識の光へ、自己自身へといたろうとする、精神生活の内面的衝動ないし鼓動として存在する」（同 p.102）。人間は、この自らの「内面的衝動ないし鼓動」としての思考の力をこそ信じるべきなのである。それこそが、神によって人間に与えられた神的精神の力なのだから。

第五節　第二次世界大戦期のフランスヘーゲル派における戦争の哲学

五―一　ヘーゲルからマルクスへ

ヘーゲルにとっての「現在」が、フランス革命の勃発から、動乱の時期を経て、ブルボン王朝の復活、そして、それに不満を持つ階層によるいわば革命のやり直しとも言える、一八三〇年七月革命によるブルボン王朝の崩壊と、ブルジョワ階級を軸にしたルイ・フィリップによる立憲君主制の成立へ向かう時代であったことは忘れてはならない。「永遠の現在」とは、決して不動の現在ではない。ヘーゲルの思考はこの激動の「現在」にあって働いたのだ。その後マルクスは、一八四八年民衆の蜂起に始まり、パリコミューン、フランス第三共和制とプロイセンドイツの成立へと至った別の時代を生き、この自らが生きる「現在」を思考した。新しい「現在」は、マルクスに、ヘーゲル哲学の「転倒―逆立ち」をもたらした。ヘーゲルは、私的利益の相互依存の体系である市民社会の存在を明確に認識しつつ、それを国家という理念的な存在のなかに位置づけようと試みた。マルクスは、そもそも市民社会と国家の対立が問題なのではなく、市民社会内部の対立こそが真に超克されるべきものであり、それがなされたときは、国家はもはや無用の存在として揚棄されると考えた。市民社会内部の矛盾は、混然とした無秩序なものから、搾取する階級と搾取される階級という、あらゆる歴史を通して普遍的に存在する単純明快な二項対立として認識され、階級闘争という普遍的な戦争こそが、この問題を解決するものとされた。共和主義的な、国家の個体性や、国家と国家の戦争の不可避性というテーマは、こうしてマルクスによって完全に否定され、共和主義の伝統は完全に終わりを告げる。それは同時に、人間の人間による人間のための革命運動こそが、歴史の理性を実現することを意味したから、宗教そのものも揚棄される。内在と超越の弁証法は、もはや必要ないのだ。

この思想は、二〇世紀初め、ロシア革命によって可能態から現実態として歴史の中に姿を現し、真理の実現を夢想する多くの西欧知識人たちを魅了することになる。何よりも、世界中に、普遍的な被搾取階級――プロレタリアート――の国家が成立するならば、もはや、歴史を宿命づけてきた国家間の戦争は完全に揚棄されるだろう。すべてが普遍的なプロレタリアート国家になれば、そこにはただ一つの国家が存在するのと同じことになる。プロレタリアートの連帯は、普遍的かつ絶対的なものなのだから。第二次世界大戦は、このプロレタリアートの国家と伝統的な西欧自由主義の諸国家と、新進ファシズム諸国家との間の、ヘーゲルが知ることのなかった戦争となる。この戦争の時代を一人のフランス知識人として生きたレイモン・アロンは、後年その『回想録』のなかで、一九三七年当時に――レオン・ブルムを首班とする人民戦線政府が瓦解した年であり、また、スターリン独裁政権下のソ連において、粛清の嵐が最も激しかった時期でもあった――自分が書いた論稿を引用している。当代の状況を伝える率直な言葉として、少し長いが引用しておきたい。

「ファシズムあるいは共産主義、ヒトラーへの抵抗か帰順か、『政治的決定が特定の死の選択であってみれば、それは同時にある生き方の選択でもあった』のだ。……にもかかわらず私はすでに政治に賭けられるものの限界を意識していた。『革命ですべてがくつがえるわけではない。連続性が存続する可能性は、狂信者が思うよりも大きい。精神は、運命共同体に完全に取り込まれはしない』。……だがしかし『歴史的な使命には、人間は、自己のすべてをかける危険を冒さなければならない』」(アロン 1999 p.135)

アロンは当時から、ソ連の共産主義国家に対する幻想とは無縁のいわば「保守的な」思想家であったから、いっそう、ヒトラーかスターリンかの究極の選択にさらされた当時の状況を生きる苦悩は大きかった。戦時にあってアロンが抱き続けた人間観を彼はこう要約している。「自分の中に取り込んだ客観精神を見定めながら、自己を形成し、自らを取り巻く環境を自己の選択に適応させる努力を重ねつつ、自己の運命を切り拓こうとする人間」(同 p.135)。ヘーゲルの「客観精神」とカントの「主体」とが、この新しい戦争においても生き続けていることが知られる文章である。

五―二　コジェーヴのヘーゲル――死と闘争のヘーゲル

第二次世界大戦期においてマルクスの思想は、ヘーゲルその人の思想として再現される。この思いもよらないヘーゲルの復興は、革命の地ロシアからの亡命者である哲学者であり、アロンとも親しい仲であった、アレクサンドル・コジェーヴによって、パリ高等研究院におけるヘーゲル『精神現象学』についての連続講義（講義題目は前任者コイレのものを引きついだ「ヘーゲルの宗教哲学」であった）によってなされた(9)。

そこでは『精神現象学』全体が、お互いに承認を求めて闘う自己意識同士の闘争、死を恐れることなく闘う「主」という存在と、死を恐れ生命の側につく「奴」という存在、そして、最終的に死の恐怖そのものから解放されるために、主に対して戦いを挑み、主を滅ぼして死に打ち勝つ奴の闘争が、ブルジョワジーに対するプロレタリアートの闘争として読みかえられている。もとよりこの構図はマルクスのものであり、『精神現象学』においては、このことは、フランス革命における、ロベス・ピエールのテロル（恐怖政治）が、ナポレオンの軍隊によって最終的に克服され、普遍的で均一な国家が成立する、という構図として位置づけられている、というのがコジェーヴの解釈である。この普遍的国家の成立をもって、ヘーゲル的歴史は終焉を迎え、そして国家間の戦争も終焉を迎える、ということになる。アロンがあるときふと耳にしたという『人間が永遠に殺し合いを続けるはずがない』というコジェーヴのつぶやき（アロン 1999 p.106）のうちに、私たちは、この長大で難解で独特なヘーゲル論の、意外に素朴で切実な動機を読み取ることもできるかもしれない（なお、コジェーヴと後に見るイポリットのヘーゲル論を比較したものとして森田二〇二三も参照）。ヘーゲルにおける、自然性を超克する死というテーマを前面に打ち出したこのヘーゲル論は、その「歴史の終焉」という言葉とともに、戦時、戦後を通してヨーロッパの哲学、文学に大きな影響を与えた。以下、この講義から、最も強い印象を受け取り、戦後の思想にそれを刻印した人物としてコジェーヴの講義の受講生の中からメルロ・ポンティとジョルジュ・バタイユについて述べておく。

五―三　メルロ・ポンティ――『精神現象学』から『資本論』へ

メルロ・ポンティは、『ヒューマニズムとテロル』（一九四七年）の中で、明らかにコジェーヴのヘーゲル解釈を想起させる言い方で、ただし、コジェーヴの名は出さないままで、次のように書いている。「マルクスの新しさは、哲学的諸問題ならびに人間的諸問題を経済的諸問題に還元したことではなく、経済的諸問題のうちに、前者の諸問題の正確な等価物とその目に見える形を探ったことにある。逆説を弄することなく、『資本論』は具体的な『精神現象学』である、と言うことができた。……人間同士の根本的諸連関についてのヘーゲルの叙述に立ち戻ることなしには、マルクス主義的政治の意義を余すところなく、それも決定的な仕方で把握することは出来ない」（メルロ・ポンティ 2002 p.149）。「ヘーゲルの叙述」に立ち戻って把握されたマルクス主義的政治思想とは、「歴史は本質的に闘争――主人と奴隷の闘争、階級闘争――なのだ」（同 p.150）、ということであり、「プロレタリアのみが、内省を通じて哲学者たちが素描してきたような自己意識を実現する。……プロレタリアートは、ある一定の歴史的布置の中でのその役割を考えるなら、人間の承認へと向かっているということだ。暴力、策略、テロル、妥協、そして最後に、他の人間たちを客体に転じかねない指導者と〈党〉の主観性は、それらが人間的社会、プロレタリアたちの社会に奉仕しているという点に、自らの限界とその正当な根拠を見出す」（同 p.162）。そして、マルクス主義的政治とヘーゲルのそれとを次のように対比させることにおいても、彼はコジェーヴを忠実に反復している。「プロレタリアは、計り知れぬ〈世界精神〉からその歴史的使命を受け取ったのではなく、プロレタリアそれ自身がこの世界精神なのである」(同 p.166)。また、コジェーヴの「歴史の終わり」という言葉は「歴史は階級なき社会という均衡状態に向けて運動しつつあるひとつの過程なのだ」(同 p.182) と表現し直されている。コジェーヴの「労働者であるナポレオンの兵士たち」をプロレタリアートと言い換えれば、これらはコジェーヴの講義にかなり忠実なヘーゲル・マルクス主義的政治思想であると言える。

もちろん、東西の冷戦が顕在化した戦後世界において、当代のソビエトロシアの体制が「人間的社会、プロレタリアたちの社会に奉仕している」と言い切ることができないことを、メルロ・ポンティが知らないわけではない。「万国のプロレタリアたちに開かれた人間的社会の代わりに、我々はある新たな型の社会が登場するのを目にしているのではなかろうか。この社会については今後研究されるべきだが、ただし、マルクスが「階級なき社会」と呼んだものの模範的価値をそこに認めることは出来ない」(同 p.195)。彼は、この疑念についてレーニンが掲げた根本原則「プロレタリアートの意識、その革命的精神、その闘争と勝利の能力の一般的水準を高めること」と、当代の共産党の根本原則「労働者たちの永続的利害に気を配ること」とを比較して、次のように述べている。「基準は主観的なものから、客観的なものへ、プロレタリアートの意識から、その永続的利害、言い換えるなら、プロレタリアートの指導者たちの意識へと移動している。なぜ指導者たちの意識かというと、指導者たちだけが、労働者たちの長期的利害を決定するための情報を自由に操れるのは間違いないからだ」(同 p.196)。これは、現代のスターリニズムを、レーニンに回帰することで、そこからの (許される範囲での) 逸脱としてとらえる一般的な態度である。この構図においては、このような変化は、あくまでも共産主義が現在の歴史的状況の中で陥っている「困難」としてとらえられ、それを理由に、共産主義に対して戦争的態度をとることは、決して許されない（同 p.202）、とされる。冷戦という戦後の新しい戦争の入り口に立って、彼はあくまでも共産主義の理想を追求する道を捨てることはしていない。それもまた、革命後のロシアの現実を見ながらも、スターリニストを自称し続けたコジェーヴと通じる。コジェーヴとメルロ・ポンティが、当代にあって、共に警戒したのは、ソビエト型共産主義に対する批判が、偏狭な反共主義をあおり、共産主義国家対旧自由主義国家との間の戦争の構図が強化されることであったように思われる。何よりも、我々は戦争を回避するために、我々が引き受けなければならないことを行わなければばない。それは、共産主義によってなされた現存世界に対する批判の価値を保持しつつ（「マルクス主義は否定としては依然として真理である」）、共産党については、「入党なき理解と非難中傷なき自由な検討という実践的態度」（同 p.202）を維持することである。

しかし、やがて彼のこのようなスタンスは、朝鮮戦争を経て大きく変わることになる。一九五五年の『弁証法の冒険』はこの転換を記したものである。この書の終章で、彼は、ソ連が北朝鮮の支援として朝鮮における軍事行動に移った時、マルクス主義はプロレタリアートの社会を形成する一つの理論から、戦争という、力関係と外交という昔からの次元に移行した、と述べている。彼は、南朝鮮の政体に問題があることも知っていたし、依然として、反共主義に基づく政治は結局のところ戦争の政治であると考えているが、同時に、共産主義もまた「両義的」なものであると認識するに至る。朝鮮戦争という事件はこのことを自覚する機会を彼に与えた。もはや、マルクス主義は批判ないし否定としては真理であり続ける、というスタンスをとることはできない。このことを彼はマルクス主義の挫折として、すなわち歴史哲学の挫折として受け止める。共産主義に立脚する国家たるソ連が、「革命の防衛」

や相手国のプロレタリアートとの「連帯」、といったうたい文句によって他国への軍事行動を行ってきたのは珍しいことではない。メルロ・ポンティの長年の盟友であったサルトルは、後に(ソ連がハンガリーに軍事侵攻した)ハンガリー事件に大きな衝撃を受け、ソ連から距離を取ることになるが、朝鮮戦争の時点では依然としてソ連を支持し続け、本書において「ウルトラ・ボルシェヴィズム」と批判されているのだ。メルロ・ポンティは、朝鮮戦争という出来事を通して、マルクス主義が指導的階級として措定してきた「プロレタリアート」の役割を果たすことの出来るものは、現実のプロレタリアートの政権においても、それ以外のいかなる階級においても、決して見出すことは出来ないのだ、ということを認識したのである。「プロレタリアート」を、「何をしても真理であり続け、証明と検証なしにすますことができる」存在と見なすマルクス主義というものは、そもそも歴史哲学ではなく、「偽装したカント」(メルロ・ポンティ 1972 p.318)だったのだ、と彼は自己批判を込めて述べるにいたる。

今回の戦争は、それまで、神話化されたプロレタリアートによって正当化されてきたソ連の行動をすべて、「入党なき理解」という「実践的態度」によって支持してきたわれわれが、実は、「歴史の(そしてマルクス主義の)地盤にいたのではなく、ア・プリオリと道徳性の地盤にいたことを十分に示している」と彼は自らのこれまでの姿勢を総括する。ヘーゲルを逆立ちさせたマルクスの地盤にいたつもりが、それはむしろ、カントの道徳哲学への逆行だった。こう自己批判するメルロ・ポンティが、カントを否定的にとらえていることは明らかである。しかしすでに見たように、カントは、戦争というものをア・プリオリと道徳性の次元においてではなく、初めから「力関係と外交」の次元において考えていたのであり、このことは、カントのみならず、カント以前の哲学においても、カント以後のそれにおいても変わることはなかったはずである。むしろ、戦争をイデオロギーの次元で考えたのがマルクス主義の新しさであり、すでに述べたように、そのことが第二次世界大戦に対して、それまでにない複雑な様相を与えたのである。マルクス主義のイデオロギーが容易にア・プリオリと道徳性へと転化したとしても、そのア・プリオリと道徳性は、カントのそれとは似て非なるものである。何よりもカントは、ある集団が、純粋実践理性の定言命令を体現しうる、などとは考えもしなかった（そうなればそれは純粋実践理性に属するものではなくなる）。彼の『永遠平和』が、完結した体系的哲学ではなく、いくつもの付帯条件や補論を加えた不完全な断片集でしかありえなかったのは、政治においてリアリストであるならば、けっして回避し得ない難問とカントが取り組みつづけたからにほかならない。戦争の哲学はつねに挫折し続けてきたし、これからもそうであるだろう。メルロ・ポンティが経験した「マルクス主義の挫折」は、この挫折の、おそらくはそのほんの一部をなすものとして位置づけることができるかもしれない。

五―四　バタイユのヘーゲル――ヘーゲルの先へ

他方コジェーヴの講義によって、「夜」の到来としての歴史の終わりという観念を深く印象づけられたのが、ジョルジュ・バタイユである。彼は自ら選んだカトリックの信仰に忠実であった一方、三〇年代においては、「マルクス主義者」として様々な政治的社会的活動に参加していた。当代における彼の政治的立場は、友人にあてた手紙の次のような文章に要約的に示されている。

「二つの仕事が僕たちの上に最も重くのしかかっている。つまり、普遍的価値に対して、具体的な意味を、それも感情を伴う具体的な意味を与えること。そして、画一的中央集権主義、とりわけロシアのそれにたいする、積極的な(肯定的な)positive 批判を行うこと。この批判は、もはや時代遅れになったと思われる単なる民主主義による解決に向かうのではなく、ロシア的中央集権主義を乗りこえる解決に向かわなければならない。「悲しいことに」と僕は言い添えなければならない。そう、かつてないほどに悲しいことに。今日、僕たちがそれを引き受けなければ、それを担うものがいったいどこにいるだろうか」(バタイユ 2022 p.153)

バタイユをマルクス主義へと導いたものが、彼の資質や思想的傾向そのものであるよりも、当代の歴史的状況が否応なしに押し付けてくる課題であったことが切実に表現されている。彼がコジェーヴにコンタクトを取り始めたのも、マルクス主義的ヘーゲル主義者としてのコジェーヴの中に、自分たちの運動と共鳴し得るものを見い出しうると考えたためであったように思われる。彼は、自分が、『共産党宣言』の地平から『精神現象学』の地平への移行の可能性を探っていることをコジェーヴに向かって率直に述べている(同 p.148)。しかし同時にバタイユは、コジェーヴのヘーゲルが、自分にとって持つ最も深い意味について気づいてもいた。一九三七年のコジェーヴあての長い手紙(後に、改稿されて『有罪者』に収められた)の中で、彼は、「いまや歴史は終わった est achevée」ということを、「ありそうな仮説として」認めた後で、その後に到来する「夜」[10]について、次のように述べている。

「私はしばしばこう考えました。存在の頂点には、無視してよい、とるに足らない négligeable ものしかないのではないか、と。存在の頂点、それは「夜」なのですが、実際、こうした「夜」を「承認する reconnaitre」ことの出来る人など存在しえないでしょう」(同 p.160)。承認をめぐる闘争の果てにたどり着く歴史の果てにおいて顕わとなる

「存在の頂点」が、承認などしようもないもの、もはやどうでもよいものとしての「夜」なのだとしたら、その時には、否定するべきものもなくなるだろう。否定は承認に向かう運動なのだから。そこでバタイユはコジェーヴにこう問いかける。「もしも、行動（何かをなすこと）がヘーゲルの言うように、否定性を意味するのならば、その時、「もはや何もすることがない」という絶対的な否定性も消え失せてしまうのか、という問いが立ち上がります」（同 p.161）。「もはや何もすることがない」という絶対的な否定性を、バタイユは、なんの役にも立たない否定の行動――「用途なき否定性」――と言い換える。この否定性は、絶対精神の実現とも、歴史過程の進行とも何ら関わりのない、そういうものからすれば、まさに何の重要性もないどうでもいいもの négligeable としての行動になる。そしてバタイユは、この、何の役にも立たない否定――「用途なき否定性」――こそが、実は真に人間的な行動であると考える。バタイユから見れば、おそらくコジェーヴがとらえたヘーゲルの否定性は、いまだ中途半端なのである。コジェーヴによれば、ヘーゲルの「否定性」は、承認されるということを目的とした行動（これをバタイユは「承認される否定性 négativité reconnu」と呼ぶ）であり、生存競争のための動物的行動と基本的に変わることのない、それよりもいくらか高次の行動であるにすぎない。だからバタイユはこの手紙の末尾で、「ある意味で、ヘーゲルは依然として「動物の国」に属しているのです」と述べるのである（同 p.164）。本当に人間の固有性を引き受けるのならば、我々は、この「承認される否定性」の限界の、その先にあるものを引き受けなければならない、とバタイユは言う。少なくとも、ヘーゲル自身は自らの叙述の結末として位置づけてはいない、この可能性を、バタイユは自らの課題として引き受けるのである。

この課題に、バタイユは、「至高性 souveraineté」の概念を武器として取り組んだ。この概念を用いてコジェーヴの立場を明確に批判しているのは、戦争終結後数年たった一九五二年の手紙である。この中で彼は、コジェーヴの最近の論稿――その中でコジェーヴは歴史の終わりについて、「笑うべき叡智 sagesse ridicule」という言葉で表現している(アロンが耳にしたという「人生はまじめに演ずべき喜劇である」というコジェーヴの言葉を想起させる)――に対する批判を述べている。彼がコジェーヴを批判しているのは、叡智と笑いとの関係について厳密に考察することなくして、単なる嘲弄的な語り口で語っている点である。それを彼は「中途半端 à demi」という言葉を使って批判しているのである(同 p.449)。バタイユによれば、「笑い」の問題は、新しい問いとパースペクティヴを開くものであり、ヘーゲルが展開している「満足」(承認欲求の十全なる充足)の問題ではもはやとらえられない、新しい「至高性」の問題と結びつく。至高性は満足よりも明らかに到達不可能なものであり、同時に、至高性は、ヘーゲル自身がそれに依拠した伝統的な「人間性」とある種の対立の中にある(人間であることは至高な存在であることを止めることである)。五年前の手紙では、ヘーゲルは依然として動物の国に属している、と述べられていたのだが、ここでは、そもそも動物的自然と人間的なるものとの区別そのものが問題含みのものとされているのである。ヘーゲルにおける「歴史の終わり」を非妥協的に徹底的に思考するならば、まず我々は、ヘーゲルにおける「満足」を徹底的に相対化しなければならない。コジェーヴが、ヘーゲルの絶対知において見出した、すべてにおいて完全に充足した「賢者の満足」は、欲求の充足=満足である限りにおいて、いまだ、従来の「人間」の位相にとどまる。歴史の終わりとは、この「人間」の終わりを意味しており、そこに全き状態で具体的に現前するものは、賢者の満足ではなく賢者の至高性でなければならない。「至高性」においては、もはや、承認欲求の「満足」と「不満足」の間の相違は意味を失う。同時にこの「至高性」は、その到達不可能性において、超越性や宗教的崇高性と接しておりながら、同時に、笑い、エロティシズム、闘争、豪奢（蕩尽）という最も人間的な（地上的な）次元においてとらえられているという点において、従来の超越性や崇高性をも相対化しているのである。

五―五　イポリットのヘーゲル――戦争の哲学としてのヘーゲルと「存在あるいはロゴスの光」

コジェーヴに始まるこうしたヘーゲル論は、戦後のフランスヘーゲル主義として哲学と文学の表舞台で様々に論じられてきた。他方、コジェーヴのヘーゲルを、ヘーゲル本来の「有限な国家」の思想とはまったく対立するものであり、それは、ヘーゲルが最も避けようとしたはずの、人間と国家の神化をもたらすものだとして批判し、真にヘーゲルに内在する解釈を対置させたのが、同じように、戦時期をヘーゲル研究に捧げたジャン・イポリット[11]の一連のヘーゲル論である。戦時中からすでにイポリットは、フランスにおけるヘーゲル研究の第一人者として自他ともに認める存在だった。フランスにおける『精神現象学』の初めての本格的な翻訳を出したのが一九四〇年、コジェーヴの本の出版と同年の一九四七年には、浩瀚な『ヘーゲル精神現象学の生成と構造』が出版されている。彼の『精神現象学』解釈は、コジェーヴのそれとは対照的に、ヘーゲルの叙述に忠実に従ったものである。私たちにとって何よりも興味深いのは、このような忠実なヘーゲル読解を通して、イポリットがヘーゲル哲学を「戦争の哲学」としてとらえ直していることである。それは、コジェーヴの著作と同じころに出た彼の『歴史哲学入門』という小さな書物において展開されているヘーゲル解釈である。

「戦争の哲学こそ、ヘーゲル哲学の際立った特徴の一つである」（イポリット 1974 p.125）。戦争は国家の持つ個体性という特性に内在する必然性である。「人間はこの世界の中に引き入れられており、自分の権利について深い感情を持っている。しかし自分の権利が尊重されなければ、彼はそれを承認させるために戦うか、それともあきらめて、抵抗しないでこの世の暴力に屈するかしなければならない」(同 p.78)。しかし権利をあきらめる、と言うのは言語矛盾である。あきらめることのできるものは、本来権利ではないからである。この権利を承認させるための闘いが国家という個体同士の間に生じるとき、それは「戦争」となる。ゆえに戦争は、互いの憎悪の情念によって生ずるものでもなければ、階級闘争の場合のように、いずれか一方の勝利によって終焉するようなものでもない。世界には個体としての国家が、複数存在している。この国家の個体性と複数性そのものが戦争の由来であり、いわば戦争は国家という存在に埋め込まれている必然性である。それぞれの国家は、それぞれから見て必然でもあり正当でもある理由によって、互いに対等な権利をもって戦う。ゆえに、国家が存在する限り戦争は続く。イポリットは、この戦争の哲学を、ヘーゲル哲学が抱え込む「汎悲劇主義」として、繰り返し強調している。

コジェーヴのヘーゲルは、歴史の終わり(すなわち、あらゆる戦争の終わり)を示唆する哲学であった。他方、イポリットのヘーゲルは、「汎悲劇主義」から脱することの出来ない、宙づりの状態にとどまるヘーゲルである。「ヘーゲルの思想の中には、依然として曖昧さが残り続ける。なぜなら、主観的精神と客観的精神との和解 reconciliation、この体系の至高の総合は、おそらく完全には実現可能でありえないからである」(同 p.164)。『ヘーゲル歴史哲学入門』は、この言葉で終わっている。すなわち、個人と国家との間に完全な調和と一致が存在する国家――完全なる国家――というものは、ヘーゲル哲学においては明示的に示されていない。しかしイポリットは、このことをこそ、ヘーゲル哲学の本質的に重要な点であると考えている。後の論稿において、イポリットは、ヘーゲルからマルクスへの道が、国家の神化 divinisation de l'Etat の道であることを強調している。マルクスにおいては、普遍的自己意識は歴史の中において実現され、存在と当為は統一される。たしかにマルクスは、この状態を、国家の消滅として語っているのだが、イポリットによれば、それは、すでに国家が和解を実現し終わっており、あからさまな強制力として明示される必要がないまでに絶対化されているからである。これに対して、「ヘーゲルはそこまで行かなかっただけでなく、その反対のことさえ語っている」(Hyppolite 1991 p.155-156)。ヘーゲルは断固として、人間と国家の神化を斥けているのだ、ということをイポリットは様々な論稿で繰り返している。「ヘーゲルにおいて、人間性 humanité はそれ自体が至高の目的ではない。人間が自分自身に身を任せるとき、人間は失われる。」それは啓蒙 Aufklarung の示すところである。人間性が絶対化される時、人間は、「自己の抽象的な確実性の中にひきこもり」、「有限なものしか知ることがなく」、「有限なものを、そこに至高性が存在する真理として受け取る」ようになる(Hyppolite 2012 p.243)。客観精神と絶対精神との完全な和解についても同様である。「客観的精神から絶対的精神への移行は、ヘーゲルの弁証法的総合の中で、最も曖昧な、暗い、分かりにくい le plus obscure ものである」(Hyppolite 2012 p.246)。この暗さ、曖昧さは、人間的現実そのものに属しており、けっして避けることのできないものである。しかし、この暗さの中にこそ、光はある。「ヘーゲルの絶対的精神は、彼岸のどこかにいる神的な悟性のことではなく、人間的現実の中に、存在の光(ロゴス)としてあるのだ」(Hyppolite 2012 p.232)[12]。

以上の序章をふまえて以下の三つの章では、第二次世界大戦時の日本の哲学者たちの戦争論を検討する。彼らは、ヘーゲルによって、真の国家なき、歴史なき場所とされた「東洋」の片隅で、今日の前に展開している世界史の中で行われつつある日本の戦争を、西洋哲学の枠組みを用いて思考しようとしていた。それは共和主義思想の伝統が終わった後の西洋政治思想の枠組であり、もっぱら「ドイツ観念論」、あるいは、「ドイツ理想主義」(南原)を軸として形成されてきた、日本の近代哲学である。しかしながら、彼らの思考には、この序章で検討してきた西欧政治思想の伝統における内在と超越、国家と宗教の構図がたしかに存在している。そこに、私たちは、戦争という事象の持つ普遍性と、それを思考する人間の活動が持つ普遍性を見出すことができるように思う。

第一章　田辺元——戦時思想としての「種の論理」

第一節　哲学者と戦争

〈国家と死の哲学を説く田辺〉

まずは、戦時期、それも敗戦色がいよいよ濃くなってきた時期における田辺から始めよう。それも、哲学者としての田辺ではなく、一人の哲学教師としての田辺から。

一九四三年、田辺は、京都大学の出征を控えた学生に対して、「死生」という題目を掲げた講演を行っている。この講演もその題目も、彼自身が選んだというよりは、学生からの希望によるものであった。彼は、一度はこの要望を断ったが、再度の要望に応えることにしたのである。その時の心情を彼は学生たちを前にして、およそ次のように語っている。私自身、この情勢の中で、いったん事あれば、直ちに一身をささげる覚悟を固めている。しかしそれでもなお、死生について多少の惑いをいだかずにいられない。まして、学業を半ばにして銃を取り死生の境に身を投じなければならない諸君は、いかに覚悟ができていようとも、なお、死生について思いまどうことは当然である。「今日我々はなお死生の問題を考える余裕があるが、明日はもう考えることが出来ぬかも知れないような、その前夜に於いて、なおも我々がこの問題を考えざるを得ないということは、これもまた否定出来ない事実である」、私には死生について教える、という資格はないが、同じ道に苦しむ同行の人間として、懺悔として聴いていただくために、私の分かっているだけをお話ししてみることにした（田辺 8-p.245-246）。学生が「死生」という題目のもとに田辺に求めたものは、端的にいって、「死生」観一般ではなく、自らが戦場で死ぬということの意味は何か、そしていかにしてその死を受け入れるか、という極めて切迫した問いへの答えであることを、そして、このような問いに直接的に答えることはできないということを田辺は知っていたはずである。しかし、学生たちからの再度の切実な要請に、「哲学者」にして「哲学教師」である田辺は応えなければならない。彼はどのように語ったのだろうか。講演の流れを見ていると、田辺の逡巡ぶりがよくわかる。

彼は、まず、死を自然なものとして考えるストア派について、死を生の本質的実存的契機とみなすハイデガーについて、あるいは、ニーチェの運命愛について、「哲学教師」らしく哲学史を語ることから始める。しかし、そこに学生たちの求める答えはない。彼らにとってそれはしょせん、「賢者」の「観念的な死」でしかないだろう。だから田辺はこれに続けて、死の意味から、「いかに死ぬか」へと話を進める。彼は、「決死」という死に方について語るのである。

「「決死」ということは、もっと積極的に実践して、死が可能としてではなく、必然的に起こることを見抜いて、我々がなおそれをあえて為す時にいうのである」(同 8-p.256)。

それは、実践としての死であり、死ぬべき死を死ぬ、という当為の死である。しかし、それは自由な決断による死というのとも違う。「死ぬべき時に自由に死ぬ、死なしめられる時に進んで死ぬ、生かされる時は生かされて生く」(同 8-p.258-259)。個人としての自由な決断でもなく、あきらめや受容でもない、こうした「決死」という死に方によって、死の不安から脱却する道を田辺は説くのである。戦時というのは、こうした「決死」という死に方が意味を持つ、というよりは、少なくとも知識人にとっての唯一の可能な死に方であるような時代であると田辺は考えていた。戦時期とは、国家の危急の時であり、ゆえに、人と国家の間にずれや隔たりを置くことは許されない。人と国家との間に隔たりが一切許されないとしたら、戦争する国家と人とは一体であり、ゆえに人が国家のために身をささげて戦うことは「必然的である」。そしてこの必然を当為として自ら受け入れることが決死という死に方である。翌年の、第一高等学校での講演においては、この「決死」の死は、「苦難に随順する」死とも呼ばれる(同 8-p.287)。「随順」というのは、本書の最後の章で見るように、当代の国学派や日本主義の人々のテクストにしばしば登場する言葉である。

「決死の死」「実践としての死」「随順としての死」、いずれの用語で語られても、学生たちが不安から脱却し、実際にこのような死を死ぬことができるためには、国家と人との関係だけでは足りない。死ぬことが問題である以上、そこには、ある種の「信仰」が求められずにはいられない。翌年の第一高校での講演ではこの点が前面に押しだされることになるだろう。この講演は、文化祭の行事の一つとして行われた。田辺は「文化」について語りながら、その「文化」の立場の限界について、そして、それと対比された「信仰」や「国家」の立場について語るのである。文化の立場からは死を考えることはできない。文化とはそもそも生の立場であり、生を肯定し、生を形に表現するものである（同 8-p.279）。決死の死を死ぬためには、この文化の立場の限界を越えなければならない。戦争は文化の限界に迫り、そして破壊するものである。

〈哲学者の罪〉

しかし、文化主義を批判し、国家を宗教と結びつけることで、「決死」の死を、絶対性へと向かう死としてとらえ直したとしても、学生たちの根本的な疑問に対していまだ答えてはいないことを、田辺はよくわかっている。現実の、この「国家」は果たして「宗教と同じように要求するところの絶対性というものを、実際に要求する資格があるのか」（同 8-p.293）。これこそが、学生たちが真に問いたい問いである。前年の京都大学の講演でも、今回の講演でも、この問いは最初に取り上げられ、そして講演はこの問いへの田辺の「答」ならざる「懺悔」をもって終わるのである。国家と人とが一体であるとしたら、この問いは、むしろ我々自身に向けられるべき問いである、とまずは答えることができよう。国家に最初から死に値する価値があるのではなく、国家を死に値するものとするのは「我々自身」以外に存在しない、と。この我々には、論理上、田辺も学生たちも同じように含まれている。しかしこの場にいる者の中で、その責を負うべきは、学生たちではなく「指導層」の一角を占める田辺自身に他ならない。問いはこうして、田辺自身に戻ってきて、行き止まりとなる。そこで田辺に残された道は、「懺悔」しかない。これまで話してきたのは、「聖者でなく凡夫であり、いつでも当為と存在が離れている」田辺自身の「懺悔」以外の何物でもなかった。

「もっと具体的に申しますならば、先にも申しましたように、この国の中におけるいろいろの不都合、無いことの願わしいようなことについて、自分に責任がある、自分が微力であるからであり、自分が怠慢で為すべきことを為さないからである」(同8-p.302)、「この自分の責任というものを感ずるのであります。感ずるのでありますといって、諸君の前に大きな顔をしている、威張っているのではなくして、私は何とも申しわけがないといって頭を下げているのである。懺悔ということが思想でなく、文化でなく、教えでなく、私の生活の全内容なんである。私は今諸君に向かって懺悔しているのであります。」(同8-p.304)。

ここで懺悔されているのは、戦時において、自らなすべきことを為さない、怠慢の罪である。後に見るように、田辺にとって、哲学はつねに「当為」と結びついている。それはそのまま、哲学者としての自己の「なすべきこと」と結びついている。しかし、凡夫にあっては、つねにこの「当為」と「存在」は乖離している。戦時ほどそのことを思い知らされる時代はない。このことを彼は、これらの講演後、自らの哲学教師としての最後の講義を通して考え続ける。その講義内容は、戦後『懺悔道としての哲学』として出版されるのだが、その冒頭で彼は、戦時における哲学者としての自らの罪について、再び、今度は敗戦後の一般読者に対して、次のように語っている。

「此数年来軍部を始め支配階級が国民を愚にして理性を抑え、道理を無視して極度の非合理的なる政策を強行し、其極国際道義に背馳して国の信義を失墜せしめたことに対し、極度に憤慨を感ずること勿論であったのではあるが、併しその責任は単にそれを敢えてした特殊の部面にのみ帰属するのではなく、究極においては之を抑え得なかった国民の全部が負うべき連帯責任であり、就中政治と思想とに於ける指導層が、直接当事者に次いで最も大いなる責任を負うべきものなることを痛感していたのである」(同9-p.7)。

「国民全部が負うべき連帯責任」という言葉は、当時流布していた「一億総懺悔」という言葉を彷彿させる。田辺にとって、国家という存在を外在的立場から批判的に論ずるということは、ありえない立場であり、「連帯責任」というのは、彼の「信念」でもあったから(同9-p.8)、確かにそこに「一億総懺悔」という言葉を重ねられたとしても、田辺自身非とすることはなかっただろう。しかし、田辺にとって何より重要なことは、「政治と思想とに於ける指導層」の一翼を担うものとしての、哲学者の罪の問題であった。

「苟も哲学を学び思想を以て国に報ずべき身である以上は、仮令現在の政府の忌憚に触るるも、なお国家の思想学問に関する政策に対しては直言を以て政府を反省せしむるべきではないか、今一日の猶予を許さない危急の時に際し、国政の変革に関して苟も言うべきものあるならば、ただ沈黙するのは国家に対する不忠実ではないか」(同9-p.3)。

しかし彼は沈黙を守った。そこに彼の「罪」はあった。それは、かつて学生を前にして語った「怠慢」の罪である。この罪は、戦時において彼が、敢えて選択したものであった。切迫した戦時において、「敵前に国内思想の分裂を暴露する」ことによって戦局を一層悪化させることを彼は恐れたのである。いかに戦局が傾こうとも、あるいは、その行為がいかに国際道義に反していようとも、祖国を直接敗北に導くような行為は彼には考えられなかった。戦争末期において、彼が公の場で国の政策や戦争に対する批判を展開することをひかえたのは、敗戦の危機がいよいよ切迫する中での彼なりの選択だったのである。「我々は畢竟連帯的なのである」という「信念」は、このような選択をも敢えておこなう「信念」であった。ここに、戦時を、敢えて傍観者として生き、敗戦を「解放の到来」として受け止めた自由主義知識人たちと田辺との本質的な違いがある。

〈リフォーマーとしての田辺〉

先述の、戦時期の講演の最後が、きわめて唐突で違和感を抱かせる言葉で終わっているのも、こうした田辺の道義的国家論と関係づけてとらえることができる。

「国を神の道に適わしめる人というものは、それはリホーマーでなければならない、その理想も、その改革も、国を日々に新たにしていく、その原理として、その媒介として、初めて文化というものは肯定せられる意味を持つのであります。そこに文化が自己の限界を自覚することによって、文化としての積極的な意味を持つべきものと思うのであります。これで終わります」(同 8-p.305)。

宗教─国家の死の哲学と対比させて、文化の立場の限界性を説いてきた田辺が、最後に、文化の意味を説いて終わる。これこそ、これらの講演内容の支離滅裂さの極みである。たしかに単に生を肯定するだけの生の哲学ではなく、国家の改革のための「媒介」としての、あるいは、自己の有限性の自覚としての文化の立場であったとしても、今、死に直面している学生たちを前にしては、決して説得力を持ちえない立場である。生の立場である文化は、すなわち行為の立場である。しかし今、学生たちに許されている行為は、「決死」という実践しかないのである。田辺自身そのことに気づいていたかのように、彼の話は断ち切られるようにして、ここで終わるのである。その意味でも、これらの講演記録は、破綻したテクストであると言える。この破綻は、戦時という時局の中で、誰もが多かれ少なかれ負わずにいられなかったものであるとも言えるし、同時に、田辺の哲学が、戦時、戦後と一貫して負い続けたものであったとも言える。次節では、田辺哲学の核心と言える「実践的行為」について見ていきたい。

第二節　実践的行為の哲学

〈西田批判〉

戦時、戦後を通して、田辺の哲学的立場を一言で表現するなら、実践的行為の立場、と言うことができるだろう。この立場は、様々なところで繰り返されている、西田批判において最も端的に表現されている。西田の側からの田辺評として伝えられているのは、田辺には宗教というものが分からない、彼の思想は「ザンゲ、ザンゲ」と、どこまで行っても道徳の思想でしかない、という、ある意味、田辺の本質を突いた言葉である（北森 1963）。他方、田辺から見れば、西田哲学は、実践的行為の立場を決定的に欠いた、美学的、観想的立場であった。西田自身は、「無の自覚的限定」一九三二年で、すでに人間を「身体を持つ個物としての表現的・行為的存在」として表現し、さらに、「弁証法的一般者としての世界」一九三四年においては、「我々は行為によって外に物をつくるのである、客観的に我々に対するものをつくるのである」として、「物をつくる」という行為について語っている。この行為論は、「行為的直観の立場」一九三五年、「論理と生命」一九三六年へとその身体論とともに本格的に展開されていく。このような西田における、「表現」から「物をつくる」という制作的行為への変化には、たとえば以下の文章に見られるように当代の思想界を席巻したマルクス主義の影響を見て取ることができる。「マルクスの商品といふものも、単に物理的物質ではなくして、表現的に自己自身を限定する歴史的事物でなければならない」(西田 8-p.142)。実際論文「行為的直観の立場」において西田は、史的唯物論と自分の行為論を重ね合わせ、自らの行為的直観を「歴史的世界の自己限定」(同 8-p.143)と位置づけている。それは、人間を自然に対して働きかけ物を生産することを通し主体となる存在であるとみなすマルクス主義への、西田的な応答の一つの形であるとも言える。「働く自己と物の世界とが対立する。かゝる立場をどこまでも進めて行くのが実践的生活である」(同 8-p.171)。

田辺の批判はしたがって、単なる行為論の欠如に対して向けられたのではなく、その行為が、どこまでも、「ものをつくる」という「制作的行為」を越えることがない、というその、政治的実践的無力さに向けられていた。いかに「歴史的」という言葉が多用されていようとも、西田の行為論は、すなわち「生の立場」であるところの「文化主義的行為論」とりわけ「芸術的制作行為論」にすぎない、と。

「弁証法的無を標榜する東洋的神秘主義と言えども、この点においては全く無力を呈するのである。政治的国家建設の行為を無視し、文化の表現的形態のメタモルフォーゼを以て歴史となし、あるいは表現作用から制作作用に及ぶことによって行為的立場をそれに盛ろうとしても、本来このような芸術的形成に属する直接的生の範疇を以て歴史を理解することが出来るはずはない。……いわゆる、つくられたものからつくるものへ、という如き範疇が、国家の歴史的建設に対して不十分なることは明白であるといわなければならない」（田辺 7-p.33）。

なぜ「不十分」なのか。それは、この「範疇」においては、単に人間と「環境」との相互作用（交互交換と田辺は表現する。すなわち、つくられたものとつくるものとが交互にその立場を転換する関係である）が語られているにすぎないからである。しかし国家は単なる「環境」としての「世界」ではない。国家はそれ自体が「基体的」であると同時に「主体的」である存在である。国家は、個人に先行し個人の生を根拠づけると同時に拘束する基体であり、また、自ら「生命の種的根源として」自ら主体たるのである（同 7-p.40）。個人はこうした国家に対してたんに拘束され吸収されるのではなく、「実践において動的媒介的に相即統一されるのでなければならぬ」（同 7-p.34）。この実践というのは、必然的に自己の存在と自由をかけた道徳的実践でなければならない。西田の行為論と田辺の行為論の対立は、アリストテレスにおける、テオリア（観想）、制作（ポイエシス）、実践（プラクシス）の関係を背景とし、そこに当代のマルクス主義的な生産労働の観念が重なり合うという構図において展開されたものであり、そこには、今日にいたるまで議論しつくされることのない思想史上の問題が提起されていると同時に、当時、戦争とマルクス主義の時代の歴史的状況を背景として展開された切実にして現実的なものだったのである(1)。

〈ヘーゲル批判とカントへの共感〉

田辺のこうした西田批判は、西田に深い刻印を残しているヘーゲル哲学に対する批判と呼応している。一九三一年の論文「ヘーゲルの絶対観念論」からそれを見ておこう。この年は、ヘーゲル没後一〇〇年の年であったと同時に、中国奉天市郊外の柳条湖事件をきっかけとするいわゆる満州事変勃発の年であり、ここから日本の長い戦争の時代が本格的に始まった。ヘーゲルと戦争。すでに見たように、ヘーゲル哲学を貫く一つの隠れたテーマは「戦争」である。田辺は、戦時期と終戦直後の国家論において、ヘーゲル哲学への共感的かつ批判的言及を繰り返している。しかし、ヘーゲルの戦争についての記述は直接的に引用されることはない。明示的に語られるのは、ヘーゲルの弁証法の「不徹底さ」であり、その不徹底さをもたらしたものとしての、「実践的行為」という契機の欠如についてである。この構図は基本的に変わらないまま、ヘーゲルの国家と宗教の位置づけに対する批判が、時代によって微妙に異なる論理によって繰り返されている。ここでは、田辺のヘーゲル批判を、彼のカント論との関係で見ておくことにしたい。

田辺はすでに、カント生誕二〇〇年を記念した論文「カントの目的論」一九二四年において、カントの歴史哲学と実践理性（あるいは批判哲学一般）との関係について論じている。ここで田辺は、『実践理性批判』はもっぱら道徳意識の先験的要素を明らかにするために書かれたものであって、この限定された目的で書かれた「実践理性批判」だけをもって、カントの道徳を主観主義的個人主義的なものと考えるのは間違いである、と言う。カントにおいて、道徳は「人格の共同生活に於いて」、さらには「文化の建設に於いて」実現される。「約言すれば、歴史が道徳の対象なのである」（田辺 3-p.69）。具体的な例として、彼は、我々がすでに検討したカントの『世界公民的見地から見た一般史』に登場する「自然の意図」について取り上げる。これを単に現象の背後に隠された自然の意図として、「自然的目的論」としてとらえるならば、それはカントの批判哲学の精神に矛盾する形而上学への逆行でしかない（同3-p.17）。むしろそれは、人間の自由を根拠とする自覚的合目的性でなければならない。（同3-p.70）そして彼はこの論文を次のように結んでいる。「歴史は、構想力の代わりに自然認識の悟性を、自由人格の創造の立場に於いてはたらかせた芸術的作品である。その根底をなすのは、文化的道徳意志であり、内に宗教的態度を含む。歴史と宗教と道徳とは不可分離の関係に立つ。そして自覚的合目的性はこれを一貫する原理に他ならない」（同3-p.72）。田辺が、西田の文化主義、あるいは芸術的制作主義を盛んに批判するようになるのは、もう少し後のことである。しかしここには既に、歴史と宗教と道徳の不可分離の関係が強調されている。

一九三一年の論文で田辺が強調するのは、ヘーゲルの観念論には、このカントの「歴史と宗教と道徳」の三項における「道徳」の契機が欠けているということである。田辺は、ヘーゲル哲学が、ギリシャ悲劇の「運命」とキリスト教的な「愛」を調和させ、「愛による運命との和解」のその根本基調とするものであることを周知の事実として認めつつ、このような「和解」はそれ自身哲学ではありえないと言う。それは単に心情としての和解にとどまり、そこから導かれるものは、彼岸の希望にとどまる。それが現実となるためには、絶対自覚に基づく概念の媒介が必要である。そしてそれをもたらすものは、「行為に他ならない」。ヘーゲル哲学の限界は端的に言って、「行為的実践の立場に徹底せずして観想に堕した結果である」（同3-p.123）。ここで田辺は、「行為」というものが、必然的に分裂と悪を引き起こすものであること、にもかかわらず我々が行為するのは、我々の中に我々自身の実践能力に対する「希望」が存在するからであること、そしてこの「希望」は同時に、「自己の根底たる絶対の超対立的合理性、換言すれば絶対善に対する信頼」に他ならないことを強調し、この「希望」と「信頼」は「われの無力の痛感と懺悔の底に」生まれるのである、と述べる（後年繰り返されることになる「懺悔」という言葉に注目しておきたい）（同3-p.126）。田辺はこうした「宗教的信」と「道徳的努力」とが互いに相伴うことの中に、カントの道徳が要求する当為と、これを退けるヘーゲルの客観的現実主義とが調和されうる鍵を見出そうとするのである。「ヘーゲルを正しく理解するのはカントの『実践理性優先』の立場を復活徹底するにある。」これがこの論文の結論であった。

第三節　戦時期の種の論理と国家論

田辺の「種の論理」は、個人と国家とを直接につなぐ近代の契約思想に対して（田辺はルソーの契約思想に言及し、契約社会を国家と同一視することは許されない、としつつ、ルソーが、単なる個人の総意 volonté de tous と共同体の類意 volonté générale とを区別したことを評価している。同6-p.150）種という媒介項を入れて個人と国家の関係を考えようとするものであり、その意味では、先に見た、個人から直接国家を考えるのではなく、自然発生的な共同体の意識化、理性化として国家を考えるヘーゲルの国家論と通じるものがある。とりわけ、それが戦時期の国家主義体制の下で展開されたという時局的な側面もあって、戦後は長く批判の対象として位置づけられてきた。しかし、「種の論理」は、様々なヴァリエーションを取りつつ、戦時、戦後、そして彼の晩年に至るまで、一貫して彼の思想の中核として存在し続けている。彼がこの概念によって語ろうとしたのは、何だったのか、本節では、戦時期における種の論理と国家論の検討を通して考えてみたい。

〈個・種・人類的国家〉

一九三四年の論文「社会存在の論理」は、種の論理をきわめて端的に「国家と言い、民族と言い、階級と言い、いずれも人類の全と個人の個との間に対し、種の論理たることを要求する」(同 6-p.60) と説明している。要するに、人間は、人類社会の一員としても、あるいは、全くの孤立した個人としてもこの世に存在することはない。自分で選んだわけでもない何らかの具体的な集団の中に生まれてきて、その成員として存在している、ということである。それが、人間が社会的存在であるということの意味である。田辺は種の論理によって、全体と個との関係を、無媒介に直結させる見方を批判しているわけである。この論文は、当代の「哲学的社会学」や人類学の知を援用しつつ、その枠組みを使いながら、人類社会と特殊の種的社会と個人との関係をなんとか論理化しようとしたものである。そこで援用されているのは、ベルクソンの「閉じた社会」と「開かれた社会」、トェンニェス(テンニース)のゲマインシャフトとゲゼルシャフトなどの、二項図式である。そこには、ヘーゲルの国家論を、現代的知見を取り入れることで克服しようという意図もあった(同 6-p.74)。

ここで強調されているのが、個と種との否定的媒介性であり、それこそが、ヘーゲルの国家論と自らの国家論の違いであると田辺は考えている。ヘーゲルにおいて、個は単に観念的特殊性としてとらえられており、それが持つ否定的意義が十分に発揮されていない。「ヘーゲルの国家が民族精神と同一視され、民族国家の絶対主義に導くのも其の結果である。その混同の原因を追窮すれば、個の種を媒介とする否定的対立性を無視するところに帰するのではないだろうか」(同 p.143)。

そして、この「個」の否定的意義が導き出すものが、「人類的国家」という概念である。彼はベルクソンの「開いた社会」という用語を援用しつつ次のように述べている。「人類を個の開いた社会とするならば、人類の成員となれる個人の形成する国家が、類の存在としての人類的国家である」（同 6-p.132）。あるいは、アリストテレスを援用しつつ、「類的個」としての真の個人が形成する国家とも言い直している。「人類的国家」とは、このようにあくまでも個人が、その宿命的所与の「種」との否定的媒介を通して、類的個となることによって成立可能な国家である。

こうした、個・種・人類的国家の関係を彼は、次のように説明している。

「人類の普遍に高められ、我性を否定しても、個人は依然として個人でなければならず、若し然らざれば、之を契機とする人類の絶対否定態も媒介を失ひて消滅する外無き如く、民族国家も亦人類的国家に止揚せられても、その種たる性格を失ふのでなく、ただ種の直接統一が類の絶対否定的統一に止揚せられて、否定即肯定的に段階を異にし現れるのである」（同 6-p.133）。

このような図式は、後の、「種の論理の意味を明らかにす」（一九三七年）においては、人類的国家とは、「国家がその成員たる国民の理性的個体性を媒介として、民族的でありながら同時にそれの相即する個人を通じて人類的普遍性を有し得る」国家を指す（同 6-p.452）として、あるいは、「国家的存在の論理」（一九三九年）においては、「（対外的には他国との戦争の過程にある）国家も、自国の個人に対しては却って之を自発的に活かす為にその種的契機を否定し媒介しなければならぬ。これに由って国家が間接に個を通じて人類の立場に高まり、歴史の主体として文化に貢献する。個の媒介を具有しない国家は、それがいかに戦争に強力であり、一時実力をもって他国を圧倒するも、世界歴史の審判はかかる理性的媒介を含まざる多分に直接種的なる国家を自壊させ」、歴史の主体たることを禁止する」(同7-p.92)として表現されている[2]。このことは、一九四一年に書かれた時局的な論文においても、個人の道徳性と、国家の道義性との交互態として再び表現されている(同8-p.225)。

〈応現的存在としての国家〉

しかしこの人類的国家の思想は、あまりに個人という存在に大きな期待をかけたものとも言え、実践的行為の力を過大評価したものとも見える。ヘーゲルに言わせれば、戦争する国家の歴史はこのような個人の道徳性や実践的行為などをやすやすと踏み越えて自らの道を行くことだろう。世界史は個人の登場する場ではない、と。田辺もまた、対外政治における、種と種、国家と国家との国際的な対立抗争を、「歴史的世界において避けがたいもの」(同7-p.89)とみなし、国家はその「存在即価値たる性格上」戦争においてはあらゆる方法を尽くして必勝を期さなければならない(同7-p.90-91)、と言う。しかし同時に、「戦争はそのまま同一性的に善ではない。……全体主義の実力的侵略戦争謳歌がそのまま承認されがたいゆえんである」と述べ、戦争の必然性とともに、それが道義的に正当性を持つものであるべきことをも要求する。そしてこの戦争の正当性、道義性を確保するものは、個としての人間である。その可能性を一切封じ、あるいは、全く次元の異なる場所に置くヘーゲルは、彼にとって、「諦念的理解」にとどまるものと思われたのである(同7-p.63)。ヘーゲルの先に進もうとすることは、ヘーゲルの用語で言えば、現実の国家の有限性を越える道を求めることである。そして田辺は、ヘーゲル同様、それを宗教的なるものに見出そうとする。

「国家は絶対無の応現的存在である」。「応現」とは仏教用語で、仏や菩薩が現世において地上のものの形をとって姿を現すことを言う。このことを田辺は、絶対無の立場からは、「絶対無の有化」と言い、また、キリスト教の立場からは、超越的絶対神が「人の子」として啓示されたキリストと表現する。田辺にとって、これらの例のうちで、キリスト教の例が最も現実的で自ら納得のいくものであったようである。

「私の国家哲学は恰も基督の位置に国家を置きて、絶対無の基体的現成たる応現的存在たらしめることにより、基督教の弁証法的真理を徹底してその神話的制限からこれを解放する、という如き構造を有す」(同 7-p.42)。

「神話的制限からの解放」については後述することとして、ここでは、仏教的な応現や、絶対無の有化よりもキリストの例が引かれていることに注目しておこう。この時代の彼にとって、キリスト教の例がより一層迫るものを感じさせたのは、キリスト教においては、前二者に見られない「苦難」とそのなかでの闘いの契機が明瞭に示されていたためであろう。この立場は、後で取り上げる敗戦直後の『キリスト教の弁証』において本格的に展開されることになるだろう。本格的な国家論の論文としては戦時期最後のものとなった「国家的存在の論理」の末尾は、かくして、以下のようなキリスト教への言及で締めくくられている。

「国家が基督教に於ける基督の啓示存在に対応する所のある応現的存在であって、国家に参与する個人の生活が、いわゆる『基督のまねび』に比されるべきものであるとするならば、国家的行為生活が正に、国家と苦難を共にする生活を意味することは、当然覚悟しなければならぬ。ただ信ずる者にとっては苦難即浄福なること、いずれの場合に於いても変わる所はないのである」(同7-p.99)。

第四節　敗戦後の国家と宗教

〈歴史的現実としての国家――『懺悔道としての哲学』〉

戦争と敗戦の経験を通して、田辺は国家という存在について新たな目を見開かされるにいたった。その目から見るならば、敗戦直後世上しきりに言われた「道義的立国」とか「文化的再建」という言葉は、空しい抽象的原理を語るものしか見えなかった(同9-p.238)。どこが空しいかと言えば、これらの言葉には、国家が必然的に内在する否定的契機が欠落しているからである。すでに戦前の種の論理においても繰り返されていたこの否定的契機について、田辺は、敗戦後改めて新しい意味を込めて強調せずにいられなかったのである。国家社会は、いかにしてもこれを否定したり観念化したりすることを許さず、その実在を否定することが出来ない「文字通りの対立存在 objectum」である(同7-p.260)。戦前の彼の国家論との違いは、戦後においては、戦前に強調されるところの少なかった国家の「歴史性」ということが、重要で中心的な意味を占めるようになった、ということである。「如何にしてもその実在を否定することの出来ない objectum」としての性格を国家に与えるものは、「歴史」である、という実感が、今や田辺の国家論の中核に置かれるようになる。

「(自然に於けるのとは異なり)歴史に於いては、不変恒常なる基体実体は無媒介には存在せず、ただ或る有限の期間存続を許される循環圏が種別的に存立し、それに限定せられたる個体がその限定に於いて却って自らの自由を発揮し、行的に之を主体化して無の実現を為すことが出来る限り、行輪 cycle としてそれが維持せられるに止まる。その期間が歴史の時代であって、それと種的社会とは相即対応する。ともに有限相対の存在であって、不断に新たにされ転換されるのである」(同 9-p.265)。

この文章は、戦後の田辺の新しい「種の論理」を要約圧縮したものとも見える。まず第一に、国家はこの「歴史の時間」の中で一定期間、他の国家とともに、一定の「限定」のもとに存立する有限相対的な存在である。マキャヴェリの「有限なる国家」が想起される。田辺はたしかにマキャヴェリを共感をもって読んでいた。歴史性、相対性、有限性は、同時に偶然性をも意味する。

「歴史は絶対偶然性を脱することが出来ぬ。何故に有が有るか、いかにして存在が存在するか、という原偶然に対する問は、歴史に就いて必然に発せられる問である。しかしそれは何故とも如何にしてとも、それを理由付け説明することは出来ない。もしそれが出来るならば、絶対の偶然ではないからである。さらに Dasein に就いてのみならず Sosein に就いても、存在は我々に不可知なる偶然として存在するのみならず、かかる有として存在しなければならぬ理由は、我々にとり全く不可知たらざるをえない」(同 9-p.268)。

歴史においては、何物もそれが「かくあるDasein」ということも、「かくあるべきであるSosein」ということも、ともにその理由を説明することの出来ない、絶対的偶然性のうちに存在する。国家こそ、このような歴史的存在の最たるものである、といまや田辺は考えている。戦時において、「国家の道義性」を強調した田辺は、敗戦後の今、「道義的立国」という言葉にむなしさ感じているのである。国家は、歴史的存在として、そもそも限界を、自己矛盾を、根源悪を必然的に抱え込んだ存在である。我々はこのような国家に生まれ、生き、死んでいく。それは、ただ敗戦国日本の現実であるだけでなく、およそ世界に存在する限りのすべての国家の現実である。それが、第二次世界大戦を通して田辺が身をもって学んだことだったように思われる。それでは、このような存在でしかありえない国家を否定し、無政府主義を選択すべきだろうか、と田辺は問い、当然ながらその選択を否定する。田辺にとっては、国家がいかに不条理をはらむものであったとしても、国家を否定することはありえない選択である。人間存在の根源悪を自覚したからといって、人間として生きることを否定することが出来ないように、国家の根源的悪やその有限性を自覚したからと言って、我々は、国家を否定して生きることは出来ない。これが戦前、戦時、戦後一貫して変わる所のない田辺のスタンスであった。

それゆえ、戦後の田辺の国家論は、このような国家の歴史的現実の自覚の上に築かれるべき「絶対現実主義」の国家論となる（同9-p.239）。ここで田辺の「絶対現実主義」の国家論は、それに対立する二つの国家論を想定している。一つは彼自身のかつての戦時期の国家論である。前項で見たように、戦前に彼は、紆余曲折の果てに、絶対無の応現的存在としての国家への随順を説く「国家絶対主義」ともとらえられる国家論に至った。それは時の国家の政策の原理づけを意図したものではなかったとはいえ、そのように用いられる可能性が十分にある国家論であった。このような国家絶対主義が導き出されたのは、それが観念論の立場に立つものだったからである。それは、「畢竟私の理性主義的倫理主義の自是慢心に発したもの」(同 9-p.367)であった、と田辺は振り返る。もう一つのものは、唯物論社会主義の国家論である。これは、戦後を席巻するもう一方の「文化的再建」を目指す「文化主義」の国家論と比べれば、はるかに、現在の自分の立場――絶対現実主義――に近いものである、と田辺は位置づけている。唯物論は現実の絶対必然に従って国家の革新を実践しようとするものだからである。しかしこの現実主義は、絶対現実主義に至らず、「相対現実主義」にとどまることによって、かえってそこに観念論的傾向を含有することになっている、と田辺は評している(同 9-p.239)。かつての自らの観念論と、唯物論的階級闘争論のいずれも、田辺によれば、国家の根源悪に迫る「絶対現実主義」に至ることは出来ない。

こうして、観念論的倫理主義も唯物論的闘争主義もさらには、依然として彼の批判の対象である文化主義的制作主義もともに退けた田辺が、戦後の国家論の中核に置いたのが、宗教であった。これは一見戦前の応現的存在としての国家の延長、あるいは、その修正版のようにも見える。たしかに田辺にとって、国家という存在は、一貫して宗教的契機と無関係ではありえない存在であった。しかし、戦後における国家と宗教との関係の変化は重要である。戦前においては、国家は宗教的絶対者の地上における顕現とされ、国家それ自体が宗教化された。戦後においては、逆に、宗教のほうが社会化され、あくまでも地上的存在であり続ける国家と「社会的宗教」とが、相互に媒介しあうという形になる。ここで彼は、カントとヘーゲルの宗教論に再び言及し、それぞれの限界を指摘する。カントがその『宗教論』第三篇で、地上における神の国の建設という宗教の政治的契機を考えたことを評価しつつ、それを個人的人格の立場からしかとらえなかったことを批判するとともに、ヘーゲルが、『精神現象学』第六章精神の第三の段階としての「道徳意識」の項で、互いに対立しあう意識が互いのうちに自己の姿を見出し「相互宥免の和解」に至るところに神の出現を認め続く第七章宗教へとつなげたことを評価しつつ、そこに客観精神としての国家の媒介が存在しないことを批判した。カント、ヘーゲルの両者に欠けているのは、宗教と国家との媒介である(同9-p.242-244)。宗教を単なる個人と絶対との無媒介な直接的関係においてとらえている限り、田辺によれば、宗教の本質はつかめない。「宗教は本来社会的なものである」。同時に、宗教によって媒介されない国家は真の国家たり得ない。宗教の超越性と、国家の歴史的現実性は、相互に媒介しあうことでそれぞれにその本質を実現しうる。そしてこの時点での田辺は、この関係は、西欧の宗教や哲学においては見出されず、ただ、親鸞の絶対他力主義の中にのみ見出すことが出来ると考えていた。以下では、戦中から書きつがれ、敗戦後の一九四七年に出版された『懺悔道としての哲学』について見ていこう。

〈親鸞の社会的宗教と、行としての実践〉

戦時期から敗戦直後の時代において、戦争する国家と自己の関係に思い悩み、敗戦へとひた走る国家に知識人としてなすすべもない自己の無力に突き当たって、親鸞の絶対他力の信仰に最後の救いを見出したのは、田辺だけではなかった。その例の一人については最後の章で見ることにしよう。そこには、出自も思想もまったく異なりながら、きわめて特異な共通の構図が見られるだろう。しかしここでは、田辺が親鸞のどこに「社会的宗教」の原型を見出したのかを見ておこう。基本にあるのは戦前と変わる所のない「絶対無」の思想である。田辺は真宗の如来の思想のうちに、この絶対無の宗教的な表現を見出す。すなわち

「これを象徴的にいうならば、絶対者たる如来は、その絶対的完成完全の頂点に安住するものでなく、常に下方相対に向かって進出降下するものである、如来は如来の家の奥座敷に安座するのでなくして、常に次の間まで歩を運んで相対者救済の為に直ちに外出する用意を整えているものである、ともいうことが出来よう」(同9-p.249)。

これが絶対無は「愛」である、ということの意味である。この愛による相対への降下が「絶対還相」なのだが、とりわけ田辺が、社会的宗教としての真宗において強調するのが、この絶対還相を媒介するものとしての「相対還相」の思想である。如来は、自らの絶対性をあえて自己否定的に制限し、救済の対象である衆生の自発性を媒介として働く。そのためには、「自ら衆生と同種の行を行じて衆生を指導し、衆生をして自らに学ばしめ倣わしめることによってこれを教化する」。相対還相とは、如来と行を共にし、自ら学び如来に倣うこと(往相)によって救済された相対者(衆生のうちの先進者)が、いまだその境地に至らずしている他の相対者(後進)に対して、如来の絶対還相の模範をもって働きかけ、行を共にすることを指す。絶対他力とは、このように、絶対的他者である如来が直接的に衆生に働くのではなく、衆生の間の先進・後進の間の相互の働き(相対還相は同時に相互還相である)をどこまでも媒介とすることで、自らの絶対性を現すということを意味する(同9-p.249)。田辺はとりわけ、この相対還相、あるいは相互還相を「兄弟的先後の秩序」と呼び、西欧の、例えばフランス革命の標語である自由・平等・友愛の原理がはらむ矛盾を克服しうるものであるとするのである(同9-p.253)。確かに、フランス革命後の政治史はこの自由と平等との間の矛盾、対立の歴史であったといえる。田辺によれば、それは、その自由と言い、平等と言い、抽象的なものにとどまっていたからに他ならない。対して、相対還相における「兄弟」的秩序は、先後の違いを積極的に認めつつ、同時に、先進も後進もともに絶対者如来のもとで等しく衆生としての自らの相対性を自覚しあうことで真の友愛の関係で結びあうことが出来る。

しかし、田辺が真宗の還相思想に傾倒するのは、単にこうした「兄弟的社会性を珍重する」ことばかりによるのではない。「さらにその還相を媒介する種的共同性がかねて私の考え発表した『種の論理』による社会存在論に呼応して、これに宗教的根拠を」与えるものであるからであった（同9-p.256）。ここで種的共同性とは、先進・後進が共有する伝統と言語であり、その共通の基盤たる文化を伝統継承するのが種的社会である。すなわち、「救済が種的社会を基体とし文化をその媒質として行われることの必然性」（同9-p.259）を田辺は強調するのである。

しかし、このような「文化」の立場と、「歴史的現実」としての国家とはどのように関連づけられるのだろうか。『懺悔道としての哲学』は真宗の還相思想の中に「社会的宗教」の立場を見出すにとどまり、それと国家との関係に踏み込むには至っていないように思われる。しかし、自己にどこまでも対立する国家との関係においてこそ、宗教的行としての個の実践もその具体的な意味を持ちえたのではないだろうか。その意味においては、『懺悔道としての哲学』は未完の書とも見える。以下では、この問題を、翌年に発表された論文「種の論理の弁証法」のうちに探ってみたい。

〈応現的存在としての国家から方便的存在としての国家へ〉

実際この論文について、田辺はその「序」において、懺悔道の立場から種の論理に修正を加えたもの（同7-p.254）、と位置づけている。それは、戦時期の「応現的存在」としての国家から、『懺悔道』で強調された「相対還相」のための「方便」として位置づけられた国家論の転換である。国家は、戦時期の国家論においては、種という基体と個人との相互否定的な媒介の上に弁証法的な総合として位置づけられるか、あるいは、宗教的超越の「有化」として「応現的存在」として位置づけられていたのだが、戦後の国家論では、個と個との間の相互還相という宗教的実践の媒介のために必要な「方便的存在」、あるいは、個の実践によって常に否定され、かろうじて均衡を保ちうる「均衡的存在」へと縮減されている。

「国家は個人の無即有を媒介するための、有即無なる方便としての存在であって、個と個の相互還相愛を媒介する基体であるだけでなく、不断の個人の行的実践によりその使命に適う如く革新されることを必要とする有即無の均衡的存在であって、方便として絶対無の否定的契機たる限り存続せしめられるのである」(同 7-p.285)。

国家は、個人の宗教的(行的)実践を通して絶対無の否定的契機となる限りにおいてのみ、存続させられる。このいわば縮減された国家は、しかし、けっして単にその本質的重要性を否定されて「相対化」されたわけではない。むしろ、戦時期の切迫した状況の中で語られた国家と宗教との関係が、ここでは、本格的に探究されているのである。「政治的実践の立場から人間存在を具体的に考えるならば、政治と宗教との媒介として、国家が個人の存在に対し形而上学的ともいうべき意味を有することは疑うことが出来ない。人間が国家においてのみその最も具体的なる存在に達するという古代からの規定は、単に倫理にとどまるのではなく、倫理はその二律背反によって宗教に転ぜられ、その具体化において政治に連絡される」(同 7-p.268)。

田辺はこの古代からの規定に立ち戻り、それを、還相思想と接続させる。

「国家社会は人間同士の相対的還相に対する媒介たるのみならず、神の人間に対する救済の愛が、絶対の無性に必要な有の媒介を通して自己を実現し啓示するために、その絶対還相に対して、こうした絶対否定の否定すべき人間存在の現世的相対的最高具体相たる国家を、その否定的媒介として要求する」(同7-p.269)。

人間存在そのものが、そして神の人間に対する救済そのものが、国家を「要求する」のである。そこに、『懺悔道としての哲学』で強調された、我々が必然的に引き受けなければならない「連帯責任」、「連帯懺悔」の思想があることは言うまでもない。この強固な「連帯」の必然する国家は、ゆえに、単に個の実践のただなかでその都度現れる相対的で一時的な存在ではありえない。それは、連続性と持続性を持つ「基体」である。しかし同時に、この「基体」は、戦時期強調された「空間性」とも、あるいは、『懺悔道としての哲学』で言われた「伝統」とも異なる特性を帯びるに至っている。

「しかしながら同一基体の持続というのは、自然科学が同一実体の持続を前提し、またそれに準じて唯物論が同一物質の規定的存在を主張するごとき意味において、同一性的持続を意味するのではない。……同一普遍の基体があり、それに対し外から否定が加わって弁証的運動が惹起せられるのではないのである。……その基体の内実は空間的延長でなくして動力的対抗である。故にその如何なる内容も自の内に必ず他を含みて緊張し、転換還帰において均衡を保つ」（同7-p.353）。

この新しい「基体」の意味を、田辺はさらに古代哲学の「質料」と「形相」の関係から説明する。個の実践の契機として位置づけられた基体としての国家は、単にヘーゲル的な人倫的観念でもなく、また、マルクス主義的な社会的物質でもない。それは「形相と質料、意味的存在と物質的規定の、相互転換相即である」（同7-p.356）。それは同時に、個と普遍とを結ぶ「結合の媒介」である。すなわち、基体としての国家とは、「個別は普遍である」というとき、主語である「個別」と述語である「普遍」を結ぶ連辞「ある」に相当する。この「ある」という連辞は、「個即全の実践的転換統一が、この種的自己媒介を通じて成就されることを、他力行的に信證するはたらきの表現にほかならない」（同7-p.357）。それは、ちょうど、我々の身体と精神を結合する、目に見えない媒介の契機——ライプニッツが実体的紐帯vinculum substantialeと呼んだもの——に似て、「無の媒介としての有たる自己媒介に他ならないから、これを単なる有的存在としてとらえることが出来るわけはない。ただ実践の否定的媒介ないし生命の転換還帰として主体的に信證せられるに止まる」（同7-p.357）。

このように、田辺は個と国家との関係を新たな枠組みでとらえ直すことを、さまざま方法を駆使して試みる。それは、個の実践をかつてのように「道徳的実践」としてだけではなく、「行」（宗教的実践）としてとらえ直し、同時に、国家をどこまでもこうした個の実践との関係においてとらえ直そうとする試みである。しかし、依然として、宗教的実践と国家との関係の具体的なイメージはあいまいなままである。何よりも以上見てきた論理では、彼が強調する、objectumとしての、個を絶対的に拘束する「歴史的」国家という、彼本来の国家像が希薄とならざるを得ない。

歴史的絶対的現実である国家という存在を、この構図の中に収めることが出来ないままにこの論文は終わっているように思われる。そして、このことは田辺自身が感じていたことだったのではないだろうか。彼が、この論文の後に、『キリスト教の弁証』を発表したのは、この未完の構図を、具体的な歴史上の事実によって語り直したい、という欲求に促されてのことだったように思われる。それは同時に、「社会的宗教」のモデルを求めて、真宗からキリスト教へと歩みを進めた道程でもあった。

第五節　『キリスト教の弁証』――宗教的革新即社会的革新

〈戦後改革とキリスト教〉

『キリスト教の弁証』（一九四八年）が出版される前年に書かれ、当書の付録として採録された論文「キリスト教とマルクシズムと日本仏教」（一九四七年）は、当時の田辺の政治と宗教に関する思想が端的に表現されたものであり、いわば本書の序の序に置かれるべきものとも言える。そこで、この論文の要点をまず紹介しておきたい。この論文はタイトルからして、遠大で、言ってみれば途方もなく、じっさい、タイトルに上がっている、キリスト教、マルクシズム、日本仏教のいずれの当事者たちからも、ほぼ黙殺に近い扱いを受けたと思われる。このように、いわば自ら素人である他の専門分野の領域へと果敢に、そして徹底的に食い込み、その内容を自らの問題構図の中に強引に引きずり込みつつ議論を展開する、というのは、田辺の独特なスタイルであるが、ここに貫かれているのは、戦時期の苦い経験（敗戦の経験そのものはおそらく田辺にとってはそれに比べればそれほど大きくなかったのではないか）の中から生まれた、哲学者としての新たな使命感であったと思われる。戦時中の講演「文化の限界」末尾で唐突に語られた言葉が、今敗戦後の状況の中で具体的な形をとって実践に移されているのである。その文章を、ここでもう一度引用しておく。

「国を神の道に適わしめる人というのは、それはリホーマーでなければならない。その理想も、その改革も、国を日に日に新たにして行く、その原理として、その媒介として、初めて文化というものは肯定せられる意味を持つのであります」（同 8-p.305）。

敗戦後の今、田辺は、現代の思潮において大きな力を持つ三つの思想の統合を論理化し、日本社会の（あるいは世界の）リホームの方途を探ろうとするのである。これら三つのうちで、キリスト教とマルクシズムは、その唯神論、唯物論の対立にもかかわらず、深い共通項を持つ、と田辺は考えている。これはすでに、戦時期の論文「国家的存在について」で両者の「現実主義」として指摘されていたものである。本論文においては、それが、人間愛と自己犠牲の精神という共通項を通して語られている。マルクスが考えるプロレタリアートの自己解放は、「単に個人の自己解放に止まらず……却って階級解放の社会的実践のために自己を犠牲にする友愛の満足」を求めるものであり、さらに「プロレタリヤの階級解放は最後の階級解放として、一切の階級なき自由平等の社会を実現する媒介に外ならぬという主張は……倫理の普遍性をその範疇とするものなることを明示して居る」（同 10-p.291）。自己犠牲を通しての、隣人愛と普遍的な倫理の実現、という構図は、キリストの自己犠牲を通しての神への愛と隣人愛の実践という構図と重なり合う。この構図はさらに、人間の側からの実践（往相）と救済者からの愛の還相という、親鸞の往相と還相の構図にも結びつけられる。

こうした構図を前提に、本論文では、二つの論点が論じられる。一つは、この構図を完成するものとしての、「種」の位置づけについてである。キリスト教もマルクシズムも、ともに歴史的性格を持つことで共通している。それは、両者がともに、個と普遍を媒介する「歴史的社会の絶対現実」（同 10-p.299）を不可欠の項として持つというところに表れている。つまり、個Eと普遍Aとの間に特殊としての種Bを持つ、E - B - Aの構図である（同 10-p.308）。キリスト教においては、このBは、受難の歴史にあった「ユデヤ民族」Bであり、イエスは一人の人間Eとしてこの民族のうちに生まれ、この民族の解放を求め、この民族との闘争を通して、人類Aの救済をもたらした（同 10-p.310）。マルクシズムにおいては、むしろBの内部分裂、内部対立としての階級対立と、「階級揚棄民族的統一恢復」の実践によって普遍的人類社会を実現しようとする（同 10-p.314）。田辺は明言していないが、マルクシズムにおいては、人間イエスに代表される個Eは、対立しあう階級の一方であるプロレタリア階級という集団的な「個」であるということになるだろう。田辺が、マルクス主義に深い意義を見出しながら、それにどうしても同意できなかったのは、後述するように、その階級闘争論が、対立しあう一方の階級を絶対化するその非弁証法的立場に対する批判であった。しかしここでは、キリスト教とマルクシズムのいずれにおいても、種Bは、単純な均質的実体ではなく、階級と民族という、それ自体のうちに、対立をはらみつつ、それ自体歴史に拘束され、ゆえに個人に対して絶対的な拘束力を持って迫る、「絶対現実」であるという点を押さえておこう。この構図においては、真宗の相対還相を支える「文化的伝統」は影が薄く、ほとんど言及されていない。もはやここでは真宗は、新たな種の論理の構築においては期待されていないのである。

本論文のもう一つの論点は、宗教と科学との関係である。類似の構図を持つキリスト教とマルクシズムを決定的に分かつものは、田辺によれば、前者は「神話」に後者は「科学」に依拠しているという点である。そして彼は、前者の「神話」が科学によって払拭浄化されなければ、宗教が現代の歴史的な問題を解決する力とはなりえない、と考えるのである。何らかの「神話」を抱えたままの宗教が、政治的実践を間接的に支える、という途も当然考えられるだろう。実際、次章で見る南原繁をはじめとして、戦後啓蒙を担った人々の中には、自らクリスチャンでありながら、社会科学者として戦後改革に貢献した人は少なくない。しかし、田辺にとっては、宗教と科学の「並立二本建」という折衷案は許容されない。今日の哲学の任務は、この「宗教と科学との否定的媒介を行證することにある」(同 10-p.316) と考えるのである。彼が考えるこの「否定的媒介」とは以下のようなものであった。

「一方に科学理論をその体系化の要求に従い徹底せしめて、二律背反の自己否定に導き、その限界自覚と懺悔謙仰とを通じて、無即愛の宗教的信仰に之を転ぜしめると同時に、他方に於いては、宗教の神話的信条を完全に払拭浄化して、之を象徴的に解し、有の同一性論理に依るのでなく無の弁証法に従って、それを科学の否定媒介に転ずることが必須であるといわなければならぬ」(同 10-p.316)。

これを読むならば、田辺の「科学主義」が、決して素朴な実証科学信仰と同一視されるものではないことは明らかである。むしろ彼は、科学が科学としての体系を徹底化すれば、おのずと科学の有限性、限界の認識に至るはずであり、そこに科学と宗教との彼言うところの「否定媒介」が成り立つと考えているのである。他方、キリスト教は「有の同一性論理」から結果する神話性を否定して「無」に徹底することを通して、科学との否定媒介に至るのでなければならない。田辺が、宗教と科学の「並立二本建」を否定し、それとは異なる構図にあくまでもこだわったことは、次章で、戦後啓蒙を担った無教会派クリスチャンの南原と矢内原の思考について検討する際に重要な比較点となるであろう。ともあれこの時点で、彼がキリスト教の神話性を否定するために持ち出すのが、真宗と並ぶもう一つの日本仏教である禅宗である。神話性をほとんど有せず無の宗教、哲学的宗教として今日まで発展してきた大乗仏教の禅宗と結びつくことによって、キリスト教はその社会的宗教としての性格を維持したまま、その神話性から脱することが可能であると田辺は考える。

こうして田辺は、キリスト教とマルクシズムの結合から歴史的現実と闘争の論理を、キリスト教と禅宗との結合から宗教の脱神話化と、科学との共存の可能性を、それぞれ引き出すのである。以上のような構図は、『実存と愛と実践』一九四七年においても試みられている。ここでは、カール・バルトの弁証法神学にうながされつつ、キェルケゴールとマルクスとの結合が提起され、彼自らそれを「一見突飛な提言」と呼びつつ、今の時代において切実に求められているものと述べている。いずれにせよ、敗戦直後のこの時期、田辺が新しい国家のあり方として模索したものは、戦前の、個人の道徳的実践や国家の道義性という立場からものとは異なり、敗戦間近、学生たちを前に語った、国家と宗教の不可離の関係を改めて徹底的に深めるところに成立する国家論であったということが確認されるだろう。

〈歴史的政治的実践家としてのイエス〉

田辺は『キリスト教の弁証』の序[3]を、「現在の歴史的状況」についての概観から始め、続けて、「社会革新の根底たりうる宗教として、宗教的解放即社会的解放たる意味を持つところの宗教が、キリスト教を措いて外に現存しないことは、争いがたき歴史的事実であるといわなければならぬ」(同10-p.10)、と述べることから始めている。彼がキリスト教の中に社会革新の根底たる宗教を求める以上、彼のキリスト教論が、パウロによって確立された伝統的なキリスト教であるよりも、福音書に記されたイエスの言動そのものから導き出されるキリスト教であったことは必然であったと言える。本書は長い「序論」と「本論――福音信仰と救主信仰」とからなっているが、本論のタイトルとされた、「福音信仰と救主信仰」とは、今日に至るまでキリスト教神学における論争のテーマとなっている、「イエスかパウロか」、あるいは「キリストの信仰」か「キリストへの信仰」かという問題を含んでいる。長い「序論」は、これについての神学者たちの論争を田辺の観点から丁寧に整理し論じたものである。ちなみにこの論争に関する現代の研究としては、リチャード・ヘイズ(一九八三)がある。これは、「キリストの信仰」、ギリシャ語でピスティス・クリストゥ πιστις χριστου の、属格「キリストの」を、主格的属格――キリスト自身が持った信仰――として読む読み方と、一般に教会が採用している対格的属格――救い主であるキリストに対する信仰――として読む読み方を対比し、パウロ書簡中での、属格の用いられ方を詳細に検討したものである。当時のギリシャ語のピスティスは、例えば、時に、ピスティス・テウー πιστις θεου「神のピスティス」という用語に見られるように、いわゆる「信仰」faith・Glaube だけでなく、真実、信実、誠実 truth・Treue といった意味でも用いられていたこともあり(同上)、この神学上の論争は現代にいたるまで、複雑なテクスト論争として展開されてきた。田辺はこの主格的属格と対格的属格についても触れつつ、彼独自の観点から、キリスト教の本質を、あくまでも、人間イエスが実践したゆるぎない神への信仰、より正確に言えば、神国の到来を信じる信仰のうちに求めるのである。このようなイエス自身の信仰については、その言行を記したとされる福音書を通して知ることしかできない。田辺は福音書の記述から、歴史的イエス・実践家イエスの像を導き出すのである。

田辺のキリスト教は、何よりも、「神の国」の到来間近を信じ、その到来をもたらすための悔い改めを人々に説くものであった。イエスが「神の国は近づけり、悔い改めよ」とユダヤの人々に呼びかけたときの、「神の国」とは、「もとは単にユデヤ民族の固有神たるエホバが支配する国の謂いであった」。この観念は、エホバ神が自らの民を他の民から選び出し、「これにのみ繁栄と強大とを与えて他の民族諸国家を衰滅せしめ、以てユデヤ民族に世界統治の権能を付与しようという」(同 10-p.45) 意志に基づく、神とその民族との契約を意味した。この契約の信仰は、大国との相次ぐ戦争のなかで、過酷で非情な運命に翻弄され続けた弱小国ユダヤの民が、この世の生を来るべき神の国への試練として生きるために、切実に求め続けた信仰であった。旧約の預言者たちは、ユダヤの民の苦境を、彼らの神に対する不従順の結果として諌め、悔い改めを要求しつつ、他方で、神の国の到来が近いことを告げ知らせて彼らを勇気づける、神と民との仲保者であった。イエスもまた、人々からこうした預言者とみなされた。そしてイエス自身も、自分は何よりもユダヤの民を悔い改めに導き、救済するために来たことを、折に触れて述べていることを田辺はとりわけ強調している(同 10-p.244)。田辺にとってキリスト教は、何よりも、こうした具体的歴史的現実に深く根を下ろした宗教であった。それは、個と普遍が直接対峙する宗教ではない。あくまでも、歴史的ユダヤ民族という「種」を媒介とする宗教であり、この「種」のことを田辺は、いろいろな箇所で、「方便としての種」と言い換えてもいる(同 10-p.247)。すなわち、「神の国」とは、「本来政治的意味を含んだものであったと言われる。」(同 10-p.45)。

〈キリスト教の倫理性〉

しかし同時に、この政治性は、倫理性を伴うものであったことを田辺は強調する。エホバは義の神であり、エホバが与え、ユダヤの政治の基準とされた律法は、単なる民族的な慣習法ではなく、「理性に従って個人の一般に服従すべき倫理性を有するものと認められたのである」(同 10-p.46)。しかしまた同時に、ユダヤの神は人間の理性を超えた、人間には理解しがたい超越的で絶対的な「義」を求める神であることにその大きな特徴がある。この最もドラスティックな表現は、アブラハムに最愛の息子イサクをいけにえに捧げよ、というエホバの命令である。古来のラビたちから近代のキェルケゴールに至るまで多くの解釈がなされてきたこのいわゆる「アケダー：イサク奉献」の物語(これについては関根二〇一二年参照)について触れつつ、田辺は、イエスにおける神意と律法との関係について次のように述べる。「神の超越性は、善なるがゆえに神之を意志するのではなく、神欲するが故にそれを善ならしめるのであると信ずることを、人間に要求するのである。律法の権威は神意に由来するのであって、人間の理性に根拠を有するのではない。それであるから、神が律法の主たるのであって、律法が神を規定するのではない……」。キリストが形式的には律法の規定に背く行為を認めたのは、自ら神意を実現する限りにおいて、律法に拘束されるものではなく、むしろこれを支配するものであると主張したのは、それゆえである(同 10-p.49)。律法の破壊と成就という相反するイエスの姿勢は、この超越性にあくまでも忠実なイエスの姿勢に由来する。かくして、ユダヤ教の超越性は次のように要約される。「ユダヤ教の超越性は倫理を媒介としながら、之を絶対に否定して却って之を根拠付けを確立する弁証法に於いて、成立したものと解せられる」(同 10-p.50)。ここに、政治と道徳と宗教の、田辺年来の構図が、そのキリスト教論において再現されるにいたるのである。そして田辺のこの構図に生命を与えるものは、上述してきたように、個としての人間の実践であった。イエスの宣教と十字架の死は、この実践の、歴史上もっとも純粋、かつ苛烈な、他に例のないものであったと田辺は位置づけるのである。

ユダヤ教の超越性が、そもそも否定的媒介を含む弁証法においてのみ成立するものであるとしたら、神意を実現するイエスの実践は深刻な分裂、あるいは人間の理性からは解きがたい矛盾を不可避とするものとなるであろう。田辺は、イエスの実践のこの特徴を、「愛」と「闘争」と「敵への愛」との矛盾とダイナミズムのうちに見出す。以下、この三項の関係を見ていこう。

出発点の「愛」は、「生来愛の人であったイエス」において、当時のユダヤの民衆を前にした時におのずとあふれ出た、直接的で無媒介な愛である。福音書の記述の多くの部分は、このイエスの姿を伝えている。周りに集まってくる飢えた群衆に対して彼は、言葉よりもまず、食すべきパンを与えずにいられない。目の見えない者、足の萎えた者、業病の皮膚病を病む者、こうした苦しみからの解放を求める人々には、目が見えるように、歩くことが出来るように、健康な皮膚を取り戻せるように、具体的な身体上の快癒を与えずにいられない。そして、人々から軽んじられ、蔑まれている人々には、慰めと力づけを与えずにいられない。「彼は実に右のような、無告の民衆に対する同情に動かされ、やむにやまれず、下層階級の魂と生活との救済解放に着手したのである」(同 10-p.112)。この自然な愛は、このような民衆の苦しみを放置している当時のユダヤの政治的支配者と宗教的指導層に対する、これもまた自然で直接的な義憤の念と、彼らに対する闘争へと彼を導いた。「そこから彼の革新主義は発生した」(同 10-

p.112)。同時に田辺は、この「革新主義」がマルクス主義のいう階級闘争とは異なるものであることを繰り返し強調する。それは「階級的利己心に発するもの」ではなく、どこまでも愛の奔出であり、そして同時に神の愛の実現をめざすものであった。闘争は革新のための革新ではなく、神の愛の実現のための不可避な「革新即復古」であった(同 10-p.112)。「われ地に平和を投ぜんために来たれりと思うな、平和にあらず、反って剣を投ぜんために来たれり」(マタイ 10-34)。田辺は、イエスにおける平和と剣、愛と闘争を、まずは、その自然で無媒介的な形で、互いに両立しあうものとして位置づけるのである。

　しかし田辺は、イエスの愛と闘争を、単に虐げられた者への同情と、虐げる者の不義に対する怒りと正義を実現する戦い、という構図にとどまりえないものとしてとらえている。田辺は、人間イエスの、自己の有限性に対する認識、この世の悪に対する自己の逃れがたい「連帯責任」そして、そこから必然する「連帯懺悔」の実践へとこの構図を拡大する。青年ヘーゲルがその「イエスの生涯」において、実践理性の実践者としてのカント的なイエス像を描き出した後に、『キリスト教の精神とその運命』において、ユダヤの民のおかれた歴史的現実とその運命の中で闘う歴史的闘争家としてのイエス像に向かい、そこにキリスト教の逆説に満ちた倫理の特徴を見出したのと、それはほとんど共通する構図であった。そのことは、田辺が、イエスにおける歴史的実践は、「実践理性の意味における同一性的理性の法則的倫理を、絶対否定する弁証法的理性の倫理である。すなわちそれは倫理にして同時に倫理の否定であり、したがってその理想とするところは、善悪の彼岸に立つ絶対現実即理想の超越的善である」(同 p.113)と述べているところにも見出すことが出来る。田辺はこのことを、彼独特の「連帯懺悔」というタームで語り直しているのである。以下この構図を検討していこう。

〈イエスにおける連帯懺悔〉

イエスにおける連帯懺悔の思想を、田辺は福音書の次の個所から引き出している。人々が彼を「善き師」と呼んだ時、イエスは「なにゆえ我を善しと言うか、神ひとりの他に善き者なし」と言った(マタイ10-18)。神の絶対性の前では、すべてが相対化される。イエスはこのすべての中に、人間としての自己自身をも含めているのである。人間社会における善と義は、神の国の超越的な善と義によって媒介される限りでの条件的善に過ぎない。これを田辺は、現世的倫理は「神の国の方便としての……相対的善」である、とも表現している(同10-p.113-114)。イエスのこの世での闘争の意味は、この神の超越的善と人間における方便的・相対的善との間の緊張関係のうちにおいてとらえる限りにおいてのみ、初めてその意味が理解可能となる。田辺はそれを、イエスにおける闘争の非妥協的現実性と、同時に、闘争の相手である敵を愛する行為との間の矛盾のうちにつかもうとする。「汝の敵を愛せよ」という福音の言葉を引用しつつ、田辺は自問する。

「そもそも我々は、いかにして仇を愛し、我々を憎む者を祝福することが出来るか。愛する能わず憎まざるを得ないからこそ、仇であり敵であるのではないか。……実行の不可能なること、初めから明であるといわねばならぬ(同10-p.124)。

闘いというのは、とりわけイエスにおいてのそれは、単に意識の内部における事柄ではない。彼の闘いは、ユダヤの不幸な民衆の上に安閑と座し、さらに過酷な戒律で苦しめる世の支配層に対する、仮借ない闘いであり、それはまさに「敵を敵としてそれと戦う」こと、つまり、「身体の運動を通じて、自己の外部自然界に変化を発起する行為である。一層具体的に言えば、敵に苦痛を与えてその活動を阻止し、その極之を倒し死滅せしめるに至らなければやまない行為である。」それは「社会的実践的行為」であって、そこにおいては「唯物論を回避する」ことは出来ない(同10-p.130)。同時に、敵を愛するということも、単に内的な感情に止まる事柄ではなく、「敵の欲するところをその請求に先立ち叶え、……自己の欲望需要を犠牲に供しその極自己の生命を失うにいたるをも意としないような意志行為を意味する」(同10-p.127)。このような両者が、いかにして両立しうるのか。田辺は、彼が戦時期に自ら痛感した悪に対する「連帯責任」を持ち込むことで、この難問を解く。人間の生は闘いの生である。敵を敵としてそれと戦うことは、人間にとって必然の運命であると覚悟しなければならぬ。しかし、同時に、人間の存在が常に対立契機を媒介として成立する自己矛盾的存在であり、戦うべき敵はただ自己の外部に存するに止まらず、却ってそれは自己内部の敵の反映に他ならないこともまた事実である。ゆえに、敵は単に滅ぼすべきものではなく、「敵を転じて自己の対立契機とし、同時に自己も自ら自己を否定し犠牲となって、相ともに絶対無の愛に参加しその実現のために互いに協力することこそ、人間実存の意味であるとしなければならぬことである。これが敵を愛するということに他ならない」(同10-p.125)。

イエスはこのことを、他に比類のない形で実践した。田辺は、受難の前に、イエスがしばしば一人祈る場面に言及しつつ、このイエスの祈りについて、従来の解釈に反して、それを彼の不断の懺悔を暗示するもの、としている。それは、「人間一般の罪悪と民族の重ね来たった罪業とを自己の連帯責任として自覚する」イエスの、連帯懺悔の祈りであったというのである(同10-p.137)。愛敵の教えは、矛盾不可能の要求でも、単なる感傷的妥協でもなく、神の国の福音においては、最も特徴的なる教えに属する。その終末論的弁証的意味は極めて深く重い（同10-p.124）。イエスはこの「愛敵」の行為によって、ユダヤ民族伝統の「終末」と「神の国」の到来を、この世の歴史の時間（田辺はそれを俗流的時間と呼ぶ）の中での出来事としてではなく、この世の時間を超越する神の時間の中の出来事へと転換する。しかもそれは単なる実存的な個の内面の出来事ではなく、いわば田辺の言う「絶対現実」の世界の出来事である。それは、肉体を持つイエスの十字架上の苦痛と汚辱に満ちた死の出来事と結びつくことで、初めて成立した超越的な出来事である。かくして、愛と闘争の弁証法は、イエスの贖罪死と復活の弁証法となる。すなわち、イエスは自らがユダヤ民族の罪を自らの罪としてわが身に引き受ける「贖罪代苦」によって、ユダヤの民に約束された「神の国」の到来を現実のものとすべく準備する。これを田辺は、「連帯懺悔の拡充」と言う（同10-p.155）。イエスの復活はここに従来のユダヤ教のものとは全く異なる意味を与えられることになる。従来ユダヤ教で考えられていた復活は「俗流的時間」における終末時に、すべての人間（死者も生者も含めて）に起こる一般的な出来事であった。田辺はイエスの復活は、連帯懺悔の拡充――すなわち悔い改めそのものの対自化――という絶対的な「愛」の行為がもたらした、「超自然的、したがって超理性的なる愛の逆説という霊的事実として、信證される」と考える。これは、「自然認識の科学に矛盾すること」は「全然ない」と田辺は強調する。復活は、キリストの実践によって、「単なる宇宙論的自然事象から自覚存在論的霊的事象に変ぜられる」（同10-p.156）。この霊的事象は、残された弟子たちの魂の霊的覚醒をもたらし、「実存の交通伝達」に転ぜられ、ここにキリスト教の宗教的真実の基礎が築かれる。霊的事象としてのこうしたイエスの復活こそが、民族宗教としてのユダヤ教から人類の宗教としてのキリスト教への転換をもたらすのである。

以上のような田辺のキリスト論の要約は、以下のような文章に見出すことが出来るだろう。

「キリストこそ種的中間者としてみづからの自己否定的愛により類と個とを媒介しながら、彼自身神即愛の類と絶対恭順の神への愛に於ける個とを、一身に転換媒介してみづからこの両存在の交互的性格を兼ね備えるものである」(同 10-p.211)。

人にして神、神にして人であるキリストの、他の宗教には見られない、矛盾と逆説と神秘を、田辺は自らの種の論理において解こうとしたのである。そのキリスト教論は、どこまでも、種としての人間から出発し、そこに帰着する。田辺にとって人間とは、どこまでも種によって拘束され、そこから逃れることの出来ない存在であり、種の罪に対峙しそれと闘うことによってのみ自己の本質に到達することが出来る存在であった。このキリスト教論においては、もはや個と種の矛盾対立を止揚する類としての国家、という構図は完全に消えている。このことはすでに戦時期の「国家的存在の論理」において、「種的国家」という表現によって示されていたものだが、ここにおいて矛盾葛藤の内にある種的国家は、ユダヤ民族、あるいはユダヤ国家によって示され、そこからの真の解放は、イエスの愛と闘争の実践に媒介された、霊的共同体としての類において成就されるものとなっている。田辺のこのようなキリスト教論は、戦時期において体験されたものが、敗戦期において理論化されたものであったと言えよう[4]。

第六節　晩年の種の論理——「マラルメ覚書」

田辺最晩年の作「マラルメ覚書」は、哲学詩として知られるマラルメの二つの詩「イジチュール、あるいはエベルノンの狂気」と「骰子一擲偶然を破棄せず」を論じたものである。この二つの詩は、一方は若き日の未完の作品であり、他は晩年円熟期の作品であり、前者においては青年イジチュールの、後者においては老いた船長の死をテーマとしたものである。いずれの詩も、「偶然」「賽子」「死」という語によって展開されており、しばしば、二つは前者の未完成作から年を経た晩年期の完成作へ、という流れで一緒に論じられることが多い。田辺もまた、こうした解釈を示す多くの先行研究を参照しつつ、彼の種の論理の観点からの独特の解釈を示している。

草稿『イジチュール』は、絶海の孤島の古い城に一人住む青年(ときに子ども enfant とも呼ばれている)が舞台中央に置かれたテーブルの上の毒をあおいで死ぬまでの独白劇である。彼の死は、自らの意志による死、自殺である。この行為を、田辺は、田辺らしい文体で次のように解釈して見せる

「種族的伝統の過去性に対する個人的自由の未来性の反抗が、その相克の止揚に対する無力の自覚を通じて、自己否定的に運命愛への忍従となり、却って両者の何れをも超える無我の自由自在に超出する所の現在の自覚となる」(同 13-p.227)。

「種族的伝統の過去性」とは、祖先代々の古い城とそこに時を刻む古い時計や「過去帳」と共に生きてきたイジチュールの全過去を指しているが、田辺はさらにそれ以上に、マラルメが我々の出生以前の過去性までも鋭くつかみだしていることを示す、イジチュールの次のような独白に注目する。「われも、わが祖先の何故われを生みたるのかの理由を一族に説明し終わるまでは、隠れたる虚無を認めることを欲しない……われもわれの出生の背理を説

明して、我が祖先の錯乱狂気のむなしさを證明する気にはならぬ」(同13-p.270)。まさしく、死以上に深刻にして不可解なものは出生という事実である。生まれてきた、ということは「これ絶対偶然の支配に外ならぬ。過去を代表する父母は、子が懐く出生の疑問を抑制して、これに関心することを禁圧するのであるけれども、未来を負はされたる子供はそれに対し、自ら承認し得る回答を求めてやまない。これこの疑問こそ、自覚の尖端に外ならぬからである」(同13-p.272)。イジチュールにとって、祖先が(マラルメが「両親」と言わずに「祖先」と言うところに、田辺は「種」を重ねているのである)自分を生んだということの「理由」を求めることこそ、自己の存在の根拠を求めることであった。しかしその「理由」を説明することの出来る者はどこにも存在し得ないことをイジチュールは知る。それを田辺は「相克の止揚に対する無力さの自覚」と解する。そして最終的にイジチュールは、この「祖先の錯乱狂気」を最終的に受け入れ、自らの疑問、「我執」をすてて、この祖先の不条理な贈り物である生を、自らの意志による「死」によって完成させる。それを田辺は、「自己否定的な運命愛の忍従」「無我の自由自在の超出」と解しているわけである。田辺は、『イジチュール』の物語を通して、従来彼が、「社会」や「伝統」や「共同体」や様々な言葉で語ってきた「種」の持つ逃れがたい拘束的な力を、「祖先」によって不条理に(祖先の狂気・愚かさ folie によって)与えられた生の拘束そのものとしてとらえ直している。このようにとらえ直された「種」はもはや「国家」という理性的存在によって止揚されることは出来ないし、またその必要もない。「われ moi」がわれ自身に対して与える死によって、イジチュールはこの不条理のかなたへと超出するのである。

しかし田辺によれば、この解決は、マラルメにとって、依然として「消極的虚無」に留まるものだったのであり、だからこそ若き日のマラルメはこれを不完全な断片の草稿のまましまい込んでしまったのである。若きイジチュールの「自殺」という「消極的虚無」は、『双賽一擲』の老船長の「積極的絶対無」としての死によって完成されなければならなかった、と田辺は解するのである。『双賽一擲』は、『イジチュール』とは異なり、マラルメによって念入りに完成され、その出版に際しても、活字の大きさや配列に細かい指示を与えられたものとして世に出た。活字は極大のものから極小ものまでの大きさの、ゴシック体を混じえた多様なものが使われ、文字配列も一ページにわずか一行のものから、ページ全体を斜めに走るものまで、マラルメの強いこだわりが感じられる紙面構成となっている。『イジチュール』の舞台が絶海の孤島であったのに対して、この作の舞台は荒れ狂う嵐の海であり、物語はこの海の波にもまれる難破船に一人残された老船長の死にいたる物語である。田辺がこの詩の試訳につけた註の中から、老船長の死が消極的虚無ではなく「積極的絶対無」とされる根拠を示す表象としてあげているものを三点あげておこう。ひとつは、荒れ狂う波間に浮かぶ「婚礼の白きヴェール」と「子の面影」である。イジチュールが死に際して祖先の狂気・愚かさを見たとしたら、老船長は死を前にして婚姻とその結果である子の追憶にとらえられる。ここでは主人公自身が「祖先」すなわち、イジチュールに不条理そのものである生を与えることで拘束した祖先、その人なのである。第二は、波間から一瞬顕れる岩に彼が見た「荘園邸宅」のイメージである(同13-p.299-230)。これら二つは、共に、主人公自身の過去の表象であるが、いずれも一瞬現れた後にただちに泡立つ波に立ち上る霧の中に消散する。未だ生きたとも言えない若い、子供にすぎないイジチュールとは異なり、老船長には、愛惜すべき過去があるのである。それを愛惜しつつ無とみなすことが、老船長における死の受容である。第三は死の中に何度か登場する nombre という言葉である。nombre とは文字通り訳せば「数」である。田辺はこれを「命数」あるいは「命運」と訳す。彼は祖先伝来の宿命を destin とみなし、「それを自覚することにより否定転換せられて自性の偶然ないし自由と媒介せられたる命数 nombre 或は命運との絶対否定的統一均衡」(同 p.298) こそ、『双賽一擲』のテーマであったと考える。すなわち、イジチュールの、いまだ destin 宿命としての死から、nombre 命数・命運としての死へ。虚無から絶対無へ。この過程を田辺は「マラルメ自身は、制作の行き詰まり、自己能力への絶望に動機付けられた全人的危機に際会して、疑惑逡巡の動揺に陥り、その極自殺へと駆り立てらるる喪心狂気を経過して、決起復活。遂に『賽子一擲』の制作に達したのであるから、……たとひ自らは詩作せず、詩人の製作行為に十分共感する能はざるまでも、なほ一般的に、過去の伝統を未来的立場から革新する現在の、死復活的行為の自覚を通じて詩人との協働連関に入ることは、可能でなければならぬ」(同 13-p.296)。と述べている。田辺は個と種の対立が、国家によって止揚されるという戦前の種の論理を、さらには、個人の側の主体的実践的行為に期待する戦時・戦後の種の論理をも超えるものを、マラルメ晩年の詩のうちに見出したのだろうか。祖先の狂愚によって与えられた生の不条理を、自殺という主体的行為によって超出しようとした若きイジチュールの行為から、自己自身の過去に連なる表象が渦巻く荒海に、敢えて手の中に握りしめた双賽を投げて運を試すこともせず、沈みゆく船と運命を共にする老船長の行為への展開の中に彼が見出したものは、かつて彼が批判した、ヘーゲルの「愛による運命との和解」、とどこか通じるものがあるように思われる。

田辺がこの最晩年の作においても、依然として「種の論理」に立っていたことは、同じこのマラルメの詩を別様に解釈したブランショのそれと比較する時一層明らかとなる。田辺自身、文中でブランショの解釈と自分の解釈を対比させている。ブランショは二つの詩のいずれにおいても、「死」の問題は解決されていないと考えている。『イジチュール』は、私は私の死を私に与えることができるのか、すなわち、「自殺」ということは果たして可能なのか、という問いに対して、「不可能」という答えを示すものとなっている、とブランショは考えている。ブランショは『イジチュール』が主人公の一人称の語りとなっていることの意味を重視する。「我々が所有しているのは、おのれの鏡となった夜の中で相も変わらず己自身のみを見つめている或る意識の、語る現存性だけだ」。イジチュールの死は依然として、「意識の庇護のもとに、意識に保証されて、何の危険もなしに、遂行されている」。そこには死の決定的な現存はない、と。『双賽一擲』はこの死の失敗の証明でもあろうか。老船長は「自由意志による死」そのものをも拒み、あるいは放棄し、手に握りしめた双賽を投げて可能性をかけてみることもせず、わが身が波間に沈んでいくのにまかせる。それは老年の叡智のしるしではなく、老衰の果ての徒なる無為にすぎない。しかしブランショは、これらの失敗、あるいは無力の死にたいして、老船長が船と共に沈んだ後、嵐の去った夜空に浮かぶ星座une constellation を対置させる。「あれほども支配の欲求に幻惑された芸術家（マラルメ——筆者）におけるこの最後の言葉ほど印象的なものはない、この言葉においては、作品が、……破滅の忘れられた空でのみ輝く懐疑の星座として、突如として彼を超えて輝いているのだ」（ブランショ 1962 p.141-157）。これは死のテーマを「書くこと ecriture」の可能性との関係において考え続けたブランショのマラルメ論である。私たちは、ここに、彼の親しい年上の友人バタイユを通して、田辺とは別の系譜のヘーゲルが継承されているの見る。病を得た晩年のバタイユにあてたブランショの手紙には、バタイユに対する彼の深い友情と尊敬の念とともに、彼がヘーゲルから受けたものがどのようなものであったかが示されているように思われる。そこで彼は、自分が二つの、それぞれに異なる言語が対応する、異なる運動に応答しなければならないと述べている。一方は「弁証法的完成」における全体の実現に向かうもので、その言語は衝突と対立、否定の言語であり、あらゆる対立をなくし最終的には真理が全体において静かな均一性として確立することをねらいとしている。他方は、本質的に非弁証法的で、一切の可能事を目指さない運動であり、その言語は、「全体に先立って、全体の外部で話をする言葉であり」、不可能なものに応答する言語—詩的言語である。人間は、この二つの運動のどちらか一方をあきらめることは出来ず、これら相容れないものを結びつけようとする必然性が要求する探求をあきらめることも出来ないのだ（バタイユ 2022 p.600）。『文学空間』はこの後者の運動から生まれた作品である。ブランショは、マラルメの詩を、「成就された死」についてではなく、「不可能なものに応答する言語」そのものについて語る詩としてとらえている。それは「書くこと ecriture」そのものについての詩なのである。

これに対して田辺は、マラルメにおける弁証法を見ていないものと批判する。マラルメの弁証法は、「実在の厳さ」、即ち、具体的現実としての「種族の過去的伝統」を否定的契機とするものである。田辺は繰り返し、マラルメにおける「歴史的実践の自覚」を強調し、この二つの詩の主人公をそれぞれの形における、種族的伝統の個人的批判的更新として読み取るべきであると強調するのである（田辺 10-p.289）。老船長の死の後の空に燦然と輝く星々の連なりのうちに、文字—文学 lettres の表象を読み取るブランショを、田辺は、詩芸術を「実在の厳粛性から解放された」単なる「無邪気なる遊戯」としての立場に置くものとして批判し（同 10-p.284）、この星座をどこまでも、かの nombre 命数・命運との連関においてとらえようとするのである。老船長の死は、確かに偶然に支配された「挫折難破」による死であるが、同時にその「自覚」を通して、「挫折の自己突破として……本質的に現実に還帰せしめる」（同 10-p.302）。

このように、ブランショと田辺のマラルメ解釈は、完全にすれ違っている。しかし、ブランショの中に、あきらめきれない「弁証法的完成」への欲求が存在していたように、田辺の中にも、弁証法を越える不可能なものへの応答の欲求が存在していたように思われる。『賽子一擲』の最後に現れる星座（星宿）une constellation についての両者の解釈に一脈の相通じるものが感じられるのは、そのためであろうか。

「破滅の忘れられた空でのみ輝く懐疑の星座……偶然を集中化し、それを星として栄光化し、その破壊が、『不在を注ぐ』地点、「計算を聖別する」地点にまで高めること以外に、何の確かさもない」（ブランショ 1962 p.156-157）。

「星郡の光のそれぞれの傾斜勾配に従ひ、ふつうに航海者が懐くところの、場所に対する関心とは別に、無窮遠の彼方に動かざる北極星と共に、動く北斗七星に向かって静動相即する星宿が、『無限』に対する関心として存する筈である」（田辺 13-p.303）。

第二章　南原繁——ドイツ理想主義と無教会主義キリスト教

第一節　田辺元と南原繁

〈戦後における南原と田辺〉

田辺元と南原繁、この二人の人物は、日本における国家と宗教の思想史において、もっとも際立って対照的な存在であるように見える。すでに見たように、田辺は戦時、戦後を通して独自な「種の論理」に立つ国家論を展開し、そのゆえをもって、戦後の思想界においては、戦時期の超国家主義のイデオローグとして、ずっと断罪の対象とされ続けた。この評価は、ごく最近においても、戦後の「平和と民主主義」の絶対的な理念を再度確認し擁護しようとするグループにおいては依然として変わっていない。そこでは、田辺をはじめとする「京都学派」は、端的に次のように評される。

「彼らが、直接的であれ、間接的であれ、結局のところ、天皇制や国体論を、場合によっては戦争そのものを合理化した事実を消し去ることは出来ない。」(加藤 2016 p.68)

加藤によれば、彼らがこうした道を歩んだのは、彼らの哲学がもっていた妥協的性格に由来する。それがファシズム下においてやむをえなかったことであるとしてすますことは、同じ状況下で「正反対の反時代的な態度を貫いた知識人たちがいた」という事実からして、とうてい許されない、と加藤は言う。こうした単純な評価に対しては、田辺の戦時、戦後の国家論が、時局にたいする「妥協」ではなく、彼自身が終生のテーマとしていた「種の論理」と時代の現実との格闘から導き出された必然的な理論であった、と答えるしかない。しかしもとより、加藤がここで述べたいことは、京都学派(ここでは西田、田辺、和辻の名前があげられている)についての考察ではなく、彼らのような「妥協的哲学者」と対照的な、反骨を貫いた反時代的な(非妥協的な)知識人の中の最も代表的な存在である南原繁の戦時、戦後の思想についてである(同 p.69)。周知のように、南原繁は、戦後一期目の、東京大学の総長として、六年間大学改革にまい進し(教養学部の設立、「社会科学研究所」の創設はその一部)、さらに、貴族院議員として、講和問題、憲法問題に積極的な発言をし、敗戦と占領の中にあっても、占領軍の一方的な押しつけでなく、日本国民自らの主体的な選択によって政治的問題が決せられなければならないことを主張し続けた。占領終了後の東西冷戦期にあっては、広くジャーナリズムを通して国の日米安保条約改定と憲法改正の動きに対して政治学者としての批判を表明し、革新派の市民運動を理論的に支えるオピニオン・リーダーとしての役割を果たし続けた。加藤は、南原のこうした戦後の活躍は、戦時期において彼が貫いた「反時代的な態度」の延長線上にあるとしているわけである。

自由と民主主義の旗手と思われたアメリカ軍の占領下で、南原が学内の支持を得て、戦後新制度の下での第一期東大総長に選出されたのも、こうした背景によるものであろう。

〈戦時南原の田辺批判〉

ところで、この「反時代的態度」の証は、もっぱら南原が戦時下で発表した、ナチスドイツの国家観と宗教観に対する批判の論文に求められてきた。そしてほかならぬこの論文において南原は、田辺の国家観をナチスのそれと並べて、それの一層「深遠な基礎を供するもの」と批判しているのである。

この批判はもっぱら田辺の戦時期の二つの論文「社会存在の論理」と「国家的存在の論理」を根拠として行われているが、この部分はページ数としてもわずか三ページ程度のもので、その内容も到底この二つの論文を丁寧に読解したうえでのものとは思われない。田辺を内在的に理解しようとする者にとってさえ、長大、かつ難解なこれらの論文の読解は厄介である。まして南原は、「日本哲学」を指して、「いまや日本の哲学界はそれによって一色に塗り潰された観」(南原 1-p.264) があると不快感を表明し、その重要な一角を田辺が担っていると考えている。そのように最初から批判・否定の対象である人間の論文をじっくりと読解しその真意を探る労はそれほど有益なものと思われなかったであろうことは、十分に理解される。ゆえに批判は、田辺の論文の中から、田辺が現実の政治状況と格闘し、逡巡する過程はすべて視野の外に置き、進退窮まった田辺の結論部分「絶対の応現的存在としての国家」に集中される。畢竟、批判とはそういう営みではあるし、だからこそ、田辺はのちに、南原のこの批判に対して、一言も反論せず、ただ「感謝」を述べているのである。

しかし、南原が田辺に寄せた批判の中には、南原自身がいまだ(そしておそらく終生)解くことが出来なかった問題に関する内容が含まれている。そしてこのことは、世上しばしば見られるような、南原と田辺の間に全く異質なもの同士の対立関係だけを見るとらえ方よりも、むしろ、彼らが共有していた解きがたい困難とそれに対峙しようとするある種の相似形をなす思想的営為を読み取ることの方が、より生産的であることを示している。以下、この相似形を示すと思われる南原の田辺批判を検討してみたい。

南原は、田辺の論文「社会存在の論理」から、その「人類的国家」の概念を取り出し批判している。南原の要約によれば、田辺において中心的位置を占めるものは、ナチスにおけると同様、「種」であるが、この「種」はナチスの場合のような自然的生の直接態にとどまることなく、絶対者の「自己疎外」として位置づけられている。そしてこのような自己疎外態としての種は、それに対立する個によって否定の否定として、類としての国家——すなわち「人類的国家」へと止揚される。南原は、この「人類的国家」を論文「国家的存在の論理」(南原は「国家存在の論理」と表記しているが、ここでは田辺元全集による表記を用いる)における「応現的存在」としての国家と同一視し、もって田辺の国家論を、「弁証法信仰」、「東洋的汎神論」に基づいて国家を絶対化する「国家信仰」であると評する。田辺の国家論は、ナチスのロマン主義的な地と血の自然的生への回帰である素朴な国家絶対主義と同様、国家を信仰の対象とする国家絶対主義であり、それの一層洗練、「深化」された形であるだけに一層危険なものとして位置づけられるのである(同 1-p.265-269)。

しかしすでに見たように、「人類的国家」という用語は、むしろ論文「社会存在の論理」におけるものであり、そこでの「人類的国家」は、南原が述べているような、もっぱら「類」の「実現・具体化」、或いは後に言われた「応現的存在」として語られているものではなかった。ここで問題にされているのは、対立しあう国家がいかにして否定的媒介を通して人類社会へと至ることが出来るか、という問題であった。その際田辺は、国家の解体の上に諸個人から直接形成される世界国家の考えを抽象的にして不可能、と断じ、他方、国家連合の形を考えるためには、それに先立ち、国家そのものが変革されなければならないとする。すなわち、その国家は、「人類的個人を成員とする国家たることを必要とする」(田辺6-p.132)。論文「社会存在の論理」における「人類的国家」とは、類の現実化としての、いわば「還相」としての国家ではなく、あくまでも、個人の変革から始められるべき、いわば「往相」においてとらえられた国家であった。田辺はカントが「目的の国」と呼んだ人格の世界についてふれつつ、人類社会とか世界国家といったものは、直接態としては仮構に過ぎないとし、そのようなものは、ただ「否定即肯定的に実践を媒介とすることによってのみ、否定的にのみ、成立するものであると強調している(同6-p.149)。

以上の構図は、論文「国家的存在の論理」においても繰り返されていることは、すでに前章で見たとおりである。にもかかわらず、この論文の最後が「国家の応現的存在性に対する信念」という言葉で結ばれているのは、世界戦争の渦中にあってこの「往相」の道の困難さが、田辺をして、希望と信念を求めて「還相」へと導かれたことを示している。「その当為即存在の立場に於ける国家の存在性を、存在即当為として実践することより外に私の思想の依って立つ根拠はない」(同7-p.98)。これがいわば一種の開き直りとも見える、田辺の結論であり、この後に、クリスチャンである南原を最も当惑させ憤慨させもした、国家をキリストになぞらえる言葉が続くのである(前章参照)。

南原はこうした田辺の「人類国家」について、次のように批判している。

「国家はそれ自ら「類」の具体的実現たる類的普遍として考えられてあるが、世界における国家相互の関係はむしろ民族的種の共同体対立の関係にあるものと見るべく、国家を超えて世界それ自らの秩序の原理はいかに考えられるであろうか。これは現代のように世界が抽象的でなく、歴史的となり、その具体的共同性が自覚せられて来たときに第一義的の問題でなければならぬ」（南原 1-p.268）。

しかし、田辺はむしろ、南原の言う「第一義的の問題」に対して、彼の思想的立場からのアプローチを試みていたのであり、むしろ田辺と南原は、自らに対してこの課題を厳しく課そうとする、そのアカデミシャンとしての強烈な責任感において、きわめてよく似ているように思われる。むしろ彼らの間の違いは、哲学と政治学という二人の専門領域の違いに帰されると考えることができるかもしれない。南原は、上記の文章に続けて、田辺に対する一定の評価を示しつつ、次のように問いかけている。

「そこには（田辺の論稿には――筆者）個人の自律的創造性とそれに基づく文化的普遍性を通し、人類的連帯による世界の開放的統一の余地が残されてあるとはいえ、それを保障する政治的秩序の原理は何に求められるべきか」（同 1-p.268）。

〈戦時の南原〉

田辺は「種的国家」同士の避けがたい「争闘」は、国家が個人の自由と自律性を保障することを通してしか克服されえないと考えていた。戦争するのは「種的国家」であって「個人」ではない。個人はその自律性と創造性が保証される限り、類的普遍を求めるであろう。それゆえ国家がこの人類的個人という存在を保障するならば、おのずとそこには、種的にして人類的である国家が形成されうるであろう。それは「存在即当為」の実践であり、それが現況において可能性が限りなく小さいものであるとしても、これが、田辺が立ちうる唯一の根拠だったのだ。他方南原は、それを一応認めつつも、政治学者として、人類的個人を想定するだけでは不十分で、それを保障する具体的な政治的秩序の原理が必要であると考えているのである。「それを保障する政治的秩序の原理は何に求めるべきか」。この問いは、しかし、政治学者としての南原自身に向けられた問いでもあった。戦時期の南原は、一貫してこの問いを問い続けていたように思われる。そして、最終的には、現実的にして有効な原理を見出すことができないままに、彼もまた、教え子を戦地に送り出さなければならなかった。彼は戦後、学徒出陣後二〇年の年に、そのことをふり返って次のように述べている。少し長いがあえて全文を引用してみよう。

「私は彼らに「国の命を拒んでも各自の良心に従って行動し給え」とは言い兼ねた、いな、敢えて言わなかった。もし、それを言うならば、みずから先きに起って、国家の戦争政策に対して批判すべきであった筈である。私は自分が怯懦で、勇気の足りなかったかを反省するとともに、他方、今日に至るまで、なおそうした態度の当否について迷うのである。私はそのときぐらい、政治は善きにも悪しきにも民族を離れて考えることができず、そして民族が運命共同体であることを痛切に感じたことはない。私は学生と語った。「国家が今存亡の関頭に立っているとき、個々人の意志がどうであろうとも、我々は国民全体の意志によって行動しなければならない。

我々はこの祖国を愛する。祖国と運命を共にすべきである。ただ、民族は個人と同じように、多くの失敗と過誤を冒すものである。そのために、わが民族は大きな犠牲と償いを払わねばならぬかもしれない。しかし、それはやがて日本民族と国家の真の自覚と発展への道となるであろう」と」(南原 1964 p.113-114)。

ここには、我々は自らの属する民族と国家が犯す失敗と過誤を共有しつつ、しかし、あくまでもそれを自覚する連帯責任の主体として行動すべきである、という、田辺とほとんど同型の思想が、戦時、戦後を通して南原の中に生きていたことが示されている。民族と国家が冒す「過誤」は、個人の冒すそれと比較にならない規模と深刻さを持つ(1)。

戦争する国家の中に生きるわれわれが、いかにしてその過誤を克服し、人類的連帯へと至ることが出来るか。南原は、その可能性を、「運命共同体」としての民族から、自由な理性の原理に立つ民族への転換のうちに見出し、カントからフィヒテへの道を通して、それを模索することになるだろう。南原のナチス批判はこうした文脈のなかに位置づけて見たとき、戦後を席巻した英米型の自由主義とは全く異なる文脈おいてなされていることが明らかとなるだろう。

第二節　ナチス批判――新ヘーゲル主義批判

〈南原の「西欧政治思想史」〉

田辺批判が述べられたナチス批判の論文とは、一九四二年に出版された南原最初の単著である『国家と宗教』の第四章「ナチス的世界観と宗教」である。この章のもとになっている論文が書かれたのは、一九四一年のことである。南原の回顧録（南原 1989 p.152-153）では、こんな本が出たところを見ると戦争時代の言論統制はそんなに厳しくなかったのではないかと言われた、とか、日本主義者の蓑田胸喜がその主催する雑誌『原理日本』に駁論を書いたが、日本の国体に直接触れていないので、大した攻撃はできなかった、といったことが述べられている。要するに、あまり難しくて理解されなかったおかげではないか、とも言われたりしている。実際にこの論文を読んでみると、直接ヒトラーの演説が引用され批判されているのはほんの数か所で、本章も含めて、本書全体は、ヨーロッパ精神史の、一見「通史」とも思われる叙述が全体を占めており、ヨーロッパ思想史に関心のない人は読み飛ばしてしまったかもしれない。しかしもとより、この「通史」は単なる「通史」ではなく、あくまでもナチスの勃興をもたらした思想的な背景を明らかにするために周到に組み立てられた一定の構図の下に書かれたものである。以下この構図を簡略化して示しておこう。

まず南原は、ヨーロッパ文化の根底にあるものとして、次の三つをあげる。第一はギリシャ文化における、真理のための真理、知識のための知識を求める理論的認識であり、南原は「哲学」の語によってそれを表現する。第二は、キリスト教（ただし中世以降カトリックによって体系化されたそれではなく、いわゆる原始キリスト教である）における、生ける具体的な人格――神の子としてのイエスに――に顕現された人格的絶対的超越的な愛の神の思想であり、南原はそれを単に「宗教」と呼ぶ。そして第三は、ローマにおける普遍的な法的支配の理念が確立した固有の政治的「国家の理念」である。こうして、ヨーロッパ文化の基盤をなすものは、「哲学」「宗教」「国家」の三つの理念とされる。

他方、ヨーロッパ文化は、啓蒙の時代を経た一九世紀において、二つの方向に分化したと南原は考える。一つは、カント、フィヒテ、ヘーゲルによって担われた「ドイツ理想主義」（政治学者である南原は、「ドイツ観念論」という言い方はしていない）の流れである。この思潮は、上述したヨーロッパの基盤的な理念である、哲学、宗教、国家を継承したものである。もう一つの思潮は、英仏における「自由主義」と「民主主義」の流れである。この思潮の特色はコント、ミル、ベンタム（ベンサム）らに代表される、実証主義、功利主義、自然主義、個人主義とされている。この思潮において、「哲学」は実証主義的科学にとって代わられ、「宗教」は啓蒙の宗教批判と世俗主義によってその本質的な地位を失い、「国家」は単に個人の自然的欲望の充足の手段へと格下げされる(2)。

この二つの思潮を背景として、二〇世紀に登場したのが、マルクス主義とナチズムである。南原の評価においては、マルクス主義は、ヘーゲルの弁証法的用語を用いながら、その内容は、実証主義と自然主義の延長線上に位置する社会科学的理論によって、階級的利害の実現を求める、ほとんど功利主義的、そして、個人主義的ですらある思想である。その根本的理念は、近代的「人間性」すなわち、欲望の主体としての人間であり、その限りにおいて、それは自ら対立するブルジョワジーの自由主義との間に根本的な差異を持つものではない。そこでは、個人の欲望をそれぞれに何らかの形で超越する国家と宗教は、いずれもやがて否定され廃棄されるべきものとして位置づけられている（南原 1-p.195- 207）。

このようなマルクス主義に対して、危機感を以て闘争を挑んだのが、本論文のテーマであるナチズムである。ヨーロッパにおける第二次世界大戦は、当代の知識人たちにとっては、ナチスドイツとソビエトロシアとの二大新興国の間の戦争として位置づけられていたことはすでに見たとおりである。ナチズムは、マルクス主義の中に、その一見ヘーゲル的な用語法にもかかわらず、英仏型の「実証主義」「自由主義」「個人主義」に連なる思想と、同時に、被抑圧階級の解放と理想的な社会の実現という「理想主義」において確かにドイツ理想主義とも共鳴する、最も強烈で危険な競争相手を見出していたのである。そこで、ナチスの戦闘は、一方でマルクス主義の国ソビエトロシアを前面の敵とし、同時に、「自由主義」と「民主主義」の国英仏を後門の敵とするものとなる。ここで、南原に代わって付け加えるならば、第一部で見たように、当代の革新を求める知識人たちは、英仏型の自由主義・民主主義の理念を保持したまま、マルクス主義の理想主義に共鳴して共産党指導の人民戦線に参加したものも多い。そこには、南原の図式では対立しあう二つの思想が混然となってナチズムと闘うという構図が存在した。ゆえに、ナチスから見れば、マルクス主義と自由主義は実際の戦闘においては明確に区別されることなく一体として排除すべき敵であった。

南原自身は、とりわけ「自由主義」との関係において、ナチズムの持つ特徴を強調している。自由主義は、静的で没価値的な実証主義に依拠するゆえに、一般にその政治的思想は貧困であり、むしろ非政治的・没政治的であるとされる。これに反発するナチズムの政治思想は、主体的・意欲的で決断を伴う動的な実践的性格を特徴とする。そこから、ナチスの実践哲学、なかんづく政治哲学が導き出される。それは、英仏に伝統的な啓蒙的な利害調整的な機制としての国家 Staat とは異なる、より一層深化拡充されたゲルマン的国家――それを南原は Reich とする――

へと帰着する（同 1-p.208-209）。

その根底には、民族、さらに一層自然的、生物学的存在としての人種が位置付けられる。かくして、英仏の自由主義・民主主義の「自然主義」を批判し、マルクス主義と理想主義を共有するナチスが、「国家の生物学的非合理主義」的根拠へと到達するにいたるのである。かくして、英仏の自由主義、マルクス主義、ナチズムは、いずれもそれぞれに「自然主義」の立場に立つものとして位置づけられることになる。

このようにナチズムは、英仏の「自由主義」に対して、「ドイツ理想主義」の「国家」を、それを哲学的理性主義的形態から生物学的自然主義的形態へと転換することによって継承しているのだが、もう一方の「宗教」についても同様の構図を南原は見て取っている。本論文のタイトルが示しているように、「宗教」はナチズムの世界観において、「国家」とならぶ、と言うよりは、それと一体となった重要な契機とされている。ナチスは宗教的信仰を国民の道徳的世界観の唯一の基礎として承認し、高揚する。しかしそこで高揚された宗教は、伝統的なキリスト教とは似ても似つかぬ「ゲルマン的キリスト教」とも言いうるものである（同 1-p.221）。本論文では南原は主としてローゼンベルクを引用しつつ、その特徴を、いくつかあげている。一つはパウロ主義の否定である。しかしこれは前に見たような、パウロかイエスかという神学上の対立とは違い、パウロ主義を「ローマ帝国に対し国際的な世界革命を説いたユダヤ精神の根源」とみなすものであり、「キリスト教の雑種化、すなわち東方化とユダヤ化」を意味する。ゆえにナチスのキリスト教においては、旧約は全面的に拒否され、四福音書も全面的に改廃、ないし修正が要求される。第二に、イエスの贖罪はあまりに卑屈であるとして退けられ、イエスは「最高の意味における英雄」「最高の自己意識的な君主的人格」とされる。愛の教えは名誉の教えに、キリスト教の核心である「信仰」は具体的な「行為（実践）」に置き換えられる。一四世紀ドイツの神秘思想家エックハルトがしばしば援用されるが、その神と人との合一は、種と個人との合一へと置き換えられる（同1-p.224）。かくして、ドイツ民族を絶対化し、ユダヤ民族を敵とする民族主義的、と言うよりは人種主義的キリスト教が、ナチスドイツの国家とその英雄的指導者ヒトラーを神聖視・絶対視するナチスの国家イデオロギーを支える宗教として成立する。

〈南原のヘーゲル批判〉

以上のように、南原のナチス批判は、周到なヨーロッパ精神史の再構築の上に展開された、あくまでも学問的な批判であった。その批判の矛先は、実際にナチスドイツ国家が行った他国への侵略行為（戦争）に直接向けられるよりも（もとより、ユダヤ人強制収容所の悪夢はいまだ公にはなっていなかった）、その根底にあるナチスのイデオロギーに対して向けられている。そしてそれは、具体的には、当代の新ヘーゲル派と呼ばれる思想家たちのテクストへの批判を通してなされている。しかし本書のナチス批判は、新ヘーゲル主義哲学というよりは、最も過激なナチスイデオローグであるアルフレッド・ローゼンベルクの『二〇世紀の神話』と、ヒトラーの演説に向けられている[3]。

田辺への批判は、この章の終わりに、いささか唐突な感じで挿入されている。南原は田辺のうちに、本国ドイツとは異なる「特殊東洋的汎神論的な」形態をとった新ヘーゲル主義を見ているのである。このことは、田辺批判の後に一行開けて、ヘーゲル批判が展開されていることからも知られる。南原は、そこで、ヘーゲルの総合の試みが失敗に終わり、その広大な体系が崩壊した理由を、次のように述べている。

「かようにして一方にキリスト教固有の信仰が理論的知識の中に融解せられるに至ったと同時に、他方に政治的国家生活はむしろその特有の本質から離れ、ひとえに絶対精神の客観的実在として、宗教的「神の国」の哲学的形態と化したのであった」(同 1-p.270)。

ここには、後に見るような、南原の国家と宗教の問題に対する基本的な姿勢が、ヘーゲル批判として端的に、要約的に述べられているのが見られる。もとより、『国家と宗教』におけるナチス論では、すでに見たようにもっぱら新ヘーゲル派が問題とされており、「本来のヘーゲル哲学自体にナチス国家と相いれない思惟要素の存在しないか否か」は、さらなる究明を要する問題として留保されてはいる。南原とて、ヘーゲルの宗教論を、あからさまに、ナチスの反ユダヤ的ゲルマン的キリスト教と同一視したり、ヘーゲルの国家論をそのままナチスのヒトラーの神政政治的な独裁政治と同一視したりすることはためらわれたのであろう。しかし、依然として南原は、ヘーゲルの君主政支持を、ヒトラーの独裁とつなげて解釈し、そもそもヘーゲル哲学の全体構造と思惟方法自体が、ナチス的な国家理想への発展の論理的関連を十分に持ったものである、と見做している(同 3-p.203)。しかしそれ以上に南原がヘーゲルの問題点としてあげているのが、キリスト教固有の信仰を理論的知識によってとらえようとすること(これを南原は神学的哲学、あるいは哲学的神学と呼ぶ)と、国家を宗教的「神の国」の哲学的形態としてとらえる立場の二つである。さらにその一層根底には、ヘーゲルにおける「弁証法的総合」そのものに対する批判がある。南原の見るところ、ヘーゲルの「総合」は容易にナチス国家の御用哲学への道を開くものである。それゆえ今や、「残された道は、ヨーロッパ文化の諸契機——ギリシャ的哲学・キリスト教的信仰およびローマ的国家生活——をそれぞれ固有の生活様式として権利づけることから再出発しなければならない」(同 1-p.271)。

これが、南原の哲学の基本姿勢とされる「価値並立論」(加藤 1997 p.114) である。同時にそれは、カントの「批判主義」への回帰を意味する。ヘーゲルの破綻からカントへ。これが南原の政治思想の基本的な立場である。したがって、『国家と宗教』の中心に位置づくのは、その第三章「カントにおける世界秩序の理念」なのである。しかしまた、私たちがすでに見たように、田辺もまた別の文脈においてヘーゲルからカントへの道を探っていたのではなかったか。南原のこの第三章は「カントにおける国際政治の理念」として、一九二七年に発表された論文からなっている。田辺が、論文「カントの目的論」を発表したのが一九二四年。一九三一年の「ヘーゲルの絶対観念論」においても、田辺はヘーゲルからカントへの回帰について語っていた。南原もまた、田辺とほぼ同じ時期に、カントの中に戦時期の隘路を突破する途を求めていたのである。

第三節　カント「永遠平和論」における道徳と宗教

〈『永遠平和論』の位置づけ〉

田辺が最終的に「絶対無の応現的存在」という宗教的・形而上学的な表現をもってしか語りえなかった「人類国家」の問題を、政治学者南原はいかに語っただろうか。『国家と宗教』第三章を、南原はまず啓蒙思想が残した課題から始めている。啓蒙思想は個人を出発点として、自然法と契約説に依拠して、新たな国家論を構築した。それが既成の国家の認容に向かったか、革命の論理に適用されたかの如何にかかわらず、そこに新たに出現したのは、国家相互間の自然状態をいかに克服するかという問題である。南原は、革命と抗争の時代の思想でもある啓蒙思想の限界を、それが理性の原理に立って既存の権威を否定するという消極的な意義にとどまっていたという点に見出し、この理性そのものを批判的に考察することによって、啓蒙思想のなしえなかった積極的構成にむかったものとして、カントの「永遠平和論」を位置づけ、次のように述べている。カントの国家・法律論は、しばしば評されるような「単に老後の述作ではなく、まさに哲学の課題として、カントの全哲学体系における思惟発展との必然的連関を有し、これによって全哲学思想が完結せられるのである」(同 1-p.131)。この章は、カントと同様の課題に向き合う南原の姿勢とともに、本書のタイトルとされた「国家と宗教」の関係についての考察が最も明確に示されている章である。諸国家間の戦争という「自然状態」をいかにして克服しうるか。南原は、この問いに対するカントの二つの答えを検討しつつ、そのいずれのうちにも、希望とともに限界を見出している。それは私たちには同時に、戦時期における南原の自問自答する姿とも見えるのである。本節では、第一の、カントによる世界秩序の道徳的・宗教的基礎づけに対する南原の見解から見ていこう。

南原は、カント哲学全体における「永遠平和論」を以下のように位置づけている。三批判において従来の形而上学を徹底的に批判したカントは、その後「積極的構成」に取り組むにあたって、かつて廃棄したこの形而上学に新しい意味を持ち込んだ。これが最晩年の作『永遠平和のために』を特徴づける性格である。南原は、この「形而上学」の新しい意味を、永遠平和論の道徳的・宗教的基礎づけのうちに見出す。この「基礎づけ」は次の二つの位相を含むと南原は考えているようである。第一は、人間に内在する根本悪と道徳性という二つの原理を、「最高善」という観念において総合しようとするときの「基礎づけ」である。南原の見るところ、カントの道徳説は、古代ギリシャの倫理学説から近世イギリス経験論哲学のそれに至る、すべての道徳学説に対する批判的考察であった。カントは、主観的・実質的な「幸福の原理」と、客観的・形式的な「徳＝義務の原理」とを、かつてないほどに厳格に対立させ、後者による前者の克服の中に道徳律の神聖さを見出した（同 1-p.147）。同時にカントは、単にこの二つの対立に終わることなく、この二律背反を「徳と幸福の総合である最高善」という観念によって乗りこえようとした。最高善は、徳と調和した幸福の可能性を示すはずである。そしてこの最高善が見出されるためには、人間の側からの道徳的努力が現世を越えて無限に継続されること（すなわち魂の不滅）と、人間の努力の限界を越えて、最高善を指し示してくれる最高の叡智としての「神」の存在が必要である。こうして、カントの道徳説は、神の存在と魂の不滅という形而上学を、その基礎づけとして必然的に要請する（同 1-p.149）。この新たな意味づけを与えられた形而上学によって、カントの道徳説は過去の道徳説と比べて一層深化したものとなると同時に、他方で、宗教論に対しては否定しがたい難点を残した、というのが南原の評価である（同 1-p.138）。（南原の宗教論については後に検討することにする）。

この最高善という観念は、個人間においてだけでなく、集合体である国家間においても同様に適用される。これが、基礎づけの第二の相である。「道徳上の最高善が徳とそれに値する幸福の批判的総合として要請せられたのと照応して、永遠平和は、政治が義務と法の原理によって規律せられ、これと調和するに人類の安寧・福祉の総合せられたものとして、まさに実践理性の意欲の総体である」（同 1-p.152）。すなわち、永遠平和は国家にとっての最高善である。この実現のためには、国家の側の「無限の政治的努力の進行が前提せられるとともに、人類のかような努力と一致する安寧・福祉の状態の創造者として、歴史の正しい審判者「神」の存在が要請せられる」（同 1-p.153）。

〈人格としての国家〉

カントの永遠平和論は、このように、個人と国家とを、同じ論理によってとらえるところに成立している。南原は、カントのこの個人と国家の同型性が、カントの道徳説の中心概念である「人格」の概念によって基礎づけられていることを強調している。カントの道徳説は「人格者は互いに常に目的として遇すべく、単に手段としてのみ遇してはならぬ」という原理に要約される。もしも諸国家間に道徳的原理を基礎とする関係を考えようとするならば、国家それ自体が個人と同様の、しかし個人を超えた「人格」として認められなければならない。「かように国家をそれ自身超個人的な人格、目的それ自体として把握した点において、かの啓蒙の個人主義思想に出発して、国家にそれ自身の価値を認めず、国家を単なる自然的機構として考え、或いは人格完成のための手段と見做した多くの自然法学者を超えたカントの特質を看取することができる」(同 1-p.142)。南原は、ここにカントが国家哲学に与えた大きな寄与とともに、世界政治秩序に対して与えた倫理的根拠の重要性を見るのである。ここから私たちは、カントにおいて戦争が何ゆえに否定されるのかという本論において中心的なテーマへと導かれる。カントは戦争そのものを一方で最大の禍とみなすと同時に、他方で、国民の思想を高め、また文化的発展をもたらすものとして解釈するのに「躊躇しなかった」と、南原は、『判断力批判』を引用して述べている。すなわちカントは、戦争を経験的実証的な意味においては必ずしも否定しているわけではない。ゆえに、「戦争あるべからず」という実践理性の要求が拒否すべからざる理性の命令であるのは、ひたすらに、「戦争は人格としての個人及び国家相互の間の倫理的命法と相容れないからである」(同 1-p.145)。すなわち、戦争において「各国は、自他の国家そのものを目的として遇しないとともに、他方に自国並びに他国の人民を手段として使用するのである」(同 1-p.144)。このように、南原は、カントが人格の概念を国家に適用することで、国家間の戦争を実践理性の要求に基づく道徳の問題として位置づけていることを強調する。

第四節　国際政治学の探求

〈国際政治学とカント〉

しかし個人と国家の間には、「人格」という同型性と同時に、相違も認められる。それがすでに見たように、共に「最高善」にむかう努力が、個人においては「道徳的努力」と言われ、国家においては「政治的努力」と言われ、道徳的「義務」の原理は、政治の原理としては「正義」の原理と言いかえられているところに表現されている。道徳的義務も政治的正義もともに「形式的原理」であることには変わりがない。正義もまた、幸福主義を排し、実践理性の形式的原理を貫くことを意味する。正義もまた福祉・安寧と相対立し、政治における二律背反を構成する（同 1-p.152）。南原は、『永遠平和のために』の補論で発せられた「正義をして支配せしめよ、世界は滅ぶとも」という有名な言葉を引用しつつ、正義の原理こそ、政治の原理であるというカントの立場を強調する（同 1-p.151）。しかし、諸国家間において、何が「正義」であり何が「不正」であるのかをみきわめることは、諸個人の義務がどこにあるかを問う以上に複雑で困難である。国家は、確かに法的存在として、一つの「人格」とみなされうるとしても、その人格は個人ではなく、多様な個人からなる一つの集合体であり、それらの相互関係は、個人間の関係に帰着できない複雑さを持つであろう。ここにおいてこそ、カントの「最高の叡智神」の審判が切実に求められることになるだろう。しかし南原はむしろカントのうちに、この問題の解決に向けて国際政治学という新たな領域の開拓者を見出し、そこにカントの先進性を強調するのである。

啓蒙の政治思想は、個別的国家をもって政治の究極の秩序とし、諸国家間の関係については、依然として自然状態が続くとみなしている。そこで言われた「平和論」はせいぜいのところ、国際における多数国家間の同盟・連盟のごとき、「いずれも国家人格・国民自由の保障ではなくして、国際における物理的権力の平衡にすぎない」(同1-p.157)。このような力の平衡がいかに危ういものであるかを評したカントの言葉を引用しつつ、南原は、カントの中に、国際間の自然状態に代えて、客観的政治秩序を確立するための組織原理を求めようとする試みを探る。そしてさらに、カントの議論を踏まえつつ自らの構想を述べるのである。この議論を見るために、あらかじめ、国際的政治秩序の形として南原があげている三つの類型について見ておこう。第一は、国際国家 Volkerstaat (文字通りに、「諸民族からなる国家」と訳した方が分かりやすいだろう)であり、個々の民族国家を単位として一つの大きな国家を構成するものである。そこでは、諸国家は、ちょうど個人がその国家の法に従うように、この大きな国家の法の下に置かれる。第二は、国際連合 Volkerbund (同じく、諸民族国家の連合)であり、第一のものとは異なり、諸民族国家が独自性を持ったまま、相互の間に自由な連合組織をなす。第三は、「世界国家」あるいは「世界共和国」Weltrepublik であり、ストアの自然法思想からキリスト教的共和国論を経て啓蒙のコスモポリタニズムにいたるものである。すなわち、「世界国家は個人が国家を構成した比論において、全人類が世界公民的組織としての一つの世界的国家秩序のもとに統一せられることであって、その国家と個人との中間に主権的諸国家組織の存立の余地がない」ものである。カントはこの三つの類型をそれぞれに検討しながら、最終的に晩年の『永遠平和のために』では、第一と第三のものは理論においてのみ可能なものとされ、第二の諸国家の連合が消極的代用物として採用されるに至る。

この経緯を、南原は、カントが一方で、啓蒙思想の影響のもとコスモポリタン的「世界国家」を構想しつつ、他方で、その後勃興しつつあった民族的主権国家を個人と世界との中間項としての具体的普遍として考えつつ、最終的には、この両者の総合として国際連合Volkerbundの形を採用したものであると位置づける。三つの形態のうち、第一の国際国家Volkerstaatがカントによって退けられたのは、自ら主権の主体である国家が、さらに上位に位置づく国家の主権のもとに隷属するというのは、それ自体国家観念の矛盾だからである。しかし南原は、カントが斥けたこの国際国家の理念を自らの構想としてその可能性を追求するのである。すなわち、個々の国家がその主権を維持しながら、同時に、世界国家を構成するという道は考えられないだろうか、と（同1-p.165）。そこから南原は、カントが「国際連合Volkerbund」について語るときに用いている用語である「連合組織Foderalismus」を新たな観点からとらえ直し、世界連邦国家を考えようとする。すなわち、単なる諸国家の連合体ではなく、個々の国家を単位とした、連邦制に基づく国家である（同1-p.166）。

〈民族の問題——カントからフィヒテへ〉

注目すべきことは、このような世界連邦国家を構想するにあたって、南原が、前項で見てきたようなカントの道徳的宗教的基礎づけ——すなわち、実践理性の法則に根拠し、道徳的人格との類推により国家を法律的人格として抽象的形式性において基礎づける——では、はなはだしく不十分である（同1-p.168）、としていることである。このような道徳原理の応用だけでは、本来超個人的なものである政治的国家生活に固有の本質を明らかにすることは出来ず、したがって、諸国家の現実的な国際的関係を考えることも不可能である。南原が言う世界連邦国家が考えられるのは、それを構成する国家が、単に法的な人格としての国家ではなく、「民族の観念と民族共同体の基盤において把握された国家でなければならない」(同 1-p.166)。しかし、すでに見たように、南原は、この運命共同体としての民族は多くの失敗と過誤を冒すものであると実感していた。目の前の日本国家、そして同盟国ドイツのナチス国家のうちに、南原はありありとその民族国家の危険性を見ていたはずである。このような国家が、その「歴史的文化的本質」と「民族個性」を保持した、「歴史的現実性において理解された国家」としての在り方のままに、相互に一つの(単なる連合ではなく)世界連邦国家を形成する、ということがいかにして可能なのだろうか。南原が、カントに欠けているると指摘する「民族」の観念を組み込んだ世界的秩序は、いったい、どのような存在と考えられているのだろうか。

「各国家と世界の政治秩序との関係は、国内の場合に於ける個人と国家との関係の比喩をもっては考えることが出来ない。世界は民族国家のごとくそれ自体個性を有する一つの全体者でなく、むしろもろもろの民族個性諸国家の一般的抱合者である」(同 1-p.168-169)。

すなわち、世界連邦国家とは、一つの実体的な存在ではなく、全く新しい次元の秩序でなければならない。歴史的に実在する民族的国家を前提とし、その相互の自己限定によって形成される世界連邦国家は、諸国家を超え、諸国家を包み込む「一般者」でなければならない(諸個体を包み込む一般者、という概念は、西田の「包越」的な「一般者」という概念を想起させる)。このような秩序が創造されて初めて、「国際の戦争と少なくともそれへの不断の脅威の状態に代えて、客観的な法的状態を確立することが可能となるであろう」(同1-p.169)。カントの国家の抽象性から、歴史的具体的な民族国家へと考察を進める中で、南原は、永遠平和を保障するものとして、カントの実践理性とは異なる原理を求めて、「一般的抱合者」という、どこか宗教的な含意を感じさせる表現にたどり着いたように思われる。『国家と宗教』は、この地点で終わっているのだが、南原はその後も政治思想史研究者としてこの問題を考え続けている。その時考察の対象として取りあげられたのはフィヒテであった。彼は一九三〇年代に営々としてフィヒテ論を書き続けた。それは戦後、一冊の著書としてまとめられ、『フィヒテの政治哲学』(一九五八年)として刊行されたが、そのボリュームは、『国家と宗教』に匹敵する。一般に知られている『国家と宗教』を読む限り、カント主義者南原の印象が強いが、戦時期の南原が集中的に取り組んだのは、むしろフィヒテであったことがわかる。民族国家を前提とするフィヒテの政治哲学を通して、南原は、「国家と宗教」の問題に新しい角度から再度アプローチを試みているのである。

第五節　フィヒテの民族論と宗教

〈フィヒテ論の構成〉

『フィヒテの政治哲学』を構成している諸論稿の初出の年代を追って見ていくと、ちょうど『国家と宗教』におけるカントの章にあたる論稿とナチスの章にあたる論稿が書かれた年の間の時期に、フィヒテ論のほぼすべてが書かれていることがわかる。つまり、『国家と宗教』第三章にあたる「カントにおける国際政治の理念」が書かれたのが一九二七年であり、その三年後の一九三〇年から一九三一年にかけて、『フィヒテの政治哲学』第一部「フィヒテ政治理論の哲学的基礎」の四つの章にあたる論稿が書かれ、次いで同書第二部の第三章「民族主義の理論」にあたる論文「フィヒテにおける国民主義の理論」が一九三四年に書かれた。同書第二部第二章「社会主義の理論」にあたる論文「フィヒテにおける社会主義の理論」が書かれたのが、一九四〇―四一年。そして、『国家と宗教』の第四章「ナチス世界観と宗教」にあたる論文「ナチス世界観と宗教の問題」が発表されたのは、これとほぼ重なる時期になっている。以上の執筆の時系列を単純化していえば、南原は、カントの永遠平和論を深い共感をもって論じながら、その限界を民族国家論の欠落のうちに見出し、その克服の可能性をフィヒテの政治哲学に求めようとしたと見える。まず、フィヒテの民族国家論を根底で支えるフィヒテの哲学的基礎を全体的に論じた(一九三〇―三一年)うえで、フィヒテの晩年の作「ドイツ国民に告ぐ」を中心とする民族国家論を論じ(一九三四年)、さらに、フィヒテのより現実的具体的な国家論をその経済論の面から明らかにするために、フィヒテ中期のものである「閉鎖商業国家」を取りあげて論じている(一九四〇―四一年)。これらの論文は、後年、フィヒテ論を一冊にまとめるにあたって、フィヒテ自身の思想の展開の順序に従う章構成へと並べ替えられている。

そのフィヒテ論において、南原は一貫して、フィヒテの民族国家論が、カント的な人類主義、世界主義を不可欠の本質的な契機としていること、しかしながらカントとは異なり、道徳によってそれを支えるのではなく、宗教のうちにその最終的な支えを求めていることを強調している。南原のフィヒテ論は、道徳から宗教へのこの変化の意味とその問題点の指摘へと収斂するものであるととらえることが出来る。一九三一年の論稿で、南原は、自分がフィヒテに関心を持つのは、どこまでもカントの批判主義との関係においてである、と述べた後で、「しかし、現代政治哲学の問題としては、カントをもって満足してはならず、歴史的なカントにおいては政治価値の原理的問題はいまだ不充分で、わずかに萌芽の状態にあり、むしろ彼を補充し、発展せしめることがわれわれの任務である。その場合、誰よりもフィヒテが原理的にも重要な位置にあることが力説されなければならない」(同 2-p.166)、と述べている。フィヒテがカントに勝るのは、なによりも、フィヒテが「政治社会の現実的内容」とかかわるより豊かな「政治的経験」に満ちた世紀を「生き且つ闘った」という点に求められる(同 2-p.166)。カントが経験することのなかったこの「現実的内容」とは、言うまでもなく、フランス皇帝ナポレオンに率いられた軍隊が一〇年にわたってヨーロッパ全土に繰り広げた戦争の歴史であり、この戦争を契機として勃興した民族的国家への機運の高まりである。南原は、フィヒテの中にこそ、この時代に向き合った最も重要な政治思想を見ているのである。あえてつけ加えるならば、ヘーゲルではなく、フィヒテこそ、というのが南原の確固たる立場であった。明示的にであれ、暗示的にであれ、南原がフィヒテを語るときには、つねにヘーゲルが意識されている。ここでカント、フィヒテ、ヘーゲルの年譜を確認しておくならば、カントは、ナポレオンが皇帝の座に就いた一八〇四年に没しており、フィヒテは一七六二年に生まれ一八一四年ナポレオン没落直後に亡くなり、ヘーゲルは一七七〇年生まれで一八三一年(フランスにおける王政復古の七月革命の年)に亡くなっている。南原は、ちょうど中間期を生きたフィヒテの中に、カントとも、ヘーゲルとも異なる政治哲学の可能性を見出していることになる。南原のフィヒテは、ナポレオンとその没落の歴史の中に、「万人の万人に対する闘争」を見出し、それを一方で「政治的無政府状態」として、他方で「商業上の無政府状態」としてとらえ、この二つの無政府状態に対峙する政治哲学を模索した人物であるととらえられている(同 2-p.231)。以下、南原がフィヒテの中に、カントともヘーゲルとも異なる「諸民族共同社会の普遍的秩序の建設」の可能性とその限界とを、どのように読み取っているかを見ていくことにしよう。

〈生存権と国家〉

『フィヒテの政治哲学』はすでに見たように、戦時期の論稿を戦後になって再構成したものである。本節では、第二部第二章に収められた『フィヒテにおける社会主義』の検討から始めよう。これは、一八〇〇年に書かれたフィヒテの「閉鎖商業国家論」を論じたものである。南原はこれを、カント的な「法律国家」から、より現実的実在的な「経済国家」への展開をもたらしたものとして、重要な意味を持っていると位置づけている(同 2-p.273)。南原の整理によれば、フィヒテの「社会主義」は、人格としての個人が持つ基本的な二つの権利、すなわち、生存権と労働権を前提としている。「個体の身体的存在の維持は、人間が人間としてその使命の達成にとって、不可欠の条件でなければならない」(同 2-p.252)。ここには、啓蒙の絶対的自然権としての「生存権」の思想が反映されているとともに、大きな違いが見られる。啓蒙の生存権は、一切の条件なく認められるべき絶対的権利であるが、フィヒテにおいては、「単に生きんとする意志」でもなく、「生存のための生存」の権利でもなく、「その使命の達成」のための権利であり、すなわち、「よりよく生きようとする自我の意志」の権利である(同 2-p.253)。この生存権から、生存のために必要な一定のものを所有する権利「所有権」が導き出され、この所有権は、労働によって根拠づけられる。ここにも啓蒙の自然権思想との同型性が見出される。しかし、労働はフィヒテにあっては、単に「所有」を根拠づけ正当化する契機であるのではなく、それ自体が人間が生きるための不可欠の「権利」とみなされる。人は生きるために何らかのものの所有を不可欠とするが、それは、労働によって獲得されなければならない。この労働を保障するものが「労働権」である。逆に言えば、すべての人間は自ら労働することによって生存する権利を有するのであり、「何人と言えども、自らの力を使用することなく、他人の力によって生存する権利を有する者があってはならない」(同2-p.258)。これが、フィヒテの生存権と労働権の帰結であり、すなわち、フィヒテの社会主義思想の根幹である。南原はこのようなフィヒテの社会主義国家論の中に、彼が考える「正義」という政治の原理の上に立つ国家論を見出しているのである。社会をこのような生存権と労働権によって組織することこそ、国家の働きである。南原は、一般に自然法的国家論が諸個人の間の「自然的調和」を前提としているのに対して、フィヒテの国家論が、自然的調和が失われた状態において、個人の生存権と労働権をその強力なイニシアティブによって実現する積極的な義務を負うものとして国家を考えていることを強調している(同2-p.255-256)。

この生存権と労働権を保障する国家のあり方としてフィヒテが考えていたものを、南原は、国内的には職能階級国家の理念、対外的には、アウタルキー国家の理念によって説明している。そして、このいずれにおいても、個性を持つ集団がその個性を十全に発揮することを通して、全体の生活に貢献し寄与する、という考え方が貫かれていることを強調している。職能階級に関しては、「各人が全生涯を一つの職業に捧げてすべての力と思考とをこれにそそぎ」、それをもって、その属する階級、さらにそれを通して、全社会に寄与すると述べ(同2-p.281)、また、アウタルキー国家(計画的統一的に組織された国民経済と商業的閉鎖によって、他国に依存することなく自立しうる国家)については、「経済における国民的生活の自立によって自ら固有の文化の達成と、それによって世界文化への貢献の理想」を実現するもの(同2-p.298)と述べている。いずれにおいても、個に徹することで全体の調和がもたらされる、という論理が貫かれているのだが、それが、危うさを秘めたものであることは明らかである。南原は、特にアウタルキー国家について、後の論稿において、フィヒテのアウタルキーは今日の世界戦争の最中に見られるような、各国民の生存権の主張から、ついに対立と相克に導かれる「極端なアウタルキー国家の格率を要求するものではない」(同 2-p.435) と述べ、当時の戦時経済体制における閉鎖経済と排他的敵対的国家とフィヒテのそれとの違いを強調している。しかし、啓蒙の自然法的国家論を正義の実現の義務を負う社会主義国家論によって乗りこえようとするフィヒテの政治哲学はたしかに、こうした危うい淵に立っている。『フィヒテにおける社会主義』が、『国家と宗教』第四章ナチス国家論とほぼ同時並行的に書かれたことを想起するならば、南原は、フィヒテの「閉鎖商業国家論」が、国家社会主義＝ナチスと踵を接した危うさを内包するものであると考えていたとみなすことができよう。

〈民族文化の問題〉

ここから南原は、フィヒテが、この困難を、『ドイツ国民に告ぐ』(一八〇八年)、『法律論』(一八一二年)、『国家論』(一八一三年) を通して、文化的宗教的性格を持つ民族国家論によって克服していく過程への考察へと進む (すでに見たように、それぞれのもとになっている論文が戦時期において書かれた順番はこの逆になっている)。そしてこの過程において、フィヒテの政治哲学が近世政治思想の最高の段階に到達したと評価する (同 2-p.412) とともに、他方で、その「国家理念の最後の基礎が、あくまでも宗教の絶対理念におかれてあること」(同 2-p.397) のうちに、フィヒテ政治哲学の根源的な限界を見出すことになるのである。

すでに見たように南原は、カントの国家論と国際政治論が、現実的歴史的実在性を欠いていることを批判し、それを乗り越えるものを民族と国家の理論のうちに求めてフィヒテに向かった。彼はフィヒテの民族論を以下のように要約している。「人間が単に抽象的形式概念のとどまらないとすれば、おのおのの人格もただ民族のうちに民族を通じて具体的に見出されうるであろう。また、人はただ民族を通じて人類概念に到達し得べく、人は人類であるためにも先ず民族を生きなければならない。かようにして、民族は人間個人と人類との間の紐帯であって、決して単なる通過点、言いかえれば、やがて克服せらるべき過程ではない」(同 2-p.367)。この「民族性」は「民族文化」とも表現され、その何よりも重要な局面は「政治」であるとされる。南原は、フィヒテにおいて、政治的独立とそのための統一的国民国家の形成がいかに重要であったかを、以下のように強調している。「人或いは、民族は政治上統一を失っても、その文化を失うものでなく、したがって、一つの文化民族としての存在を維持し、発展し得ると考えるかも知れない。だが、フィヒテにとって、かような見解ほど皮相且つ浅薄なものはなく、それは政治的独立を奪われた弱小民族への言葉の上の単なる慰藉か、または彼ら自らの描いた自己欺瞞のための空しい幻像に過ぎない」(同 2-p.380)。

ナポレオン戦争下の祖国プロイセンの状況において、領邦国家の統一とドイツ国民国家の形成という政治的課題を正面から掲げるフィヒテの「民族主義」を南原は、共感をもって引用している。「国家は民族的自我の自己意識の形成」(同 2-p.384)であるという表現は、そのままヘーゲルの民族国家論に重なるものであり、「人は、あたかもヘーゲルの国家理念、ことにロマン主義者や歴史学者の国家絶対主義の同一理想を、ただちにフィヒテについて認めようとするであろう」(同 2-p.384)と自ら述べている。しかしフィヒテとヘーゲルとの本質的な違いこそが、南原が強調する所である。そしてその違いを、南原は、初期から一貫しているフィヒテの「世界民的見地」にこそ求めるのである。そこに南原は、民族精神を、世界精神の実現の場としてとらえるヘーゲルの場合とは異なる、民族主義から世界主義へと向かうフィヒテの構図を読み取る。それは同時に、カントの人格論に基づく世界平和の限界を、民族国家論に基づく世界平和論によって乗りこえようとする、南原自身の政治学的立場を表明するものでもあった。

フィヒテの「世界民的見地」を表現する例の一つとして、南原は、一八〇六年の対話篇の次の個所を引用している。「世界主義(Kosmopolitismus)は人類種族の実存の目的が人類種族において達成されることを欲する意志であり、愛国主義(Patriotismus)はこの目的が何よりもまず、我々自身の属する国民において達成せられ、そして、ここからその結果が全種族の上に拡布されることを欲する意志である」(同2-p.387)。それでは、この「祖国愛と世界民的精神とは深く内的に結合されてある」(同2-p.388)というとき、この結合の原理はどこに求められているのだろうか。フィヒテにおいてそれは「永遠的なもの・普遍的なものに対する憧憬」である。南原は、ローマの愛国的兵士についてのフィヒテの言葉を引用して次のように述べている。ローマの兵士は「ローマの永遠的存続に対する彼らの確信ゆえに最後の血の一滴まで闘ったのであり、「この確信、或いは信仰は」「彼ら自身とともに我々の間になお生きており、また、今後永久に生き続けるであろう」。「愛国主義の根本要素は決して民族の自然的本能にあるのでなく、かえって超民族的な普遍的理性にあることを知りうるであろう」(同2-p.391)。実に、この「超民族的な普遍的理性」こそが、フィヒテの民族主義を正当化し、普遍化する。それが、フィヒテにおける理性国家 Vernunftstaat (Vernunftreich)の観念である。この観念によって、フィヒテの民族国家は、自然的歴史的民族、運命共同体としての民族ではなく、また、歴史的偶然によって翻弄される国家でもなくなる(同2-p.394)。「民族国家の歴史的=経験的な特殊性は、唯一の永遠的なもの、言いかえれば普遍的人類理想の実現のための条件にすぎないもの……永遠の世界計画のうちにある」もの(同2-p.394)となりうるのである。南原が、「フィヒテの民族主義をして永遠に光輝あらしめるところのもの」とする「世界民的普遍主義の要素」とは、ひとえに、この理性国家の観念によるのである。このフィヒテの理性国家は、カントの実践理性の国家を、民族という契機をくぐらせて再編成したものとも見えよう。

〈国家と神の国〉

しかし、この再編成のためには、「民族」という存在を自然的存在から超自然的な存在としてとらえ直すことが不可欠であった。「ここにフィヒテの民族概念において注意すべきは、根本において宗教的非合理性の論理的要素が結合されてあることである」。すなわち、「民族概念の理論的基礎は、実にこうした絶対的実在の宗教的理念の上におかれてあり、人類が多様の民族に分立する最新の根拠は神的永遠の生命に基礎づけられてある」（同2-p.363）。現実にフィヒテが、そして南原自身が、目前に見ていた民族は、まさに革命と戦争の時代の歴史によって翻弄され、個人を否応なしに過酷な運命に引きずり込まずにいない、運命共同体としての民族であったはずである。だからこそフィヒテは、この現実の民族の上に、「超民族的な普遍的理性」を重ね、そしてその根拠を「宗教的非合理性の論理的要素」のうちに求めずにいなかったのである。このような民族の国家が理性国家であり、それゆえ理性国家の「究極の意義は宗教的な「神の国」にある」（同2-p.114）ことになる。そして「地上の神の国は究極において全人類種族を成員として包括するものである」（同2-p.399）。ここに私たちは、『国家と宗教』のカントの章の最後に登場した、「もろもろの民族個性諸国家の一般的抱合者」としての世界連邦国家のイメージを重ね合わせずにいられない。しかしながら、諸民族国家を「包括」あるいは「抱合」しうる存在は、フィヒテにとって、神以外の存在ではありえなかった。かくして、南原は、晩年のフィヒテが到達した政治哲学を以下のように総括する。

「かようにして、政治的国家は宗教的『天の国土』へ導く段階であるばかりでなく、国家共同体の理念はそれ自ら神の国、地上における神の国である。理性によって要請せられる法の国とキリスト教の約束する地上の神の国とは同一である」(同 2-p.115)

南原はこれをヘーゲル的「ディアレクティック」に通じる「総合」の立場である(同 2-p.152)と批判し、同時にそれを、「悟性の神政政治」(この場合の悟性はむしろ理性を指すと注記している)と呼ぶのである(同 2-p.398)。政治学者南原にとって、これは政治の実践倫理から政治の宗教的形而上学(同 2-p.406)への発展に他ならない。このような政治哲学は、政治学者南原にとって容認しがたいものであるだけでなく、キリスト者南原にとっても容認しがたいものであった。それは、宗教(キリスト教)をその本質である個人と神との関係において見るのでなく、共同体・世界組織の原理として考えるものであり、神的組織の客観性において把握しようとするものだからである(同 2-p.115)

以上、南原のカント論とフィヒテ論を検討することで明らかになったのは、国家と宗教の関係についての二つの構図である。いずれの構図においても、求められているのは、人類の究極的な道徳的政治的課題である永遠平和の実現である。カントの構図は、宗教と道徳を一体化することで政治の問題を解決するものである。フィヒテのそれは、宗教を政治と道徳の上に位置づけ、宗教の力によって政治と道徳の対立を解決するものである。そして南原は、カントは問題の解決を道徳化されたキリスト教に、フィヒテはそれを世界組織の原理としてのキリスト教に求めていると考え、そこに彼らの構図の問題性を見出している。キリスト者としての南原は、宗教をあくまでも、道徳や政治とは異なる超越的な次元においてとらえようとするからである。もとより、プロテスタントの国の人間であるカントもフィヒテもその点においては変わるところはないであろう。彼らの構図は、ひとえに、啓蒙思想が未解決のまま残した国家間の自然状態という問題に迫られたジグザグの思考の果てに行きついたものであったと言える。ゆえに、カント的解決をも、フィヒテ的解決をも、その宗教的立場の不徹底さから斥けるとき、南原の立場は極めて困難なものになるだろう。キリスト者としての彼は、彼らとは異なるどのような解決の道を見出すのだろうか。最後の節で、私たちは、南原における「国家と宗教」の問題を、あらためて今度は、「宗教」の側から見なければならない。よく知られるように、南原は、第一高等学校在学中に、内村鑑三の主宰する聖書研究会に参加し、以来、内村の無教会派キリスト教の敬虔な信徒として生きた人物である。彼自身は、とりわけ戦時期の著作では、もっぱら政治思想史家として語ることに自ら限定し、自己自身の信仰について具体的に語ることはほとんどなかった。以下の節では、彼のカントやフィヒテに対する（そしてなかんずくヘーゲルに対する）批判を、彼の信仰上の師内村のキリスト教論を参照枠とすることで、その具体的な内容を推測してみよう。

第六節　南原の宗教観

〈カント宗教論への批判〉

南原が、カント、フィヒテ、ヘーゲルの国家と宗教の思想を批判するとき、つねに強調されるのが、宗教が持つ非合理性という本質を彼らが無視、あるいは軽視したという点である。以下、南原の批判の要点を見ていこう。

カントに対しては、あまりに合理主義的、かつ、道徳主義に偏した結果、宗教のすべての表象をひとえに道徳法則の批判の前にもち来たることで、信仰の世界を理性化し、道徳化してしまうという危険を冒している、と批判している。このようなカントの宗教論は、南原によれば、宗教哲学というよりもむしろ、神学の問題に理性的な説明を試みようとするものであり、合理的説明が出来ないもの、「しかも実は信仰の中核をなすところのもの」の多くを否定し、無用視するにいたっている(同 2-p.192)。合理的説明の不可能でかつ信仰の中核をなすもの、そして、カントが無用視したもの、その具体的な事例を南原はあげていないが、それを私たちは例えばカントの『単なる理性の限界内における宗教』から容易にあげることが出来る。そこでは、キリストの降臨、キリストの死と復活、三位一体の神、といった今日に至るまで正統派のキリスト教において基本的な教義とされてきた事象が、いずれも、理性によって人間の心情に書き込まれている道徳的な、あるいは人間性の理想として解釈される。しかしそれを、聖書の文字によって記録された客観的な事実として認めようとするなら、それはとても通常の人間の理解力に適ったものではない。そこで、それを認めさせるためには、一方で、古代の言葉で記された聖書という書物の専門家による学識的解釈と、他方で、より民衆にとってわかりやすい奇蹟という保証が不可欠となる。そしてカントは、これらのものを、信仰心を改善するよりはむしろ腐敗さえさせる「余計なもの」であると断じているのである(カント 1981 p.122, 179, 203, 324 など)。

南原は、「宗教は何物にもまさって道徳的心情の純粋性、良心から出発する」ということを強調したカントを高く評価しつつ、同時に、彼が、キリスト教の本質をなす教義をその非合理性ゆえに「余計なもの」として退けたことを批判する。なぜなら、まさに非合理性こそが、宗教の本質そのものだと南原は考えるからである。南原が考えるこの非合理性が、カントが批判しているようなキリスト教の基本教義に関して言われていることは、彼の師である内村の、例えば一般向けに書かれた『宗教座談』の冒頭の部分を参照すれば明らかである。内村はそこで、端的にキリスト教の最も基本的な三つの真理について述べている。すなわち、人間の根源的な（それゆえ人間自身によっては決して克服することのできない）罪悪という真理、この罪悪を救うために人以上の人として神の子イエス・キリストがこの世に降臨したという真理、そして、キリストは自らの十字架上の死によって全人類の罪を贖ったという贖罪の真理である。人間の根源的な罪深さから出発してなおかつ人間が希望を持ちうるとしたら、あとの二つはいわば必然的に導き出されざるを得ない「事実」である。「それでこうして見まするとキリスト教の真理なるものは世人のいわゆる真理とはだいぶ違いまして、決して区々たる学問上の真理ではなく、事実上、実際上の真理であることが分かります」（内村 2014 p.33）。そしてこの基本的な真理が事実として認められたならば、三位一体の神も、キリストの復活も、奇蹟も、その他のキリスト教の教義もすべて、そこから引き出される事実として認めないわけにはいかないものとされる。キリスト教の本質は、まさに、世人のいわゆる真理とは全く異なる真理を、事実として受容するところにある。南原が、カントにおいて最も端的に欠落していると考えた、宗教の非合理性の受容とは、内村の言葉で言いかえればこのように表現される。南原は、カントの宗教論が未だ宗教の本質の把握において不完全なものにとどまっていると考え、そこに依然として啓蒙の世紀にとどまるカントの限界を見出していたものと思われる。

〈フィヒテ「神の国」論への批判〉

これに対して、フィヒテに対する南原の批判は、すでに見たように、もっぱらキリスト教における「神の国」の観念に関するものである。フィヒテが、キリスト教の意義を「組織」(Verfassung) の問題として解し、キリスト教の課題を「地上の神の国」の実現のうちに見たことに対して、南原は、地上の国家とキリスト教的な「神の国」を同一次元に置くものであると批判する。そのとき、地上の国家と同一次元に位置づけられた「神の国」とは、すなわち地上におけるキリスト教信徒の共同体である教会をさす。それゆえ、神の国と地上の国家との関係は、教会と国家の関係でもあり、ことは「教会」論にかかわるものとなる。南原が、フィヒテはキリスト教の意義を「組織」の問題として解した、というのは、信徒の共同体である「教会」を、一つの社会客観的な秩序または組織として解した、ということに対する批判と重なり合っているわけである。南原によると、イエスが説いた神の国は、何ら社会的客観的組織とは関わりのない、「一切の政治的国土の理念から超出」した、「全然新たな世界」を指し示している。このイエスにおける「神の国」は、政治的客観的な内容を持つ「神の国」とは何ら関わりがない。まさにこの二つの「神の国」の違いこそ、新約の伝えるイエスの宗教であるキリスト教と、旧約の伝えるユダヤ教とを分かつものである、と彼は述べている(南原 2-p.132)。しかしながら、もしもそのようにキリスト教が「政治的客観的な」組織としての「神の国」から完全に手を切ったものとしてあるならば、西欧政治思想史におけるキリスト教の位置はもっと単純なものであっただろう。たとえばカントは、およそ善なる心の持ち主ならば誰もが、「御国が来ますように、神の意志が地上で行われますように」と望むだろう、と主の祈りの一節を引用して述べている。この「御国」こそ「神の国」であり、それをカントは(彼の道徳的キリスト教の立場から)倫理的公共体と呼び、政治的公共体と区別している。しかし同時に、倫理的公共体は政治的公共体が根底になければ、人間によって実現されることもあり得ないであろう、とも述べている。実に南原自身の『国家と宗教』という著作は、この困難を抱え込んだ西欧政治思想史の読解に向けられたものであったはずなのだ。そこで、そもそもキリスト教における「神の国」とはどのように考えられてきたのかを、ここで再度確認しておかなければならない。

〈二つの「神の国」〉

キリスト教におけるイエスによる贖罪の教義（それと結びついた三位一体の教義）が、基本的に、罪びとたる一人一人の人間の救済にかかわるものであるとしたなら、キリスト教の「神の国」の教義は、βασιλεία τοῦ θεοῦ、すなわち文字通り、神が支配する「王国」、国家、にかかわる教義である。すでに見たように「神の国」思想は、本来はユダヤ教の「終末思想」と結びついている。神の民とされているユダヤ民族が、地上において幾多の罪悪を重ね、その都度神の怒りと裁きによって、戦禍と他民族の支配下で悲惨を極める境遇を経験した後に、地上の歴史の終わりの時間において実現される、神が自ら主宰する国に、唯一の選ばれた民として迎え入れられる、というのが、「神の国」の思想である。この物語において救済されるのは、個々の人間ではなく、あくまでも「民族」という集団であり、ゆえに、政治的な含意なしに「神の国」について語ることは出来ない。イエスの教えが、果たしてこのユダヤ的な終末思想＝神の国思想とどのような関係にあるのかという問題は、キリスト教神学における一つの中心的なテーマであり続けている。カトリック神学の礎石を築いたと言えるアウグスティヌスが、それを、「神の国」と「地上の国」の関係として体系化した後も、依然としてそれはキリスト教にとって、時として一つの躓きの石であり続けた。南原が、フィヒテに対して（そしてより徹底的な形ではヘーゲルに対して）向けている批判は、このテーマをめぐるキリスト教思想の論争史の一環に位置づけることも出来る。本来、民族宗教として完結していたユダヤ教においては、「神の国」と終末の思想は、抗争と戦争の絶えない地域での弱小民族がたどった苛酷な運命の中で、ユダヤ人たちが、この過酷さを神によるいわば愛の鞭として耐え抜き、その先に希望を見出そうとする信仰の核心であり続けた。神の国と終末の思想は、まさに、私たちが今考えようとしている戦争の歴史についての宗教的な思想そのものだったのである。イエスの教えが、もしも南原の言うように、このようなユダヤ教の伝統を否定した上で、それと切断された形で、まったく新たに愛を説き、救済を告げる教えであったなら、ことはそれほど難しくはなかったであろう。しかし、福音書は、イエスはユダヤの律法を「破壊する」ためではなく、むしろ「成就する」ためにこの世に来たと伝えている。ゆえに、その律法の中核的な部分である「神の国」＝終末の思想もまた、イエスの愛の教えに接続されなければならない。そしてこの接続の問題は、まさに戦争し続ける国家という存在を前にした時に、最も本質的かつ重要な問題となる。すでに述べたように、そもそもが「神の国」の思想は、ユダヤ民族の戦争の歴史と不可分に結びついたものであったのだから。本書の課題は、フランス革命とヨーロッパ戦争の時代を生きたカント、フィヒテ、ヘーゲルの思想と、ヘーゲル死後一世紀余りの第二次世界大戦期フランスと日本の思想を、それぞれに、戦争する国家の渦中において、国家の意味と、国家を超えるものの存在の可能性について問い続けた思想として読み直すことであった。南原の『国家と宗教』は、まさにこの接続を正面から問おうとするものとして位置づけることが出来る。

南原における「神の国」と地上の国家との関係は、まず何よりも「断絶」を強調するものであった。「さて、初めにイエスの説いた『神の国』は何を意味するか。我々はキリスト教の本質を、人格的神とおのおのの個性を備えた人間との間の、現実的な新しい父子の間の愛の非合理性において把握することから、その必然の帰結として、神の国は人格的愛の神を中心として、それを通して新たに甦生したもろもろの人格の愛の結合そのものよりほかのものではない」。それは、神と人との、および神と結ばれた人間相互の間の愛の共同体であり、その特質は依然として宗教的な愛の非合理性である(同 2-p.131)。この宗教的な愛の共同体こそが、キリスト教本来の地上における教会である。この教会が、愛の非合理性を特質とすると言うのは、この、神と人、人と人との間に生まれる教会は、地上的な目に見える制度としての教会(地上の制度である限り、そこには、何らかの客観的な合理性が求められるし、さらにそれは社会的に公共の場において可視化され認知されたものである)と異なるからである。真の教会は、贖罪の教義が世の人にとっては非合理であるように、世にあってやはり非合理なもの、すなわち不可視のものである。南原によれば、ルターの宗教改革は、信仰を可視化する奇跡と徴の宗教となったカトリック教会を、本来のイエスの教会、すなわち愛の非合理を特質とする「見えざる教会」へと回帰させる運動に他ならなかった。しかし、その運動は、中途半端に終わり、依然として制度としての教会を維持することになった。そして制度としての教会である限りにおいて、それは依然として制度としての国家との関係に入り込まざるを得ない。カトリック教会が国家の上に立つ教会であったとしたら、ルターの教会はやがて国教会、という国家と一体となった教会にならざるを得なかったのである。それに対して「われわれは、どこまでも見えざるものを見えざるものとし、精神を精神とし、イデアルなものをイデアルなものとして把握し、確信する力を喪失してはならない」。これが、そもそもイエスが説いた神の国への回帰の道でなければならない。すなわち、カトリック、プロテスタントを問わず、一般に教会概念の超克に向かわなければならないのである(同 1-p.332)。

第七節　無教会主義キリスト教と戦争

〈無教会主義キリスト教〉

この見えざる教会としての、イエスにおける「神の国」を、南原は若き日に出会った内村の無教会派の教会と重ね合わせている。内村の無教会主義は、特別な典礼も、正式な入会の儀式（洗礼）やその儀式を行う資格を有する聖職者も、もちろん、教会を維持するための建物や、財源をも持たない、一切の実定的な制度化を否定する純粋に信徒の集まりそのものであるとされた。それは、神を信ずる人が二人三人と集まるところに、私はいる、と言ったイエスの言葉そのものに従う教会であり、ルターの、万人司祭と、ただ聖書のみ、の精神を文字通り実行する純粋の信仰共同体であった。内村自身自らの無教会主義を、「ルターの改革を改革するもの」すなわち「第二の宗教改革」と呼んでいる。無教会派キリスト教の伝道者は、いずれも、内村が始めた、祈りと聖書を読むことを中心とする集会の形式を踏襲した。この集会で話された内容は、それぞれの集まりが発行する機関誌によって、広く、集会に直接参加しなかった人々によっても共有された。内村は、そのものずばり『聖書之研究』というタイトルの定期雑誌を発行し、広く読者を集めたが、内村の集会から独立して自ら伝道者となった者たちもまた、それぞれ自分の集会を持ち、自分の雑誌をそれぞれのタイトルで発行した。そのもっとも有名な、かつ、内村のこの信仰のスタイルを最も忠実に継承した者の一人が、戦後、南原のあとを受けて東大総長となった、経済学者矢内原忠雄である。彼にとっては、東大教授や総長という仕事よりも、無教会派キリスト教の伝道者としての仕事の方がはるかに本質的で重要なものであり（もとより、戦後の東大において、彼は、研究者として、教育者として、アカデミズムの組織者として、大きな働きをしたのだが）、みずから、『嘉信』という雑誌を発行していた。無教会派の信者たちは、これらの雑誌の複数を定期購読する者も多かった。これが見えざる教会、組織なき教会であり、とりわけ雑誌というメディアを通して結びつく信仰共同体であり、それを、内村は、「紙上の教会」とも呼んでいる（赤江 2013 p.86）。それでは、この見えざる教会、教会ならざる愛と信仰の共同体、南原がそれこそが本来イエスの説いた「神の国」であるとみなす無教会派の「教会」と、地上の国である政治国家との間にはいかなる関係が考えられていたのだろうか。より具体的には、戦争する国家に対して、無教会派はどう向き合ったのだろうか。以下では、内村と矢内原忠雄の戦争論の推移を見ていきたい。

〈内村鑑三の非戦論〉

一九〇二年のクリスマスの時点では、内村は絶対平和主義者ではなかった。この日の講話で、彼は、「平和」を闘いのない「無事」と同一視してはならないと述べている。キリストの降誕以来一九〇〇年を超える今日、世界は戦争で満ちている。しかしこの悲惨な状況を見て、キリスト者は失望することはない、むしろそれは、キリストが明白に予言したことである。「キリスト教は元々安泰を望んで此世に顕はれた者ではありません、是は神の真理でありこれます、而して世は悪魔の世であります、神が悪魔の世に臨んで衝突のない筈はありません、……戦争は是れ救済の臨みし確かなる予兆でありります」（内村 1990 p.45-47）。自由のための、圧政からの解放のための戦争を内村は断固として支持している。この年の秋には、南アフリカのボーア人の国トランスヴァール共和国（杜国）のイギリス軍に対する勝利を、「自由の勝利」として称える論稿を『万朝報』に載せている（同 p.43）。これは、一九〇二年の杜国側の一時的な勝利の報に接してのことで、その後のイギリス軍の巻き返しで、杜国は敗れ、イギリスの植民地となった。こうした経緯を経て、翌年一九〇三年には「戦争絶対廃止論者」を宣言する論稿を発表する。この中で内村は、戦争の利益が一時的なものであることを、杜国の例ではなく、日本の日清戦争の例を出してのべ、それがむしろ東洋全体に危機をもたらしただけであったと指摘している。これ以後、内村の非戦論は一貫して変わることはなかった。いかなる状況においてであれ、「国は到底剣や政略を以て取ることの出来るものではないことは、世界歴史の充分に証明する所である」(同 p.54)。

ヘーゲルが世界史のうちに見たのと同じ現実を、内村は二〇世紀初頭において認め、そこから、歴史の狡知や歴史の理性を媒介することなく、まっすぐに非戦論に向かいそこにとどまったのである。戦争をなくすには、戦争の無益と罪を多くの人々、国々が認識し、戦争に反対の声をあげるようにすることである。「世の正義と人道と国家とを愛する者よ、来たって大胆にこの主義に賛成せよ」(同 p.51)。あるいは、戦争は天然の必然的な力によっておのずと廃されていくだろうという期待も寄せている。時代が進むにつれて、戦争の及ぼす害はますます増大し、その益はますます減少している。ゆえに諸国民はやがて、いやでも戦争をやめざるを得なくなるだろう(同 p.231)。しかしやがて彼は、戦争を自ら廃することは、人間の力を越えている、と考えるようになる。戦争は今日起こった問題ではなく、はるか昔から続いており、戦争が悪であることもまた昔から人の認めるところであった。にもかかわらず、人類はそれを避けることが出来ずに来たのである。してみると、戦争廃止、世界平和というのは、およそ人間の事業としてはあまりに広大にすぎ、神御自身が、これを自らの事業と定めているものであるように思われる(同 p.238)。彼が明治四四年に表白したこの考えが、その後の内村の非戦論を貫くものとなっていく。「戦争は罪のこの世にあっては避けがたい悪事である、人がいくら努力しても辞めることのできないことである」(同p.253)。「戦争は人の力に由っては止まるべき者ではない、戦争は世界の輿論が非戦に傾いた時に止むのではない。又斯かる時は決して来たらないのである」(同p.294)。

彼は、聖書のなかに、戦争と平和に関する記述を追い求め、「平和は人によって来たらず、ただ神よりのみ来る」、という結論をそこから引き出すに至る。聖書のどこを読んでも、「聖書は平和の功を人に帰さない、之を必ず神に帰し奉る」(同p.239)。聖書は、戦争は「肉」なる人と国との避けようとして避けることのできないものであり、それを廃することが出来るのはただ神のみであるとくりかえし述べている。これは、平和に関しては最もペシミスティックな思想である。このペシミズムは、最後に神が我々人類の間に再臨し、世界を統治し、戦争を根絶し給うという信仰を想定しない場合には、絶望にまで至る、絶対的なペシミズムである。しかしまたそれは、そうとしか考えられない事実でもあるのだ。「神が最後に人類の間に降りたまひて、これを統治し給ふことなければ、人生は絶望である、人類は自己の力によって完全の域に達しうべしとは、彼ら静かにかつまじめに考えるときにどうしてもおもはないのである」。人類の絶対的な無力さと、神の絶対的な力、これは「人類の心の底に深く沈んでいるところの理想であると余は信じる」(同p.269-270)。これが内村の信仰である。もしも、神による「戦争の廃止」がなく、この戦慄すべき戦争が永続するならば、「神の造化は失敗におわるのである」(同p.314)。ヨーロッパの戦乱から、アメリカ、日本の参戦をもって第一次世界大戦へと発展した戦禍の中で、内村は、この「神の造化の失敗」の可能性を考えずにいられなかったように思われる。「従来の信仰のみを以ってしては最早や聖書に就いて語るべきことが尽きた」のを感じた彼は、『聖書之研究』を廃刊することも考えた。そしてその限界において、いわば、「窮余の活路」として、「然れども神はキリストの再来に由りて遂に戦争を廃止し人の眼の涙を悉く拭ひ給ふのである、キリストの再臨は実に世界問題唯一の解決である。」(同 p.314) という確信が「突如躍動」し来たったのである。これは、前章で見た田辺の、進退窮まる所に訪れる「絶対還相」と同型の構図である。こうして、内村が「再臨運動」に乗り出したのは、大戦終結の一年余り前のことであった。

内村はこの運動の原型を、旧約の預言者たちが、来るべき神の降臨と神の国の実現を確信し、人々にそれを告げ知らせ、人々に回心を促すために行った熱烈な説教活動に求めたようである。再臨運動から遠ざかって数年後の言葉にそれが表現されている。「畢竟するに平和は政治家又は外交官の会議に由っては来らない。熱烈なる預言者の説教に伴ふ聖霊の降臨に由ってのみ来る」(同 p.336)。再臨運動は、内村にとって、人々に回心を勧めるだけでなく、むしろ、より一層、危うく懐疑に陥りそうになった自己自身の信仰を駆り立て、固めるための運動であったように思われる。それは、神の再臨の間近であることを伝える運動ではなく、むしろ、たとえそれが「遠く千万年の後にあらうが我らの関するところではない」としても、必ず到来する事実として、ひたすら忍んで待ち望む心を自ら固めるための運動であった。

このように、内村の「再臨思想」は第一次大戦がもたらした一時的な思想ではなく、戦争の問題を聖書の記述から考えるときに、必然的に要請された思想であった。この思想の根底には、一方で、誰もが否定することのできない絶対的な歴史的事実、すなわち、戦争は決して止むことがなく、人間の力はこれに対して絶対的に無力であり、その限りにおいて見るならば、神の人類創造は失敗であったという冷厳な事実の認識がある。他方には、いつの日か必ず神が降臨し戦争を廃し地上に神の国を建設するという、聖書がくり返し宣べ伝える言葉への信仰がある。内村においてこの認識と信仰は、どこまでも互いに鋭角を描く二本の線上にあり続ける。この二つをドラスティックに結ぼうとするものが、いわゆる再臨運動である。

内村は、この運動からは、一年余りで離れたがこの経験をもって、彼はイエスの言葉を平和の福音として読み直す。「然らば我等は何を為さん乎？時を獲るも獲ざるも、平和の福音を唱へんのみ、人をしてキリストに由りて神と和がしめ、而して永久に敗れざる平和を地上に来さんのみ、キリストのみ真の平和の主である」（同 p.332）。イエスの福音とは、愛の福音である。イエスは敵と戦うのではなく、敵を愛することによって敵に勝ち、そしてこの世そのものに勝った。このようなことは「世の途とは全く異なる」途である、と内村はあえて強調している（同 p.341）。未来のいつかある日、神がこの世に再臨するということがこの世の論理を超える事実であるのと同様、イエスの愛もまた、この世を超えるものである。未来における神の再臨がいつかこの世に神の国と平和をもたらすとしたら、イエスの愛は、それを信じ、それに倣う者たちの間に、今、ここに、神の国と平和を出現させるのである。「キリスト世に降りて平和は地に臨んだ、即ち彼を信じて神の心に適ふ者の間に臨んだ」。こうして、キリストの再臨によって最終的に訪れる歴史の終わりにおける平和と、キリストの最初の降臨によってすでにここに今地に臨んでいる平和と、二つの平和、二つの神の国が内村の信仰であった。最終的な真の平和はただ神からくるものであり、われわれにできることは、信仰の力によってそれを知り、受け入れ、そして待ち望むことだけである。

〈矢内原の戦争論〉

矢内原忠雄は南原より四歳年下で、一高時代に南原同様、校長新渡戸稲造を通して内村の門下に入った。戦時期、その国家批判の言葉のために、東京大学経済学部教授の職を辞し、宣教に専念したが、戦後、南原に請われて東大総長の職を引き受け、二期六年にわたって職務を果たした。戦時期における矢内原の、戦争と国家と宗教の思想の特徴を、ここでは二点に要約しておきたい。第一は、彼の専門であった「植民地経済学」（戦後は「国際経済学」と改称された）の観点からのものである。彼は、当時日本の植民地であった、朝鮮、台湾、南洋諸島についての著作のほか、多くの植民地経済論を著している（赤江 2017 p.67-80）。しかしここでは、当代のヨーロッパの植民地をめぐる状況について述べた二つの論文「伊エ戦争と世界の平和」（一九三五年）、「植民地再分割論」（一九三六年）を取りあげたい。それらが論じているのは、一九世紀を経た世界地図を、先進西欧列強諸国による植民地分配の後に固定化された歴史地図としてとらえた上で、この既成の歴史の事実に対して、新たに発展してきたドイツ、イタリア、日本の三新興国が突きつける要求に、旧植民国――特に英仏――がいかに対処するべきか、という問題である。この具体的な事例として矢内原が扱っているのが、一九三五年のイタリア軍による、アフリカに唯一残った独立国エチオピアへの侵略戦争（第二次エチオピア戦争）である。矢内原は、ここに至るまでの一九世紀末以来のイギリス、フランス、ドイツ、イタリアのこの地域における権益をめぐる動静を紹介し、このたびの戦争が、英仏の有利な条件に終わった第一次エチオピア戦争に対する、後発国イタリアのリベンジであったことを明らかにする。矢内原は、地球上のほとんどの国が名義上いくつかの強国の領土に属し、他方には、これらの土地を開発し利用する必要性と能力を持つ、他の新興の強国が存在する、という現実の状態を、一つの歴史的固定的事実として前提とする。そのうえで、あくまでも避けるべきことは、軍事的な侵略戦争の方法によって領土の再分割を行うという方途である、と彼は考えている。現在はこの侵略戦争の危機が世界中で起こっている。「故に侵略戦争の方法によらずして領土の再分割若しくは之と等しき効果ある国際協定を実現し得るか否やが、人類のまさに考慮すべき問題である」。(矢内原 1936 p.207)。それを彼は、少なくとも植民地においては、資本、商品、移民の移動が自由に認められるようにすることであると考える。しかしこのような協定は、一方で軍国主義的に指導された新興国の国家的名誉心によって、他方では、独占的権益を確保しようとする先進国の独占資本の政策によって、実現を妨げられるであろう。彼は、枢軸国と連合国の間の戦争を、悪と善との戦いとして見てはいない。「侵略も不正義ならば、独占も不正義である」(同 p.231)。しかし当面においては、この二つの不正義のうち、前者――侵略の不正義を排することによってしか、平和をもたらすことは出来ない。かくして矢内原は、先進列強国の「独占」の不正義に目をつぶっても、侵略戦争を止めさせることこそ今最も求められることだと考える。同時期に、フランスの若き哲学者シモーヌ・ヴェーユは、歴史上の経緯を盾にフランス植民地モロッコの権益を要求するドイツと、あくまでも自国の一部としてのモロッコを譲らないフランスとの間の争いについて、皮肉を込めて、「モロッコ――窃盗行為にかかわる時効について」(一九三七年)という短文をものしている。ドイツを非難するフランス人の言っていることは、フランスがモロッコを盗んだ窃盗行為の方が時間的に長きにわたっており、それは時効となっているのだから、今それを要求するドイツには理がない、と言っているのと同じだ(ヴェーユ 1998 1-p.348)、というわけである。ここには、国際情勢、あるいは、戦争という事柄についての、矢内原と同型のリアリズムがある。矢内原は、「窃盗行為」という言葉は使わないながら、現在の世界の植民地体制が基本的に不正なものであると考えている。しかしながら、彼は、この今や固定した歴史的事実を力づくで解体するのではなく、それぞれの帝国(宗主国と植民地国の連合体)を、その内部において、各民族の政治的文化的自由が保証され、かつ外部に対して共同して防衛する一つの新たな共同体たらしめることによって、安定と平和を維持することこそ、最も現実的な道として提示するのである。それは同時に、矢内原が考える、朝鮮、台湾、満州における日本の「植民地政策」のあり方でもあった（赤江 2017 p.67-80）。

他方、日中戦争の本格化の端緒となった一九三七年の盧溝橋事件に際しては、それから数か月後、矢内原は聴衆を前にして、日本が即時停戦すべきことを訴え、我々の愛する日本の理想は失われた、とし、「日本の理想を生かす為に、一先づ此の国を葬って下さい」と述べるに至る。このきわめて過激な言葉ゆえに、矢内原は東大経済学部教授の職を去ることになる。しかしながら、この過激さは、盧溝橋事件がいかに当時の心ある知識人にとって衝撃的で、かつ絶望的なインパクトを与えたかを示す一つの例に過ぎない。私たちは次章において、三木清が、この報を受けていかなる思いに駆られたかを見るだろう。中国大陸においては長きにわたって小競り合いが続いていたが、今や、日本と中華民国の間に本格的な戦争状態が勃発した（宣戦布告はさらに先になるが）のである。

矢内原はこの事件において、もはや植民地経済学者としてではなく一無教会派キリスト者として語らなければならない、と心に決したように思われる。彼は、問答無用に、戦争を神に反する罪悪とする内村の立場に立つ。世界史の過去において生じた植民地戦争（窃盗行為）がもたらした、いわば既成事実としての歴史的現実に対する場合と、今現に、それも我々日本人が遂行しつつある戦争に対するのとは、彼にとって全く異なるものだった。事件の二年前にすでに彼は、戦争の罪について、エピソード風の短文において語っていた。それは、これから中国に出かける宣教師たちに何か言伝はないか、と尋ねる一人のアメリカ人と、矢内原との間の対話の形をとっている。矢内原は、中国のクリスチャンに対して、今の中国で盛んにおこなわれている排日運動についてどう考えているか、それを罪悪として排斥しているかどうかを聞いてきてほしい、と答える。アメリカ人の方は、中国の排日運動は、満州問題を考えると仕方がないのではないかと答える。矢内原は「満州問題があらうが上海問題があらうが、クリスチャンとして考へるべき事は一つでありませう」と返答する。アメリカ人が、しかし、中国と日本を比べれば日本の罪がもっと大きい、と答えると、「大小軽重の比較を言ふべき問題ではありません。……他国の事他人の事はかまはずに自分は自分の罪を絶対的なものと考へて、神様の前に無条件に平伏することが必要でありませう。」こういうことを言うのは、自分には忍びないし、また、いかにも、日本のことを棚に上げて中国を非難しているように聞こえる。だから第三者のあなたを通して聞いていただきたい、と言うのである。（同 p.332-334）。戦争においては、双方がそれぞれの罪を負い、それぞれの罪に向き合わなければならない。神の前に、その罪の大小軽重は存在しないのだ。矢内原は、一貫してこの立場を貫いた。それは、矢内原にとって、植民地経済学者としての、きわめてリアルな世界認識と共存しうる、無教会主義キリスト者の立場であった(4)。

〈南原における「神の国」〉

内村と矢内原という、二人の無教会主義キリスト者の戦争論と比較してみたとき、南原のキリスト者としての戦争論は、良くも悪くも、きわめて穏健なものであった。内村のキリスト教は、その戦争論＝非戦論においてもっとも純粋、かつ過激な形で表現されている。その徹底的な神中心主義は、南原の言う、非合理性を本質とする宗教の極限的な形である。南原がカント、フィヒテ、ヘーゲルを批判した時根拠とした宗教の非合理性がこのようなものであったとしたら、南原の戦時・戦後の位置はだいぶ変わったものとなっただろう。しかし南原のキリスト教は、内村のそれに比べて、はるかに人間中心主義（ヒューマニズム）で、それゆえ容易に受け入れられやすいものであった。

内村にあってそれぞれに「非合理性」に貫かれた二つの「神の国」は、南原において以下のようにして統一される。「彼(イエス)は『神の国』の概念を霊的内面化した点において新たな意義を付与したが、同時に、先に触れたごとく、決して終末観的「神の国」の概念を否定しなかったことは、注意すべき事柄である。一方には現在すでに開始せられる内的な神の国、他方に将来顕現せられる神の国秩序が、互いに相反するものとしてでなく、かえって共存し得るということの認識は、この場合はなはだ重要である」(南原 1-p.113)。さらに二つの神の国は、単に共存するだけでなく、前者が後者を「形成する」ものとして位置づけられる。この「形成」は、前者=内的な神の国が既存の文化領域(政治国家)の中に、入り込み、内側からそれを新たにすること(同 1-p.111)によって可能である。これは、内的な神の国が、一切の文化領域を超出するものであり、「形なきもの」=聖なる純粋な人格の共同体であることによってこそ可能なのである。それが南原における「無教会」の意義であった。かくて、無教会のキリスト教は、日本国家において神の国を実現することが出来る。聖なる人格の共同体は、日本の伝統的な、「君臣・父子の間の絶対的忠信と信従の関係」とも容易に接合可能である。「かようにして、国民の各個がこの聖なる結合関係に入り込み、ついには全体のわが国民的共同体が真の神的生命によって充たされるにいたるまで、神の国の形成は已まないであろう。しかるとき、日本国家の内的基礎は最も鞏固な永遠の精神と地盤の上に据えられたものとなるであろう。『日本的キリスト教』とは、これ以外のものではないのである」(同 1-p.334)。

こうして、内村の無教会主義のキリスト教は、実定的、歴史的な制度的宗教としての「キリスト教」から、より一層純化された、見えないもの、精神そのものとなることで、地上の国家に浸透し、それを聖化することが出来るものとなる。無教会主義のキリスト教においてはじめて、「もはや問題の核心は、国家と教会の関係ではなく、国家精神とキリスト教精神との関係である」(同 1-p.336)ということが出来たのである。それは日本においてはじめて可能となった道であるが、ヨーロッパ諸国、とりわけ、「精神の国」、「理性の国」、そしてカントやルターの国であるドイツにおいてもまた可能である、と南原は考えている。精神としてのキリスト教に立ち返ることによって、ドイツは本来のドイツ精神を回復するであろう。ちょうど、精神としてのキリスト教によって、君臣・父子の忠信の伝統に根ざす日本精神を実現しうるように。南原は最後まで、自由主義・民主主義の英米哲学よりも、(そしてもちろんマルクス主義ではなく)、ドイツ理想主義に期待を寄せ続けている。ナチズムもまた、その根源にこの理想主義を持つものであったはずである。「なかんずく近代西欧精神によって破壊せられ、不具にされるに堪えずとして興起したドイツ国民は」、ある意味で、「世界史的転換の事業に呼び出されたものと称していいであろう」(同 1-p.338)。この「世界史的転換」とは、カント、フィヒテ、そして南原自身が求め続けた「新しい世界の道義的＝政治的秩序」の創造である。キリスト教精神によって貫かれることによって、個々の民族共同体は、それを超えて広く世界と人類に結びつくことが出来るだろう(同 1-p.339)。南原は、「ナチス的精神の時代的意義を汲むに吝かでない」(同 1-p.338)からこそ、その批判追及をおろそかにすることが出来なかったのである。

南原のこのようなナチス観は、戦後の英米型自由主義の席巻する社会とは、必ずしも親和的なものではない。その南原が戦後民主主義のリーダーとして迎え入れられたのは、歴史の逆説(あるいは狡知？)であるとともに、与えられた役割を誠実に果たそうとする南原の人柄の故であったと思われる。新憲法における軍隊の放棄に対して、自衛のための軍隊保持を主張したこと、参戦国すべてとの全面講和を主張したこと、永世中立国の途を主張したこと、さらに冷戦体制の中で、アメリカとソ連の両方の事情を汲みながら、なんとか危ういバランスを維持する道を模索したこと、南原は、これらすべてを、「ドイツ理想主義」とキリスト教精神の結合によって世界の普遍的秩序―永遠平和を創造しようという、戦時期における彼の思想史研究者としての営為の延長線上にあるものと考えていたにちがいないのである。

第三章　三木清——戦時の「構想力」

第一節　「戦時文化」と「哲学」

〈三木の時局認識〉

「戦争の本質的な影響が見られるやうになるのは戦後文化といふべきものにおいてである。戦争文学などにしても、すぐれたものが出来るとすれば、戦後のことである。それは戦争の全体の経過を見通しそれについて反省し得るやうになった時において、とりわけ戦争に直接参加して深い経験をした人々の手によって作られるであらう」（三木 13-p.480）。

「戦争と文化」というタイトルの小文で三木はこのように述べている。このように「戦後文化」こそが本質的で重要なものとなるであろうと語る三木が、ここで真に語ろうとしているのは、実は、それと対置される「戦時文化」のことである。戦争中の文化の特徴を、三木は二点あげている。ひとつは、戦争に必然的に伴う統制と宣伝のゆえに、事象についての本質的な批判が隠れてしまい、いきおい現象論に終始しがちであるということである。第二は、戦争中に現れる文化は多かれ少なかれ国民的性格を有する、ということである。これは端的に言えば、戦時期においては、何事も自国の立場から論ぜられずにすまないということである。これが書かれたのは一九三七年秋、当時「支那事変」と呼ばれた、盧溝橋事件に端を発する日中の軍事的衝突によって、長年にわたる日中間の軋轢が本格的な日中戦争として顕在化して間もなくの時であった。まさに本格的戦時体制の始まりの時点に立って、三木は、戦時文化と戦後文化について語っているのである。我々がこの戦争の意味を理解し得るのは、戦争が終わり、戦争を事後の眼で見ることが出来るようになった「戦後」においてである。そのとき、戦争は、戦いあった双方の国の「共通の問題や様相」のもとにその全体像を顕わにするだろう。と同時に、戦争は戦後文化そのものに直接大きな影響を与えるであろう。第一次世界大戦後に、ロシア革命がおこり、ナチスドイツの勃興があったように、おそらく、この戦争の帰結は、中国の政治に大きな変化をもたらすであろう。そしてその変化はやがて日本の政治にも重要な作用を及ぼすことになるであろう。明らかに、戦後の中国における共産党政権の樹立を予想しつつ三木はこのように述べている。

このように来るべき「戦後文化」を想定しながら、かつ、統制と宣伝の下で、自国の立場から逃れられない「戦時文化」を生きなければならないとしたら、そこにいかなる生き方を三木は考えていたのだろうか。彼は最後に知識人に呼びかけている。

「戦争は文化人を沈黙せしめるであらう。戦争中に戦争文化として現れるものの多くは現象的であつて本質的なものではない。しかし沈黙してゐる者も考へることを止めないであらうし、また止めてはならない。……注目すべきは戦後文化であり、文化人はこれに対して用意しなければならない」（同13-p.481）。

沈黙しつつ、思考し続け、そして戦後文化に備えること、これが、三木が戦時下の知識人たちに求めたものであったようにも一見読み取ることが出来る。しかしながら、現実に三木自身が選択したのは、それとは異なる道であった。同年一九三七年の秋に、三木は「日本の現実」と題する論稿を発表している。そしてこの論文が、当時、近衛首相の友人後藤を中心に結成された政策研究集団「昭和研究会」のメンバーの目に留まり、彼はこの会に参加し、この会の名前で発表された「新日本の思想原理」一九三九年一月とその続編「協同主義の哲学的基礎」一九三九年九月を執筆することになる。戦時においては、われわれは自国の立場からしか物が見られなくなり、本質を失う。戦時期の全体像は、すべて、戦争が終結した後になって、いわば、事後の眼によってしか明らかにされることはないであろう。こう述べた三木が、戦時内閣のブレーン集団に参加し、戦時国家が掲げるスローガンである「東亜協同体」を論じるに至ったのである。三木は、何事も自国中心にしか論じることが出来ないという、その限界を重々承知の上で「戦時文化」を生きることの方を選んだことになる。他方、「戦後文化」に関して言うならば、彼は遂にそれを経験することがなかった。敗戦間近、彼は思想犯として追われる友人高倉テルの逃走を助けた廉により逮捕される。そして、敗戦後の一九四五年九月二六日、釈放されることなく、劣悪な環境の拘置所で四九歳の生涯を終える。ゆえに、三木清の哲学は、彼自身の用語に従えば、最後まで「戦時文化」であり続けることになったのである。彼の哲学は、一方で戦争する国家への政策提言、他方で、反戦・反権力勢力に対する支援、この二つを共に抱え込んだ、文字通りの「戦時の哲学」として位置づけることが出来るかもしれない。

しかし、戦時の哲学としての三木を考えるには、そもそも三木が、当代の戦争を、より具体的に言えば、「支那事変」をどのようにとらえていたのかを見ておかなければならない。論稿「日本の現実」において、三木は、この「事変」を、「従来の歴史の発展から必然的に生じた」出来事としてとらえ、今、この出来事は「新しい課題」を我々に課している、と述べている。ここに、「従来の歴史の発展」と言われているものは、三木の青春時代から続く日中の潜在的な戦争状態を指している。「支那事変」という出来事によって、この戦争状態は、顕在的な「戦争」へと転化し、この転化によって、新しい課題が立ち上がった。これが一九三七年における三木の事変認識である(同 13-p.438-439)。それでは、この新しい「課題」とは何か。これについて、三木は、後にきわめて端的に、次のように述べている。

「日本は、ラッセル Bertrand Russel のいう如く、一方白人に対してアジアの保全の選手としてふるまふと同時に、他方白人と同様の仕方で大陸へ進出するといふ二つの何か相容れない功名心を有してきたのである。今次の支那事変は日本に対してこの矛盾の解決をすべき任務を課しているのである」(同 17-p.184)。

明治以来、日本は後進国アジア諸国の中で近代化の先頭を走る選手として、欧米列強の帝国主義からアジアを守るという役割を自認してきた。しかし同時にそれは、欧米列強と同様にアジアを帝国主義的支配の下に置き、かくして欧米列強と対等の立場に立とうという功名心と一体であった。この矛盾は、日中間の潜在的な戦争状態の下でくすぶり続けてきたのだが、いまや、一刻の猶予も為さないまで矛盾は激化し、中国からの真正面の挑戦を受けて、日本はこの矛盾の解決を迫られている。これが三木の課題認識である。この課題は、アジアの先進国日本に固有の問題であると同時に、世界史における帝国主義そのものの課題でもあった。

〈三木と戦時国家〉

戦時期において、この課題を、「解決」して見せた理論としては、帝国主義戦争を必然的に帰結する資本主義を、社会主義革命によって打倒するマルクス主義、あるいはマルクス・レーニン主義の理論があった。三木が正統派マルクス主義者であったなら、戦時下の彼の現実的状況ははるかに厳しいものとなっただろうが、その思想的立場ははるかに明快なものであっただろう。それは、ほかならぬ三木の影響を受けた後輩であり、科学的マルクス主義と唯物論哲学に殉じた戸坂潤のものであった。戸坂は、思想犯として捕らわれ、終戦間近の一九四五年八月九日に獄死している。上述したように、三木もまた、その後獄死を迎えるのだが、その拘留の際の理由は、直接的な思想的犯罪ではなく、思想犯であった友人の逃亡の手助けをした、という間接的なものであった。（当の逃亡を助けられた側の高倉テルは、戦後、日本共産党に入党し、「戦後文化」に貢献することになる。）三木は、以前にも（一九三〇年）治安維持法違反で逮捕・起訴されているが、その時の容疑も思想犯というよりは、共産党への資金援助、という間接的なものであった。危険視された思想団体への関与というのは、一九三〇年にあっても、三木を法政大学の教職から追放するという帰結をもたらす程度には深刻なものであった。敗戦間近において、この行為はついには彼の命を奪うに至るほどの深刻さを帯びることになったわけである。にもかかわらず、三木は、たとえその後にまた同じ状況に直面したとしても、こうした行為をおそらく当然のこととして続けたことだろう。ここに、戦時期における三木の思想的立ち位置が象徴されている。三木はこの最初の逮捕時に、マルクス主義から「転向」したとしばしば言われている。しかしその時彼が当時の検事あてに書いた「手記」と題する文章を読めば、三木自身はマルクス主義者ではなく、もっぱら三木自身の哲学の立場からそれを「弁護」したにすぎないのだということがわかる。「私は絶えず自分自身の哲学を求めて歩いてきた。その途上に於いて優れたものに出会ひ、一時はそれに心を奪はれてしまふこともありはしたが、然しいつでも究極はそこに留まることが出来なかった、なぜならそれは遂に自分自身のものでなかったからである」(同 18-p.100)。三木にとっては、ヨーロッパ留学時に影響を受けたハイデガーも、パスカルも、その後出会ったマルクスも、いや、生涯尊敬し続けた師西田幾多郎も、いずれも同じように、自分自身の哲学を求める過程で出会い心ひかれたものに過ぎなかった。忠実なる「マルクス(あるいはetc)主義者」という呼び名ほど、三木にふさわしくないものはない。自分の哲学の立場から、ある思想が弁護すべき対象であると考えるならば、国の意向がどうあれ、それを弁護する、というのが三木の立場であった。むしろ、「思想」を弁護するというよりは、この戦時下にあって、守るべきだと彼が感じた人、あるいは集団を弁護した、と言う方が当たっているのかもしれない。

しかしながらそれはまた、鶴見俊輔が後に三木を評したような、「国家批判」の姿勢とも少し違うように思われる。鶴見は、三木は国家批判を動物的実感として持っていて、それを共有する友人とは、たとえいかに危険な友人であってもかぎりなくつき合おうとした、と評しつつ、しかし三木は、その国家批判を、その論文や評論において明晰に表現するには至らなかった、とも言い、その点において、「三木清は、二十冊以上にもなる著作をのこしたにもかかわらず、本など一冊も書かない人と同じく黙っている人のように思える。」とその三木評を結んでいる(鶴見1968)。鶴見のこの三木評は、戦時の哲学者としての三木を考える上で示唆を含むと同時に、限界をもつものであるように思われる。戦時下における戦時体制批判には大きく言って、マルクス主義からのものとともに、自由主義からのものがあったが、鶴見は戦後の自由主義的な知識人の立場から、戦時の三木を自由主義的な「国家批判」の系譜に位置づけようとしつつ、実際に残された三木の諸論稿にその明晰な徴を見出せずに戸惑っているのである。「黙っている人」という三木評は、先に見た、戦時期の知識人についての三木の「沈黙しつつ思考し続ける」という言葉を思い出させるが、鶴見を戸惑わせているのは、三木の沈黙ではない。三木は時局について多くを語り続けた。しかし、三木はそこでは、鶴見が最も肝心なものと考える「国家批判」については「黙っている」ように思われたのである。鶴見が戸惑っているのはこの点である。ここに、三木の「二枚舌」や「不純さ」、時流に乗る「才気」を見出し批判する者は多い。しかし、実際に三木が実生活でやったことは、すでに見たように、とても器用な二枚舌とは言えない。三木清という戦時の哲学者が、いつまでたっても「戦時の哲学者」のままで、一向に評価が定まらないことは、鶴見の言葉によって言いつくされているように思われる。

しかし、ここで鶴見のいう「国家批判」という言葉を一度カッコにくくって三木の書いたものを読んでみれば、むしろ、三木は「黙っている」どころか、きわめてはっきりと、危険なまでに自分の立場を語っているのである。問題は、目の前に起こった戦争(「支那事変」)に対して、いかに対処するかという問題であった。その点について、三木ははっきりと述べている。少し長くなるが、事変の翌年(一九三八年)のものから引用しよう。

「現在日本が大陸において行ひつつある行動がどのやうな事情から生じたかについては種々の批判があり得るであらう。しかし時間は不可逆的であり、歴史は生じなかったやうにすることはできぬ。そしてもし出来事が最後まで傍観してゐることのできるやうな程度のものであるならば傍観してゐることも好いであらうが、もしそれがあらゆる傍観者を否応なしに一緒に引摺ってゆくやうな重大な帰結を有すべき性質のものである場合、過去の批判にのみ過すことは我々には許されない。それがどのやうにして起ったにせよ、現に起ってゐる出来事のうちに我々は『歴史の理性』を探ることに努めなければならぬ。歴史の理性は当事者の或る個人、或る集団、或る階級等の主観的意図から独立に自己を実現する。……かやうな理性的意味は直接には発見することができず、その出来事が無意味に見えるといふことも可能である。しかしそのやうな場合には尚更らそれに対して歴史の理性の立場から新たに意味を付与することに努力する必要がある。……新たに意味付与がなされることによって不可逆的な時間も可逆的になされる。支那事変に対して世界史的意味を付与すること、それが流されつつある血に対する我々の義務であり、またそれが今日我々自身の生きてゆく道である」(同 14-p.143-144)。

これを、字義通りに読むならば、起こってしまった「事変」を歴史的出来事として肯定し、さらにそこに、歴史的意味づけを行おうということであり、まさに、それは、「国家批判」どころか、国家の戦争の擁護と正当化の論理そのものに見えてくる。鶴見ならずとも、戸惑うところであろう。しかしまた、この文面に漲る切迫感からこれを読むならば、ここには、大陸の地で起こった取り返しのつかない出来事を自ら当事者として生きなければならなくなった時、この動きに引き摺られるのでなく、何とかそれを当初の方向とは異なる方向へと導くために、とりわけ、知識人の一人として何ができるかという焦燥感と共に、いや、何かが出来るはずだ、その何かに賭けようという決意とが顕わに表現されている。これはまさに、イチかバチかの賭けの文章であるように見える。もしも三木が「哲学者」にとどまっていたなら、このような賭けの文章を公にすることはなかっただろう。この文章を、哲学者として書くならば、ここで言われている、「歴史の理性」「時間の不可逆性と可逆性」「歴史の意味附与」といった用語は、それぞれ何ページにもわたる詳細で厳密な論証が必要となるだろう。そこには、彼が批判しつつ共感したヘーゲル哲学が大きな影を落としているし、さらにその根底には、処女作のパスカル論から、マルクス論、歴史哲学、そして、今これと同時並行的に書きつつあった構想力論、『人生論ノート』などで展開してきた、哲学的思索が底流として流れている。もしも彼が、「手記」で述べていたような「自分自身の哲学」を完成させることが出来たら、それは、まさに、一つの体系的な「戦時の哲学」となっていただろう。それは三木自身が本来望んでいたことであった。彼は繰り返し、自分のことを政治的な議論には不向きな、一介の哲学書生である、と繰り返し自認していた(同15-p.389)のだから。明らかに危険で誤っていると彼が考える出来事を、言説の力によってその始まりの時点にまで巻き戻し、それを本来あるべきだと彼が考える方向へと向き変えるという、強引で力づくの、そしておそらく成功の見込みの少ない試み(1)(何しろ、不可逆的な時間を可逆的にするというのだから!)に賭けたとき、三木は哲学者であることを、一時あきらめたように見える。おそらくは、その哲学を完成させるという仕事は、「戦後」という時間へと先送りされたのかもしれない。

〈敗戦後の三木〉

戦後、三木の仕事が様々な評価にさらされたとき、この三木哲学の中断、あるいは未完成さを言い当てたのは、谷川徹三であった。『回想の三木清』が戦後、即ち三木の死後三年目に出されたとき、冒頭に置かれたのは、三木の京都大学における師の一人、波多野精一の文章であったが、彼は三木が「批評家、論評家、紹介者」の立場を去ることはなかった、と評した(東畑・谷川編 1948 p.6)。それに対して谷川は、多くの点で波多野の評を肯いながらも、ただ一点、三木が本質において哲学者であったとする反論を述べている。谷川は、三木を、「メタフィジシャン」にして「哲学者」であったと述べている。このとき、「メタフィジシャン」に対置されているのは「科学者」である。メタフィジシャンとは、「人生の底の虚無に絶えずおびやかされながら、人生には何もないのではない、何かがあるのだといふことを絶えず自分自身にたしかめようとするものである。そこから宗教に半分足をつっこんでゐるものである。単なる科学者にはこの心がない。科学者は虚無の上に立たないで仮説の上に立ってゐる。その仮説そのものは虚無の上にあるのですが、一般科学者はその虚無を反省することはしない。それをすれば科学者が哲学者になる。しかしその仮説そのものは、科学の着実な進歩によって漸次確かめられてゆくやうなさういふ性質のもので、ここには虚無の上に立つものの浮動と不安とはない。三木はそのやうな科学者ではなかった、と。(同 p.139)。ここで、当代の日本において「哲学者となった科学者」の例として引かれているのが、先にふれた戸坂潤である。戸坂はマルクス主義という仮説の上に立ちつつ、しかもそれが立っている虚無のことを反省する哲学者である。この反省が三木のようなメタフィジシャンのそれと違うのは、この虚無はいずれ科学の進歩によって確かめられてゆくという確信を持っているという点にある。メタフィジシャン三木の「虚無」は、このような科学的確信によって解消されることのない虚無であり、ゆえに、つねに浮動と不安のうちにある虚無であった。谷川が、科学的マルクス主義者にして唯物論哲学者として一貫した戸坂と、浮動と不安にとどまり続けた三木との、どちらを評価しているか、ということはここでは問題ではない。谷川が、メタフィジシャンという用語によって、三木の一面をきわめてよくつかんでいる、ということを確認しておきたい。

同時に、谷川は、「哲学者」としての三木を「思想家」としての和辻哲郎と対比させてもいる。谷川によれば、「思想家」とは「何よりも思想の根源性を持たなければならない」。すなわち、思想とは、個人的な感覚の延長の上に、自然にその深まりとして発展してくるものであり、そこに、独自性と一貫性が生まれる。和辻は留学先でヨーロッパというものを、自らの眼と感性で深く見、そこから「風土」という独創的な思想を作り上げた。そこには物事を自分の感性によって深く見る、という「眼」があり、それが一貫性を持った「思想」を作り出す。三木には、そのような「物を見る」眼はなく、そしてそこには一貫した思想も存在していない。すなわち三木は思想家ではなかった(同 p.132)。そこから谷川はいわば引き算のようにして、三木の本質はどこまでも「哲学者」であった、という結論を引き出すのである。それでは、この時谷川は、三木のことをどのような意味で「哲学者」と言っているのだろうか。谷川は、若い日からの三木の哲学的遍歴について述べつつ、三木哲学において根源的なものは、アリストテレス、ヘーゲルの線であったとしている。そして、彼の師西田の哲学も、世界哲学(これを谷川は世界文学と同様な意味で言っている)の上から見れば、やはり、ヘーゲル主義の東洋的な一形態であると言う。三木の哲学はその意味で西田哲学の枠内にあると谷川は見るのだが、同時に、そこに、西田哲学批判によって、三木自身の体系への一歩を進めたであろう諸要素を認める。実際、三木の晩年の手紙には、西田哲学を批判的に超えることなくして日本の哲学は先に進まない、という言葉があり、彼自身の最も大きな課題をそこに見出していたことが想像される。しかしこれは簡単に小さく、独創的にまとめられるような、「思想家」の仕事ではなく、大きな体系を作り上げることを求められる「哲学者」の仕事である。彼が残した哲学的な諸論稿は、いずれもこの哲学の Bausteine（建築資材）にとどまっており、全体の建造物としての体系的な哲学は、ついに今日まで実現されることなく終わった（同 p.139-145）。そして最後に谷川は、このいつか実現されるべきであった、しかし、未完に終わった三木哲学と、先述した「メタフィジシャン」との関係に触れつつ、ジンメルの日記から、「物の心臓の鼓動を聴く哲学者」、「人の心臓の鼓動を聴く哲学者」、「概念の心臓の鼓動を聴く哲学者」、そして最後に単なる哲学教授先生である「文献の心臓の鼓動を聴く哲学者」、の四つの範疇に言及し、三木をしばしば衒学者、海外哲学の紹介者として批判する人々が言うような、第四の範疇の哲学者ではなく、もっぱら「人間の心臓の鼓動を聴いた第二の範疇に属する哲学者であった」（同 p.144）と断じている。それは、三木の中には思索を促す原動力であった深い「闇」があったからである。谷川が三木のうちに見出したこの「闇」とは、あのいかなる「進歩」をもってしても解消されえない「虚無」そのものであろう。谷川はそこに、晩年の遺稿「親鸞」を重ね合わせているのである。

このように、三木を一方では、宗教に片足を突っ込んだ、虚無の哲学者としてとらえ、他方で、ヘーゲル―西田哲学をさらに前に進めようとして途中で挫折、あるいは中断された未完の哲学者としてとらえる評価は、三木と近しい関係にあった人々に多かれ少なかれ共有されていたように思われる。その代表的なものは、やはり戦後まもなく出た唐木順三の『三木清』である。唐木は三木哲学の遍歴をていねいに追った諸論稿を集めた本書の最後で、三木に対する二つの「疑問」を発している。第一のものは、三木が虚無からの脱出を求めた「構想力」の論理におけるヒューマニズム・行為論・主体の倫理・技術の系譜と、他方で、遺稿「親鸞」に見られる虚無への沈潜・宗教的・超越的契機との間は、どのように関連づけられるのか、という疑問である。それは、谷川の言う「メタフィジシャン」と「哲学者」の間の架橋という問題とも重なる疑問と言えよう（唐木 1966 p.163-186）。第二は、三木の行為論に見られる無からの創造という「発明性」と、客観的にそこにあるもの――実在的世界――を顕現させるという「発見性」とがどのように関連づけられるのか、という疑問である。すなわち、世界は人間の主体的行為によって発明――作られるのか、それとも、客観的に実在する世界として人間によって発見――認識されるものなのか。これは、上記のヒューマニズムと宗教性との関係とも結びつく問題である。唐木は、西田哲学を、客観主義の立場に立ちつつ、自覚的自己という存在を「世界の創造作用」の「契機」としてとらえることで、この両者を総合したものと位置づけている。三木が命を長らえることが出来たら、おそらくは、構想力の論理と宗教性との総合として西田哲学を継承発展させることが出来たであろう（同 p.202-205）と唐木は結ぶ。谷川と唐木の三木論は、いずれも、宗教性とヒューマニズム的哲学との関係との十分な理論的な展開を見ることがなかったところに、三木哲学の「未完成」を見るものである。この「未完成」をどう評価するかが、三木理解の一つの分かれ目であるかもしれない。結論を先取りして言えば、私自身は、この「未完成」と見えるものの中にこそ、三木哲学の神髄があると考えている。

〈戦後思想の中の三木〉

しかしここで注目しておきたいのは、これらの三木評が、いまだ戦時期の記憶の生々しい、終戦直後に書かれたものであるにもかかわらず、そこには、戦争の影は見られないということである。谷川も唐木も、三木哲学の「未完成」を言う時には、もちろん、無謀な戦争を行い、三木を無残な死に追いやった戦時の「国家権力に対する批判」が含意されているのだが、三木自身がこの戦時の国家においていかに生き、いかに思考したか、という観点は全く見られない。敗戦数年後というのはミネルヴァの梟は飛び立つにはまだ早すぎたということだろうか。他方、終戦から半世紀以上後の世代による三木論の代表的なものと思われる町口哲生の『帝国の形而上学——三木清の歴史哲学』は、三木の『唯物史観と現代の意識』、『歴史哲学』、『哲学的人間学』、を中心に考察しつつ、三木の歴史哲学の問題性を「パトスとロゴスの」弁証法のうちに見出し、批判的に考察したものである。三木の歴史哲学は、そもそもパトスとロゴスといった「二元論に還元不可能な絶対的差異や第三項を、消去、あるいは排除して、同一化していこうとするところに」成立する同一性の哲学である。町口はそれを、「世界史的立場と日本」における高山岩男と高坂正顕の議論を批判するリオタールを援用しつつ、「帝国主義的思考」と評し、三木の東亜協同体論を、このような思考の帰結として位置づけている(町口 2004 p.234)。町口の視点は全体として一九七〇年代以降思想界を席巻した近代批判の諸思潮、とりわけ、近代国民国家批判の枠組みに則ったものであり、この枠組み自体が今日果たしてそのまま有効であるかの評価は難しい。しかし、町口の記述の仕方は、戦時の時局の動向の中での三木の行動と時局論と、三木の主要な哲学的著作の分析とを並行的に記述していく、というものであり、何よりも、戦時の哲学者としての三木を具体的に描き出す試みとして読むことが出来る。三木自身が戦後を生き延び、もし町口のこの書を目にすることが出来たら、おそらく、戦時哲学としての自らの哲学をふり返りつつ、これを読み、論争的な対話を挑んだのではないだろうか。

〈戦時の構想力〉

本章もまた、町口と同様の方法を採用しつつ、しかし三木哲学の本質を、「パトスとロゴスの総合」のうちにではなく、三木哲学の中核をなす概念と考えられる「構想力」のうちに求めようとするものである。確かに、パトスとロゴスの「総合」という言い方は、三木がしばしば様々なところで繰り返したものであるが、それだけに、きわめて多義的であいまいさをはらんでおり、ここから見る限りは、三木の哲学は、一方ではその総合に至る前に中断された「未完」の哲学とされ（谷川や唐木）、他方では、その強引な総合としての排他的な同一性の論理によって、日本による東洋世界の一方的な統一を根拠づける哲学となる（町口）。対して、「構想力」の方は、より限定的な概念であると同時に、三木の思想的遍歴の中で一貫して貫かれている概念でもある。三木において「構想力」という語はしばしば想像力 imagination と併記されるが、この imagination という語が、彼の処女作『パスカルにおける人間の研究』（一九二六）（以下『パスカル』）におけるそれと深い関係があることは、『構想力の論理』（以下『構想力』）（一九三九）の第一章の冒頭で、パスカルの imagination と深い関係にある心情 coeur について言及されていることからも明らかである。さらに、三木がマルクス主義に接近していた時期においても、論文「弁証法に於ける自由と必然」一九二九年の冒頭でパスカルの imagination と深い関係にある「三つの秩序」が、弁証法を定義するにあたって引用されているのをはじめとして、パスカルはしばしば言及されている。「想像力」という語はやがて「構想力」という語に置き換えられ、『構想力』に至るわけだが、想像力、構想力という語は、『構想力』とほぼ同時期に書かれた『人生論ノート』（以下『ノート』）と、それらとやはり同時期に書かれ、かつかなり趣を異にする件の東亜協同体論の両方においても中心を占める重要な概念である。このように見ると、「構想力」こそ、西田哲学の影響のもとに形成されながら、そこを抜けていこうとして、未完のままに終わったとされる三木の哲学の中心的な概念であっただけでなく、三木がそのために自らの哲学体系の完成を先延ばししたとも見える時局論をも支える概念だったということが想像されるのである。そこで本章では、この語の閲歴をたどり直すことによって、三木の戦時の哲学を再構成することにしたい。それは、「戦後文化」の立場から三木を(良きにせよ悪しきにせよ)「評価」しようとするものではなく、あくまでも、可能な限り、三木と共に自ら「戦時文化」に身を置きつつ、彼が戦時の哲学者としていかに思考し、いかに行動しようとしたのかを追体験しようとする試みである。

第二節　原点としての『パスカル』

〈想像力の問題〉

処女作『パスカル』は、留学中のドイツの地でたまたま手にしたパスカルの『パンセ』に強く惹かれ、予定を変更してパリに赴いた三木が、その地で書き綴ったものを日本に送り、岩波の『思想』に連載された論稿をまとめた著作である[2]。三木がその後パスカル論に再び取り組むことはなかったが、後の『ノート』において、「今もなお私の心をとらえて離さないパスカル」と述べているように、『パスカル』の影は終生三木を離れることはなかったように思われる。その宗教論は形を変えて最晩年の遺稿『親鸞』にくっきりとした影を落としている。この点については最後に見ることにして、本節では、パスカル論から後の「構想力」論へと流れ込む重要な要素を三点あげておくことにしたい。

第一は、構想力とつねに同義で用いられている「想像力 imagination」という概念である。想像力という用語は、パスカル自身、神なき人間の惨めさについての断章の中でしばしば用いている語である。知られるように、パスカルは幾何学者らしく、無限の時空間に広がる世界の中で、その神秘におののく人間の存在論的不安から出発する。世界は、極大と極小との二つの無限に開かれており、人間はそのいずれにも決して到達することが出来ない。人間は二つの無限の間に宙づりとなった「中間者」である。中間者としての人間は、つねに「動性」のうちにあり、不安と動揺のうちにある。パスカルは、人間のこの世における行動のすべては、畢竟、この不安と動揺を紛らすためのもの divertissement（三木の訳では慰戯）であると考える。そして想像力はこの慰戯と共に働く。三木はパスカルから以下のように引用している。「我々は、我々に於いて、我々の本来の存在に於いて我々のもってゐる生に満足しない。我々は他の者の観念に於いて一つの想像的なる生を生きることをねがひ、そしてそのために我々は威容を整へようと努める。我々は我々の想像的なる生を美しくし、そしてこれを保つために絶えず働いてまことの存在を忽せにする」（三木 1-p.25-26）。この引用に先立って、三木は、「慰戯は我々の不安定を覆い、我々の倦怠を紛らすところの我々のはたらきの一切である。それ故に私はこれを生の自然に対して生の「技巧」（l'art）と呼ぶことが出来よう」（同 1-p.23）と述べている。

ここでは三木が、慰戯とそこに働く想像力を「生の技巧」と呼んでいることに注目したい。この「技巧」の「根本現象は生の自己逃避である」。三木は、人間の真の生は、「生の自己逃避を征服して何等かの意味で生の自然に還り自己を回復するものでなければならない」と考える。ここから三木は、パスカルが「自然」（la nature）と「自然性」（le naturel）を区別していることを指摘しつつ、「生の動性は『自然』より出て、『技巧』を経て、『自然性』に向かふ過程である。パスカルはこの生の動性の第三の契機を「意識」(pensée) と名付けてゐる」(同 1-p.32) と結論する。さらにここに、「我々は penser をいきなり狭義の思惟と解してはならぬ。この語は最初に一層広い意味をもっている。例へばデカルトの cogitare の概念と比較せよ」という註をもほどこしている (同 1-p.33)。この時三木が典拠にしているのは断片21「自然 nature はそのあらゆる真理を、おのおのそれ自身のうちに置いた。我々の技巧は、それらの一方を他方のうちに、閉じこめようとする。しかしそれは自然的 naturel ではない。」という一文であるが、パスカルのきわめて簡略、かつ多義的なこの断片から、三木は、自然―技巧―自然性の三項関係を導き出し、しかも最後の項である自然性をパスカルの penser に当てはめ、それを「意識」と訳し、かつそれとデカルトの思惟 cogitare との区別を強調している (一般には、思考、思考すると訳される pensée, penser を、三木は区別せず両方とも「意識」と訳している)。三木はさらにそこから、この「意識」と想像力の関係について考察を進める。「想像は事物を我々の魂に適するまで拡大し若しくは縮小する能力」であり、かくして、生の不安を麻痺させ、人間を生の世界の自明性の中に安住させる。この「沈滞の性質」ゆえに、それは習慣と強く結びついている。この「習慣」は、後の『構想力』において大きな意味を占めることになる。「意識」の働きはこの想像と習慣の力に抗って、そこに「問いの動性」をもたらすことである。そして、そもそも人間の住む世界は「問はるべき」ものの性質をもち、人間の存在そのものもまた「問はるべき」存在であるのだから、問うということは、人間の必然的な「存在の仕方」そのものである。すなわち、「意識」こそ人間の本質である。

こうして、ひとまず、想像力は習慣とともに、生の頽落した状態として、「技巧」の位相のうちに位置づけられ、人間の生の本来的な在り方である「意識」と対置される。しかしまた、技巧としての想像力は、「あらゆる事物を象徴化する」という点で意識 penser と共通の地盤に立つ (同 1-p.174)。ここで三木は、この想像力という言葉の後に、原語として imagination ではなく、わざわざ fantaisie という語をあてている。三木は別の個所でも、アリストテレスがファンタスマ表象を作る能力として用いている φαντασια という語と、パスカルの想像力 imagination とを同一視してはならないとわざわざ注記している（同 1-p.130）。つまり三木は、アリストテレスにおける表象（あるいは象徴）を作る力としての想像力を、より広義の想像力として位置づけ、パスカルにおける慰戯と結びついた想像力をその頽落形態として位置づけているのである。三木は、表象を作る想像力（ファンタジア）は、先に見た三項の三番目、つまり、「自然性」（le naturel）＝意識（penser）にとって欠くことの出来ないものであるとみなしている。後に『構想力』において三木は、このことを再びアリストテレスの「精神はイメージ（ファンタスマ）なしには決して思惟しえない」という文章を引用して強調し（同 8-p.285）、「構想力」の核心にこの想像力ファンタジアを位置づけることになるのである。すでに『パスカル』においても、想像力はこの象徴化の能力によって、「最もよく心情 coeur と類似している。……想像力ほど心情に似たものはなく、またそれほどこれに反したものはない」というパスカルからの一節が引かれている。それでは象徴化の力において想像力と似ており、同時にそれと最も対立したものである「心情」とは何か。

〈心情の論理〉

そこで第二に、この「心情」（coeur）という概念と「構想力」との関係について見ておかなければならない。「心情」については、『構想力』第一章の冒頭で、「構想力の論理」という語に関連して、「すでにパスカルは理性の知らない『心情の論理』logique du coeur を見出した」と記されている。以下では、この「心情の論理」についての三木の理解の要点を見ていこう。

心情は、「繊細の心」に属する。知られるように、パスカルは「幾何学の心」と「繊細の心」を対比させている。三木はこれを「幾何学的なる心が主として頭脳のことであるに反して、繊細の心は主として心臓 coeur に属する」(同1-p.81)と述べている。上に引用した『構想力』では「心情」と訳されていた coeur が、ここでは「心臓」と訳されている(谷川のジンメルを見よ)。心情は感情的意志的精神として、「繊細の心」に属するとされるが、その中にあって、特殊な位置にある。感情的意志的心の働きは端的に「愛」であるが、普通の意味における「愛」は自然的な生、日常の生、そして自我へと向けられるのに対して、心情の「愛」は超自然的な生と絶対的他者である「神」に向けられる。すなわち心情は、魂が事物と自己自身に対して、全く新しい仕方で対峙するところの、一つの全く異常なる在り方である(1-p.166)。ここに、上で見たような、想像力と心情の間にあるのと同様な関係が、繊細の心と心情との間に成立するのが分かる。心情は、広義の「繊細の心」に属し、それと最もよく類似していながら、又それほどこれに反したものはない、と言える。なぜなら、繊細の心の働きである「愛」と、心情の働きである「愛」は、ともに「愛」でありながら、全く異なる、むしろ互いに根本的に対立しあう愛だからである(同1-p.173)。

ここから、前述した想像力と心情の働きの間の類似性と対立性は、両者がともに、象徴の働きでありながら、前者においては象徴が自然の生と結びつき、後者においては超自然的な生と結びつくという根本的な違いが存在することを意味していたことが理解される。想像力は、あらゆる事物を象徴化し、その事物そのものよりもその象徴において生きることで、事物の現実が持つ悲惨さに直面することなく生きることを可能にする。他方心情は、むしろ、あらゆる事物のうちに真理の象徴を見出す。パスカルの神は隠されたる神であって、ただ事物を通してのみ語る。こうして「あらゆるものにおいて存在する二つの意味、象徴そのものと象徴された真理は、一は表面的意味(sens litteral）となり、他は神秘的意味（sens mystique）となる。けだし象徴そのものは一つの現実として何人にも見ゆるに反して、象徴された真理はその理由として単なるエスプリにとっては隠されているからである」（同1-p.175）。このように、パスカルにおける「心情」は、世界の事物のうちに単に表面的な文字通りの意味を見るのではなく、それを神が我々に示す真理の象徴として読み取る力である。それは、自分の魂の求めるままに（自己への愛）恣意的に事物を象徴化する想像力とはちょうど逆向きの力である。

以上のように、心情は、宗教的な真理へと向かう力である。『パンセ』は、そもそもが、一七世紀におけるカトリック内改革運動の最も過激な少数派と言えるジャンセニストと信仰を共有するパスカルが、キリスト教信仰の純化をプロテスタントとは異なる立場から行おうとする護教論の草稿として残されたものであった。心情は、この純化されたカトリシズムの中核に位置づく概念であった。しかし三木がこの概念にとりわけ注目したのは、それが、宗教的「観想」ではなく、どこまでも「行為」の力を示すものであると考えたからである。「心情の理解は単なる理解でなくして、それは同時に行為であるが如き理解である。「愛」、詳しくは「神の愛」の概念は正しくこのことを現はす。愛は理解と行為との合一である」（同1-p.166）。そして、三木は人間の生の矛盾は、行ひつつ知ること、知りつつ行ふこと、（それはすなわち「生きること」である）によってしか解決しえないと考えている。「生の矛盾、不可解性を残りなく解くものは最後には知識でなくて、却って実行である。この特殊なる意味に於いて、生の問題を解決するものは生自身であると言ひ得る。即ち生の問題はこの問題を優越なる意味に於いて生きることによって解決される。これがパスカルの確信であって、そして我々はそこに彼の最も深き思想を見るのである」（同1-p.167）。

〈パスカルのディアレクティク、あるいは三つの秩序〉

三木がパスカルの最も深き思想と言う、この「生の問題を解決しうるものは生自身――すなわち生きること――しかない」という思想は、「パスカルのディアレクティク」と呼ばれるものにつながる。これが、『パスカル』と構想力の論理をつなぐもう一つのものである。パスカルは人間の生の在り方を低次から高次に向う三つの秩序 ordre においてとらえた。すなわち、身体 corps の秩序・精神 esprit の秩序・慈愛 charité の秩序である。これを社会的身分ordre としてあてはめれば、身体的、物質的なものを目的とする王侯や富者、あるいは将軍の階層と、知的な生を求める学者や発明家などの階層と、そして神における生を求める「キリスト、パウロ、アウグスチヌスなどの生」、即ち宗教者の階層である。三木がこの三つの秩序についてのパスカルの思想に対してとりわけ強く惹かれたのは、この三つの秩序が、それぞれ固有の確実性をもっていて、それらは互いに絶対的に非連続な関係にあるということである。それはあたかも、線は決して点に帰することがないと同様に、又決して面になることもないのと同じである。ゆえに、それぞれの秩序にそれに属するものを与えるがいい。王侯と将軍の前には膝を曲げるがいい。アルキメデスの前では頭を屈するべきである。そしてキリストの前では人は胸を傾けなければならならない。「各のものは或るものであり、そして其のものであることをやめない。かく観ずるとき、秩序の説は我々の魂に静穏と平和をもたらす」(同 1-p.116)。三木はここに、パスカルの人間理解が、極めて具体的で現実的であることに共感を示しているのである。

しかしながら、パスカルのこうした一見現状維持的な秩序論は、きわめてラディカルで悲劇的な人間観と表裏である。それは、パスカルが、それぞれの秩序に固有の「理解の仕方」を示し、そしてそれら相互の間の非連続性を強調するときに最も明らかとなるだろうと三木は言う。このそれぞれの秩序に固有の「理解の仕方」とは、すなわち、身体の秩序に対する「感性」、精神の秩序に対する「精神」あるいは「理性」、慈愛の秩序に対する「心情」である。私たちはすでに、想像力と心情の関係についてみた。ここで改めて、三つの秩序論の観点から、パスカルの人間観を三木がどのように把握しているかを見てみよう。三つの秩序のうち、優れて人間的と呼ばれるべきものは、第二の秩序である。身体的生と感性的な理解の仕方に留まる存在は端的には動物であり、慈愛の生と心情の理解の仕方にある存在は天使あるいは天使の如き人間である。「人間は天使でもなければ獣でもない」という有名なパスカルの一節を引用しつつ、三木は、人間が第二の、精神の生と精神（あるいは理性）の「理解の仕方」によって特徴づけられ、あるいは、宿命づけられた存在であることを確認する。人間と第一の感性的存在との間に質的転換をもたらすものは、「自覚的意識」である。「精神とは自覚的意識の名である」。そして「自覚的なる生を生きる者は、パスカルの光彩ある言葉を用ゐるならば、『現実の理由』(raison des effets) を知らねばならぬ」(同 1-p.123)。「現実の理由」とは、現実にその結果として現れている人間の諸現象（賭け事を好み、戦争を喜ぶ etc）の、そのよってきたる原因、理由を指す。人間の状態をふり返るとき、これらが何に由来しているのか、自覚的生を生きる存在は、それを考えずにいられない。そしてそこに、人間の悲惨さという根本原因を見出すのである。人間的事象のすべての理由は、自らの悲惨さから逃れようとするところにある。すでに見たように、これがパスカルの divertissement である。精神の生を生きる存在は、諸現象の原因である、人間の根本的悲惨を理解する。そして、この「理解」において人間は最も偉大な存在である。感性を持たない存在は言うに及ばず、単なる感性的存在である動物はこの「理解」を持たない。かくして人間は宇宙全体よりも偉大である。しかしその偉大さは、自己の惨めさを知るという点にあるのだ。偉大さと惨めさはかくして悪循環の中に置かれている。

悲惨さと偉大さとを総合することは、精神の力の範囲にはない。この矛盾は単なる論理的な矛盾ではないから、精神―理性の及ぶものではないのだ。この総合は次の段階である心情に進むことによってしかなされえない。しかし、ちょうど、感性的理解をいくら積み重ねても、自覚的意識という精神に至ることはなかったように、精神から心情への道も、精神によって準備されることは出来ない。そこには、意志と恩寵という（すなわち「信仰」という）、精神とは非連続の超越的契機が存在しなければならない。こうして、三つの秩序に対応する三つの「理解の仕方」の間には、深い深淵が穿たれている。この非連続性は、それぞれの領域を混同することなく、それぞれにふさわしい確実性を認める限りにおいては、「真理には種々の種類があり、種々なる段階がある」（同 1-p.131）というだけのことである。しかしながら、人間という存在に関して言うならば、この非連続性は悲劇性を意味する。「低次のものは高次のものに対して全然無力であるところに、人生における幾多の悲劇の原因は宿されている」（同 1-p.119）。すでに見たように、人間は悲惨と偉大の矛盾を解決することなくして、この無限の悪循環から抜け出すことが出来ないにもかかわらず、そのための力を精神という人間固有の力のうちには見出すことが出来ないからである。

このように、パスカルのディアレクティクは、感性から精神へ、精神から心情へという上昇過程においては、徹底的な非連続を貫くのだが、他方、心情から精神へ、精神から感性へ、という下降過程においては、一つの連続が成り立っている。つまり、低次の秩序から高次のそれに登るための階段は存在しないのだが、高次のものから低次のものへと降りるための階段は存在するのである。理性によって慈悲を理解することは不可能であるが、理性的ならぬ慈悲は真の慈悲ではない。感性と理性の関係においても同様である。すなわち、パスカルにおいて宗教は感性と理性に反するものではなく、これらのものを包含し統一する立場である。このような統一は、それ自体が三つの秩序の統一そのものである存在、すなわち、人にして神である存在、十字架の死の悲惨と復活の偉大さの統一であるイエス・キリストにおいてのみ可能である。

こうしてパスカルにあっては、ただキリストの存在のみが人間の根源的な矛盾と不幸を解決する。「限りなき循環に終わる矛盾を総合するものは唯一なる人格に於いて神的と人間的との二つの性質を結合するキリストである」(同 1-p.188)。すべてがキリストへと収斂するのである。三木が『パスカル』を書いていた時、彼がこのパスカルの「総合」を、即ち、キリストへの信を受け入れようとしていたのかどうか、それは本書からは読み取ることは出来ない。ただその後の三木の思想的な歩みは、彼がどこまでも、パスカルの三つの秩序のうちの第二の精神の秩序にとどまることを選択したことを示している。第三の慈愛と心情の段階こそ、三木の心を終生とらえて離さなかったものであったとしても、彼はそれを自分の「哲学」において語ることはしなかったし、晩年の親鸞論は、彼がキリストにおける矛盾の総合、というパスカルの道とは別の道に救済を求めたことを示している。哲学者としての三木は、今後、有限な人間の精神に固有な力である「想像力」と、超越的な行為の原理である「心情」と、これらの力の間に働く「パスカルのディアレクティク」を、歴史的な原理として再構成することにその全力を注ぐことになるだろう。

第三節　歴史哲学と弁証法

〈三つの秩序から弁証法へ〉

本節では、『パスカル』と『構想力』との間の時期に書かれた諸論稿と、『歴史哲学』(一九三二)における弁証法に関する議論を検討してみたい。すでに述べたように、三木は、論文、「弁証法に於ける自由と必然」(一九二九)において、パスカルの名を引用しつつ、弁証法を「秩序の論理」と言いかえており(同4-p.95)、また、低次の秩序から高次の秩序への非連続的、超越的関係と、高次の秩序から低次の秩序への連続的、内在的関係についても、繰り返し言及している。しかしながら同時に、この「秩序の論理」は、いまや、神の慈愛の秩序を最高次の秩序とする宗教的秩序の論理から、歴史的世界における弁証法の論理へと読みかえられている。すなわち、今問題となるものは、パスカルにおける有限なる生、矛盾と悲惨の生であるところの、第二の秩序——精神の秩序——そのものであり、弁証法は、この世界を生きる人間の「自由」と「必然」の問題となる。「弁証法的発展の過程が、展望的には、非連続的または超越的であるところに『自由』があり、しかもそれが、回顧的には、連続的乃至内在的であるところに「必然」が横たわっている。これが私の論旨の骨子をなしている」(同4-p.97)。ここには、パスカルからヘーゲル、そしてマルクスへと展開された、三木の弁証法論の基本的な構図が表現されている。これらの論考に見られる三木のヘーゲルの弁証法理解の特色として、次の三点を挙げておく(3)。

第一は、ヘーゲルにおける弁証法は、歴史的世界における人間の「生の全体的構造連関」を、「共感」をもって「追体験」すること(同4-p.101)であり、彼の『歴史哲学』(さらに三木はそこに『精神現象学』をも加える)はその「追体験」の「記述」にほかならない、ということである。一般に思弁的、論理主義的とみなされるヘーゲル哲学には、生の哲学としてのもう一つの重要な側面があり（同4-p.102）、そしてそれを最も端的に示しているのが『歴史哲学』である、と三木は考えている。「共感」「追体験」について語るとき、三木は、「纖細の心」の系譜に位置づけられたパスカルの例の「心情」についてふれている（同4-p.102）。

第二は、上記の「生の構造連関」は、あくまでも「全体」として把握されており、ゆえに、この全体性はそれを構成する個々の特殊存在（個々の人間）に対しては、「形而上学的優位」に立って臨むということである。「我々がヘーゲルの弁証法の中へ打ち勝ちがたく引き入れられるやうに感ぜざるを得ないのは、まさしくこの諸連関そのものが個々のものに対して有する形而上学的な圧力のためである」（同4-p.103）。序章において見たように、ヘーゲルの歴史哲学は、個々の特殊的、個別的な「生」を寄せつけない非情な哲学である。ヘーゲル哲学は、カントやフィヒテのように、当為や規範という価値を「生の構造連関」に対して対立させ、主体の実践による価値の実現を中核に据える哲学（南原の言葉で言えば「理想主義哲学」）とは根本的に異なっている（同2-p.213）。「弁証法は、その偉大なる理論家ヘーゲルがカント哲学に反対して明らかにしたやうに、如何なるゾルレン、如何なる当為も含まない」。そしてより重要なことは、これはヘーゲル批判から出発したマルクスにおいても言われうるということである。「マルクスの法則はもともと当為若くは理想の表現とは何等かかはりなきものである」（同3-p.302）。田辺や南原が、当為に向けての主体の実践という契機を欠くところに、ヘーゲル弁証法の限界を見たのに対して、三木はそこにこそ、ヘーゲル（そしてマルクス）の弁証法の意義を見出し、同時に、ヘーゲルにおける「生の追体験」が、その本質において、悲劇性をはらんだものであることを把握しているのである。これは後に『歴史哲学』の中心テーマとなるだろう。

当為の否定は必然的に、歴史における「未来」の問題と関連する。「ヘーゲルにあっては歴史は凡て現在に向かって解釈されてゐる。現在性への関係が欠けている限り、彼にとっては本来の歴史はあり得ない」。同時に、「ヘーゲルは彼の歴史哲学に於いて如何なる瞬間と雖も人類の憶測的な未来について語ってゐない。彼は在るところのものに固執して、単に可能なるものに関係する一切の思弁を断念する」(同 2-p.213)。すなわち、ヘーゲルの歴史には、現在と、現在性において解釈された過去のみが存在し、未来は存在しない、あるいは、「断念」される。これが、三木がヘーゲルの弁証法の第三の特質と考えるものである。そしてこの点に三木は、ヘーゲルとマルクスの違い(きわめて微妙な、しかし本質的な違い)を見出す。端的に言えば、ヘーゲルの弁証法は自らの属する時代=現代を総合の完成された時代と見做しているのに対して、マルクスは現代をもって矛盾の完成した時代と見做した(同 3-p.143)。ヘーゲルには、「現実的なるものに没入し、現実的なるもののうちに沈潜しようとする衝動」があるが、同時に、その衝動に制限を与えるものが存在する。それを三木は「汎神論的前提」と呼ぶ。この前提によって、世界がいかに悲惨な闘争のうちにあろうとも、ヘーゲルはそこにつねに働く見えざる神の摂理を見出すのだ。三木はここに神学生としてスタートしたヘーゲルの「宗教的基礎経験」を見ている。そしてその限りにおいて、ヘーゲルの弁証法はつねに「意識又は精神であり得るのみである」(同 3-p.135)。精神の弁証法は、畢竟精神の自覚の過程にほかならず、かくして、精神が自己から出て自己に戻る円環的な弁証法となる(同 3-p.136)。ヘーゲルは現代を円環の閉じられた時代と見做している。ゆえに、未来は単に「断念」されているだけではなく、ヘーゲル弁証法において最初からその位置を持たないのである。マルクスは、ヘーゲルの歴史哲学から多くを継承しつつ(同 2-p.237-239)、この点において決定的に袂を分かつと三木は考えている。マルクスにおいて、「現在は過去を媒介とすることによってでなく、却って未来を媒介することによってはじめて、本質的に把握されることが出来る」（同3-p.144）。そしてこの未来は、人間の実践的批判的活動すなわち革命的実践の現実にその地盤を持つと考えられている（同3-p.155）。

〈三木のマルクス主義〉

しかし、三木はコジェーヴのように、ヘーゲルの円環的な弁証法がマルクスによって形を変えて（唯物論化されて）継承された、とは考えていない。マルクスにおける「未来」は、理想や当為的なるものとは「何のかかわりもないもの」であると三木が考えていることをもう一度想起しておく必要がある。この未来はどこまでも問題含みの、矛盾から解放されない未来であるだろう。このような「未来」こそ、三木がマルクスから学んだおそらく最大のものであり、そして、マルクスが、革命を指導する「マルクス主義」となった時に失われたと彼が考えたものであったと思われる。すでに述べたように、三木は一九三〇年に共産党への資金援助の廉をもって逮捕されているが、その時獄中で書かれた「手記」には、「マルクス主義」が自分の立場と異なると彼が考える、二つの点が述べられている。一つは宗教の存在を否定する点である。ヘーゲルの弁証法の宗教性については批判的であった三木は、宗教そのものの意義は決して否定できないものと考えている。たとえ仮に、階級対立の存在しない社会が到来し、そして人間と人間の対立がもはや存在しなくなったとしても、人間と自然の対立は依然として存在する。この対立の最たるものが「死」である。人間の生が死という問題を含んだものである限り、宗教が消滅することはないであろう（同18-p.109）。この死のテーマは、後に見るように、彼の構想力を起動する契機となるだろう。そして第二が、弁証法に関する違いである。「科学的唯物論」を標榜する「マルクス主義」は、その科学性の根拠を、自然科学をモデルとした自然弁証法のうちに置いている。しかし、弁証法の固有な領域は自然ではなく、感性的存在であるとともに、「交渉的存在」である人間の生そのものである。そしてそこにおいては、自然科学におけるような、正確な予測は成立しない。この弁証法においては、変化の必然性は認識されうるが、きたるべき社会がいかなるものであるかを予測することはない。この弁証法における変化は「飛躍」(非連続、超越)であり、そこに生まれるであろうものは、かつて存在しなかった「新しいもの」だからである(同18-p.119)。自らの立場をマルクス主義と分かつとするこの二点は、その後も三木の哲学全体を貫く核心であり続けるだろう。前者の宗教の問題は、つねに三木の哲学の底流として存在し続け、後者の弁証法の問題は、『歴史哲学』から構想力の論理へと展開されていく。

〈『歴史哲学』——現在という時間〉

『歴史哲学』は「満州事変」勃発間もなくして出版された。三木の日中関係についての認識については第六節において詳しく検討することにし、ここでは、この『歴史哲学』という書が、この出来事に対する三木による哲学的応答としての性格を持っていることを指摘しておくにとどめたい。この書のごく短い「序」で彼は次のように述べている。「歴史の問題は我々の国に於いては従来あまり顧みられなかったのであるが、いまや事情は全く変化した」(同6-p.3)。最近の出来事(「満州事変」)によって、今や我々は「歴史」というものをその本質において考察することを迫られている、という三木の切実な想いが感じられる一文である。六年後の「支那事変」勃発後にも、三木はファシズムとペシミズムが蔓延しつつある状況の中で、今、日本において歴史哲学の要請されるべきことを説いている。「思想のない政治はもはや不可能になった。……歴史の弁証法について大いなるヴィジョンを有する哲学が、アウグスチヌスの『神の国』に比し得る現代の歴史哲学が待望されている」(同 13-p.301)。三木の『歴史哲学』はヘーゲルのそれが「世界史の哲学」であったのとは異なり、具体的な歴史的出来事については一切触れられない純粋な哲学的考察の書であるが、その根底には、歴史における「我々の今」という切迫した時間が意識されているのである。

そして実際『歴史哲学』では、「今のこの瞬間」＝「現在」という時間が歴史において持つ意味こそが一貫して問われているのである。この「現在」は、水平的に過去から未来へと続く時計の時間(クロノス)の中の一つの時代である「現代」とは区別される、超越的絶対的な時間としてのカイロス καιρός とされる。三木はこのカイロスとしての「現在」を、歴史叙述という点から説明している。人がある出来事を歴史として叙述するには、必ず何らかの歴史の全体像を前提にしてそれとの関係においてこの出来事を位置づけなければならない。この全体像が与えられるような絶対的な時間点があるとしたら、それは現在を措いてない。すなわち、現在とはある時代が一つの全体として完結した歴史の終わりの時点である。しかし同時に、それは、その歴史が叙述されるところから新たな歴史が始まる始まりの時点でもある。現在とは、こうして、歴史の終わりと始まりが接する時間である(同 6-p.17)。歴史の終わりと始まりの接する時点、即ち、新しい歴史がまさに生成しつつある瞬間の時点、それが「現在」である。この「現在」は「瞬間」とも言いかえられているように、いわば広がりを持たない「点」としての時間である。ちょうど点がいかなる直線上にも位置することが出来るように、この現在の時間は、過去の歴史上の時間のどこにでも——ごく最近の過去から最も遠い過去まで——自由に降りてゆくことが出来る(同 6-p.166)。

終わりであり始まりである時間。歴史の全体と直結する広がりを持たない、点としての絶対的時間としての「現在」。三木は、この「現在」は、「時間の種々なる形態のうち特にキリスト教的な終末観的時間」に比較的近い、と述べている（同6-p.167）。確かに、「カイロス」といえば、私たちは、アウグスチヌスの「永遠の今」を想起するし、西田もしばしばこの言葉を自らの時間論を語るときに引用しているし、そこに田辺の批判がむけられていたことはすでに見たとおりである。しかしながら、その親近性にもかかわらず、三木のカイロスとしての「現在」は「永遠の今」とは最も本質的な点で異なる。永遠というのは時間ではなく「非時間」、敢えて時間というならば、神の時間である。対して、パスカルの慈愛の秩序への上昇を断念している三木にとって、「永遠の今」はあり得ない。三木の「現在」は「永遠」にではなく、「行為」を通して歴史における「未来」につながる。ここに、キリスト教的な終末観的時間がマルクス主義の時間（「現在は未来を媒介することで初めて本質的に把握されることが出来る」）へと接続され、その媒介項はマルクスの場合同様、「行為」であるとされる。こうして三木は、「現在」という時間を、出来事の終わりと始まりの接する接点としての超越的、非連続的時間――カイロス――として、かつ、新しい出来事へと繋がる未来へむけての「行為」の時間として位置づける。すなわち、カイロスとしての時間は、主体的な行為と結びつくことで、歴史的時間となる。そして三木はこの時間を「事実としての歴史」と呼ぶのである。他方で、行為がすでに行われ、過去の出来事として歴史の中に存在するとき、それを「存在としての歴史」と呼んで区別する。「存在」existentia とは、「既に出てきてしまった」existit ものであり（同6-p.62）、ゆえにその時制は過去である。三木にとって歴史とは、こうして、過去と未来が、カイロスとしての「現在」において、行為を通して接する、その時間全体を指すものである。それではこの時間を成り立たせるところの「行為」とは、三木においてどのように認識されていただろうか。

〈行為論――運命とパトス〉

三木の行為論において最も注目すべき点は、「主体的行為」と言いながら、行為が本質的にはらむ受動性を強調している点である。この時三木が依拠するのは、ヘーゲルの「運命」Schicksalと「パトス」Pathosの概念である。ヘーゲルの運命について、三木は次のように述べている。「彼は既に『キリスト教の精神とその運命』に於いて運命の概念に就いての甚だ深い哲学的思索を示したが、『精神の現象学』の一章に於いても「罪と運命」に就いて取扱ったのである」(同 6-p.38)。補足するならばこの『精神現象学』中の「一章」とは、第六章精神A真の精神のb「人倫的行為における人間の知と神の知――罪と運命」の項を指している。ここでヘーゲルは、私たちがすでに序章で見た、ポリス共同体の市民が被る葛藤――ポリスの法に従うか、家の神の法に従うか――について論じているのだが、とりわけ三木が注目しているのは、「罪」という言葉と運命が結びつけられている点であると推測される。葛藤に陥った市民にとっては、いずれの側を選択しても、つねに選択しなかった他の側に対して罪を犯したことになるのであって、負い目は避けられない。ヘーゲルはこの罪Schuldを、時に犯罪Verbrechenと言いかえ、それが宗教的罪と別次元の、あくまでも、人間の人間に対する罪であることを示している。ポリスを裏切るか、家族を裏切るか、いずれにしてもそこに生まれる負い目は、具体的地上的なものなのである。人は共同体にあって誠実であろうとすれば、必ずこの負い目を負わなければならない。それが「運命」の意である。さらに三木は、ヘーゲルにおいてこの「運命」が「パトス」という概念へと発展していることに強い関心を寄せている。「私は彼が現象学の中で運命の概念に解明を興へてパトスとなし、且つ精神をさへパトスと呼んでゐるのに興味を覚え、重要な意味を認めざるを得ない」(同 6-p.41)。パトスという用語に関して三木が言及しているのは、『精神現象学』第七章宗教からのものであり、やはりいずれもギリシャ悲劇の主人公の行為をパトスとして表現している箇所である。三木はその中の一節を次のように訳している。「精神は個人に於いて彼の普遍者として、彼がそれによって支配される彼の力として、それに身を任せて彼の自己意識が自由を失うところのパトスとしてある」(同6-p.41)。「精神」が個人において「主観的精神」として働く時、それは「パトスとしてある」(より具体的に言えば、「客観精神」は「主観精神」においてパトスとして働く)、これが、三木がヘーゲルの『精神現象学』に見出した最も重要な意味であった。

このパトス性——受動性と悲劇性、そして罪責性、三木はそこに、歴史的行為の本質的な特徴を見出しているのである。歴史的行為は、あくまでも未来を思考する主体的で自由な行為でありつつ、同時にそれは、自己意識の自由の喪失と引き換えに為される受動的行為でもあるのだ。この受動性は、人間の身体性と深く結びついている。彼はヘーゲル『歴史哲学』における「世界における如何なる大いなるものも熱情 Leidenschaft なしには成就されなかった」という句を引用し、このライデンシャフトを個人的身体と結合したもの、パトスを社会的身体と結合したものと区別したうえで、あらゆる歴史的行為は、この両方なしには為し遂げられなかった、と述べている(同6-p.42)。行為のこうした受動性と悲劇性、そして罪責性は、当然ながら、行為の結果としての「存在」にも及ぶだろう。「存在としての歴史」とは過去に起こった出来事の歴史である。三木は、ギリシャ語「パトス」παθος の語源である動詞 πάσχω (苦しみを受ける、被る)を同じく語源とする「パテーマ」πάθημα が「出来事」Ereignis の意味をも有していることに私たちの注意を喚起しつつ、「出来事が πάθημα の意味を持つところに歴史はある」(同6-p.43)と言うのである。

それでは、このような能動的でありつつ受動的であり、悲劇性と罪責性を必然的に伴う歴史的行為の具体的な内容を三木はどのようなものと考えているのだろうか。すでに見たように、「現在」という時間が特権的、超越的な時間であるのは、それが、歴史を「書く」ことの出来る唯一の時間だからであった。三木にとって、歴史的行為の本質は「書く」ことのうちに置かれているように思われる。「すでに出てきてしまったもの」＝存在＝出来事を、歴史における「生ける全体」（すなわち「生の全体的構造連関」）のなかに位置づけることなしに、歴史記述はあり得ない。しかし今や三木は、この「全体」が終わることなく、停止することなき過程（パスカルの「動性」を思わせる）の中にあることを強調する。それゆえ、それは「生ける」ものと言われるのである。それでは、絶えず「移行して停止することなき歴史の過程」を書く、ということはいかにして可能かと言えば、それは歴史をある時点で（すなわち、今＝現在の時点で）停止させること、そこにある一定の「完結」を与えることによってでしかない。そしてこのことは同時に、目の前の「存在」＝「出来事」から、ひとまずその因果必然性を奪うこと、存在の因果律に従って必然的に生じたとみなされる出来事のうちに、なお偶然性を見出すこと、そしてそこに、「高次の必然性を与える」ことである（同6-p.86-87）。歴史を書くこととは、こうした一連の行為であり、それは、歴史を「有意味的」なものとして認識することと一体である。こうした歴史的行為によって、いったん「完結」を与えられた歴史の時間は、新たな始まりの時間を刻むべく再び動き出す。このように、歴史的行為とは、歴史記述＝歴史認識によって、時間の絶えることない運動に干渉し、介入することを意味しているのである。絶えず動く歴史的時間を切断し、そこに完結を与え、そこに意味を与えること、これは極めて危うい行為である。それは、罪責性を常に伴うパトス的なるものであり、それゆえ、行為することを選択する「決意」という契機を必然的に含むものとなる。歴史に新たな意味を付与することによって、歴史の不可逆的な時間を可逆的にしようという三木の無謀とも見える試みは、こうした歴史哲学によって支えられていたのである。こうした歴史的行為の理論は、構想力の論理へと接続されていく。

第四節　構想力と形の論理

〈虚無と夢〉

『構想力』は、哲学的思索を重ね、古今の哲学者のテクストを渉猟して書かれたものであるが、その根底には、きわめてパーソナルな、実存的な「実感」が横たわっている。谷川が、簡潔にも、「人生には何もないのではない、何かがあるのだといふことを絶へず自分自身に確かめようとする」と表現した「実感」である。この実感は、『構想力』と相前後して書かれた一連のエッセイの方により端的に表現されている。『構想力』を検討する前に、三木を「構想力」というアイデアへと駆り立てたこの「実感」を、エッセイ中の二つのタームによってとらえてみたい。

一つは、谷川も言及している「虚無」である。「どんな方法でもよい、自己を集中しようとすればするほど、私は自己が何かの上に浮いてゐるやうに感じる。一体何の上にであらうか。虚無の上にといふのほかない。自己は虚無の中の一つの点である。……この点は限りなく縮小されることが出来る。しかしそれはどんなに小さくなっても、自己がその中に浮き上がってゐる虚無と一つのものではない。……生命とは虚無を掻き集める力である。それは虚無からの形成力である。虚無を掻き集めて形作られたものは虚無ではない」(同 1-p.254)。この虚無は、あえて譬えようとすれば、茫漠と広がる形なき水としての海である。はてもない大海に漂う泡沫のような小さな一点としての自己。海―虚無は、西田の「絶対無」よりも、神なき人間をおののかせるパスカルの無限の宇宙の暗闇にも比すべきイメージである。しかし、遠い天上の宇宙とは違い、それは、自己の身体を支えながら、同時にそれを虚無の中へと呑み込もうとする海という、いっそう身体的、触覚的なイメージである。だからこそ、それはパスカルの無限の宇宙とは異なり、それに抗い、その水を両手ですくいあげて「掻き集める」ことが出来るのであり、掻き集め形作られることで、それは虚無ではなくなるはずだ、と信じることを三木に許す「虚無」なのである。

もう一つは「夢」という実感である。「……生とは何であるか。生とは想像である、と私はいはうと思ふ。……人生は夢であるといふことを誰が感じなかったであらうか。それは単なる比喩ではない、それは実感である。この実感の根拠が明かにされねばならぬ、言ひ換へると、夢或ひは空想的なものの現実性が示されなければならない。その證明を興へるものは構想力の形成作用である」(同 1-p.209)。「人生は夢」という言葉は、人生があっという間に過ぎ去った、という実感と共にしばしば語られる。三木の場合は、この実感は、愛する者の死と結びついている。愛する者と共にあった世界は、残されたものにとっては「過去」である。「過去は死に切ったものであり、それはすでに死であるといふ意味において、現在に生きてゐるものにとって絶対的なものである」(同 1-p.202)。死の絶対性に対して、生き残った者の生は「想像」、「夢」、「空想的なもの」であると三木が言う時、それは、生が、絶対的な過去の存在となった死者たちの思い出と共にあるということを意味している。生を単に過ぎ去りゆくものとしてではなく、現実として実感するためには(すなわち死者との生を取り戻すためには、と言い換えてみよう)、三木にとって、どうしても構想力の形成作用が必要なのである。このように、三木にとって「構想力」という概念は、三木の死生観と深く結びついたところから、ある切実性をもって求められたものであった。三木における宗教性と構想力の論理は、唐木の言うような二つの交わらない系譜にあるものではなく、深い水脈においてつながっているのである。虚無と夢という二つの契機は、構想力の最も根源的なものと三木が考える像を作る力――想像力と、その歴史的産物としての「神話」を根底から支えるものとして位置づけられているのだ。

〈もはやないものを表象する神話〉

『構想力』を三木は「神話」の章から始めている。ここで神話は、二つの相においてとらえられている。一つは、過去の伝承としての神話である。三木が強調するのは、神話は「もはや存在しないもの」、つまり過去について語る様式だ、ということである。「神秘的な共生の時期が続いている限り、神話は稀で貧弱である。これに反して一層進んだ型の社会においては神話は次第に豊富になる。神話は、もはや直接的なものとして感じられてゐない分与を実現するために媒介物の力を借り、これによってもはや生きられてゐない共同を確保しようとする場合に於ける未開人の心性である」(同 8-p.24)。かつて存在したがもはや存在しないもの(すなわち、絶対的なものとなった過去)を「確保」する力、それこそが人間に固有の力としての構想力である。「人間と動物の最初の区別をなすものは理性ではなく構想力である」(同 8-p.40)。このことをさらに三木は、「夢」と結びつけて論じている。眠りにおいて見る夢と、彼が「醒めたる夢」と呼ぶ、失われたものを再現する夢との関係を、彼は動物の見る夢と人間固有の夢の関係として語っている。ある種の動物も眠りにおいて夢を見るだろう。しかし動物は、直接的感覚の世界に生きており、過去の記憶の像は消え易く、生活において重要性を持たない。動物が眠りで見る夢が記憶に定着することはおそらくない。人間だけが、夢を記憶し、そしてそれを語ろうとする。夢は「記憶」と深く結びつくことで、そして物語られることによって、はじめて現実性を与えられる(同 8-p.220)。もはやない過去も、夢に見られたものも、今ここの現実の世界には存在しないという意味で同じである。記憶と語りがなければ、日々過ぎていく生は夢と変わるところはないだろう。夢を記憶し、それを語るということこそが、人間の生を現実的なものにするのだ。「人間が彼の人間的な閲歴を始めるのは、この醒めたる夢の広い不思議の世界においてである」(同 8-p.219)。ここには、『ノート』における「夢」が、『構想力』において、『歴史哲学』におけるロゴスとしての「歴史」と接合する様を見て取ることが出来る。

〈いまだないもの――ソレルの神話論〉

他方で神話は、「いまだないもの」と結びつくことが出来る。三木はジョルジュ・ソレルの神話論のうちにその代表的なものを見出す。「ソレルは現代の神話(社会主義的革命、サンヂカリストの総同盟罷工)を考へ、それが現在の行為に、従ってまた未来に働き掛ける意味を理解した。神話の歴史的創造性の強調は彼の説の著しい特色をなしている」(同 8-p.48)。ソレルはその『暴力論』(最初はイタリアの雑誌に発表され、フランスで単行本として一九〇八年に出版された)によって、二〇世紀初頭、社会変革を求める人々の間に大きな影響を与えたフランスの思想家である。彼の理論は、政治的軍事的闘争による政権奪取によってではなく、労働組合による一斉の全面的なストライキ(総同盟罷業、三木の訳では総同盟罷工、一般にゼネラルストライキ)によって、企業と国家の体制全体を一挙に絶滅するというものである。『暴力論』の一九二〇年版の付論「レーニンのために」で、ソレルが、「レーニンが『暴力論』のうちにテロリズムへの何らかの示唆を見出し得たと想像するのは滑稽である」(ソレル 1965 下 p.202-203)と述べているように、『暴力論』は、テロリズムについてではなく、「労働をしない」という非暴力的な、しかし、その本質において国家という暴力装置をその根底から覆すことの出来る、ゼネラルストライキという行為の持つ「力」を論じたものであった。ソレルのゼネラルストライキが持つ、非政治的かつ根源的意味をベンヤミンは鋭く指摘している。彼はソレルから「政治的ゼネスト（プロレタリア・ゼネストと区別されたもの——筆者）は、国家の力量が少しも失われないように、権力が特権者の手から別の特権者の手に移るように、そして生産者大衆が別の主人のもとに置かれるように、デモンストレートする」という一文を引用しつつ、政治的ゼネストが法措定的であるのに対して、プロレタリア・ゼネストは、国家暴力そのものの絶滅を唯一の課題とする、と述べている（ベンヤミン 1969 p.25）。

しかし三木のソレルに対する関心は、社会革命の方法論をめぐるものよりも、ソレルの神話論の特性に寄せられた。神話が「いまだないもの」としての未来と結びつく時、そこには理想の未来社会の像が不可欠であると一般には考えられている。『暴力論』の全体を貫くものは、このような「未来像」としての神話を、本質的に保守的反動的な性質を持つ知的構成物である「ユートピア」とみなし、それを断固として拒絶しようとする姿勢である。すでに見たように、三木はマルクスの理論の中に未来社会の規範的理想的な社会像を見ることを拒否しているが、それはソレルのこの神話論によるところが大きい。それでは、いかなる未来社会の「像」をもユートピアの名のもとに断罪するソレルの神話論と、本質的に像を作る力である構想力とはいかにして結びつくのだろうか。三木によれば、ソレルの神話は、第一に、未来社会の像ではなく、今現在の人々の「意志の表現」である。そこに三木は、像を作るという構想力の知的な側面とは別の、もう一つの重要な側面を見出す。感情と意志と身体性から抽象して構想力を考えることは出来ない。三木はソレルの文章を反復しつつ、「構想力はまさに希望もしくは恐怖、愛もしくは憎悪、欲望、激情、衝動等と結びついたものである」と述べている。構想力はこれらの感情を対象化することで強化し、永続化する（三木 8-p.49）。第二に、三木は、ソレルのユートピアと神話の区別を、過去から未来へと流れる歴史的時間に属する秩序と、一切の歴史に対して超越的な時間に属する秩序というふたつの秩序の差異として理解する（同 8-p.66）。こここに三木の歴史論を重ねて言えば、「総同盟罷工」とは、過去の像でも、未来の像でもなく、超越的な「点」としての現在を描き出す像である、ということも出来よう。そして三木は、この神話は、「マルクスにおける資本主義社会の破局」というもう一つの神話によって支えられている（同8-p.53-54）とみなす。それが資本主義社会の「破局」という神話であってそれ以上ではないというところに、三木は、ソレルの神話論のペシミズム（同8-p.48）を見出すのである。ソレル自身、その「プロレタリア・ゼネスト」の章を、以下のようなペシミスティックな文章で結んでいる。「我々は、未来の歴史家たちが、我々の思想が幻影に満ちていたことを必ずや発見せずにはおかないだろうことを知っている。……我々は、にもかかわらず行動しなくてはならない、これらの歴史家たちがやがて知るであろうことを、今、我々に語ることが出来る者は誰もいないのだ」（ソレル1965上p.243）。ソレルは、未来の青写真なしに、総同盟罷業の観念が一つの神話であることを知りながら、なおかつ、そこに国家の絶滅という未来をかけて行動することの意義を訴える。それは一つのパスカル的「賭け」とも言える。「現在社会と将来社会との間の絶対的なる距離を力説し、この間の転換がただ賭けによる意思決定を通じて可能であると見做す点に於いて、サンヂカリストは疑ひもなくパスカリザンである」（三木3-p.112）と三木は述べている。ソレルは如何なる崇高なものもペシミズムなしには成就されないと考えた（同8-p.48）。この悲劇性において、三木の構想力にはソレルと共鳴しあうものがある。

しかし、ソレルと三木との間の決定的な断絶を私たちは見過ごすことは出来ない。ソレルの神話はマルクスの階級闘争の理論の上に築かれている。かつては三木自身も、西田哲学批判の中で、弁証法が歴史的発展の論理となりうるためには、それは「二元的対立を経て総合へ」の弁証法でなければならない、と述べていたのだが、この『ノート』と『構想力』の時期には、この考えを（おそらくは現代の歴史の複雑さを解くには不十分な理論として）否定するにいたっている。エッセイ「人間の条件について」の中で、彼は次のように書いている。「現代の混乱といはれるものにおいて、あらゆるものが混合しつつある。対立するものが総合されてゆくといふよりもむしろ対立するものが混合されてゆくといふのが実際に近い。この混合から新しい形が出てくるであらう。……混合は不定なものの結合であり、その不定なものの不定性の根拠は虚無の存在である。……虚無は一般的な存在を有するのみでなく、それぞれにおいて特殊的な存在を有する。混合の弁証法は虚無からの形成でなければならぬ」(同 1-p.259-260)。三木が目にしていた現代の混乱は、明確に対立しあう二つの勢力——一方は歴史的勝利を、他方は歴史的敗北を約束された——の間の闘争によって決着のつくようなものではなく、それぞれに特殊性を持ち、そしてその根底にそれぞれに虚無をかかえた複数の個物同士の間の混乱であり、それゆえ「総合」によってではなく、それらが混在し共存しあうことによってのみ、ある一定の「形」がそこから生み出されてくるような、そうした混乱だったのである。構想力は、この混乱の中から「形」を探り当てる力として新たに要請されなければならない。

第五節　制度形成力としての構想力

〈擬制と第二の実在〉

「人間の条件について」を三木は、「カオスからコスモスへ」という言葉で結んでいる。それは形なきものから、形へ、とも言いかえられる。「形」とは、神話のように、人々を「いまだない」未来へと突き動かし行動を導く「像(イメージ)」ではなく、すでにそこに、客観的に現実的に存在しているものを指しており、社会的なものとしては、それは「制度」

と呼ばれる。『歴史哲学』で言うならば「神話」が「現在」あるいは「事実」に相当するとすれば、「制度」は過去の出来事の結果としての「存在」に相当すると言える。かくして、「神話」の章は「制度」の章へと接続される。しかし、制度という「存在」は一回限りの出来事の結果としてそこにあるのではない。本節では、三木が制度を成り立たせているものとして考えているものを、彼の叙述に順序に従って、以下三点あげておくことにしたい。

「制度」の章の冒頭であげられているのは、慣習 convention としての制度である。引用されているのは、ソレルとは対照的な同時代人ヴァレリーの文章である。「社会、言語、法律、『道徳』moeurs、芸術、政治、すべてこれら世の中において信用を基礎とするものは、……慣習 convention を必要とする」。慣習を、ヴァレリーは「待場」relais とも呼ぶ。この「待場」への迂回によって、ある「第二の実在 réalité seconde」が設定される。relais、即ち中継所を迂回することで、感覚的な、瞬時しか持続しない実在は、ある種の恒常性と安定を持つ第二の実在へと作り変えられる。三木はヴァレリーのこの文章を受けて、「政治は慣習的実体の組み合わせに帰し得るものであり、この実体は如何にして作られたか知られぬながらも人間のあひだに交換され、量ることの出来ぬ広がりと反響とを有する結果を作り出している」と述べている(同 8-p.99)。制度とは、こうした第二の実在が、複数絡み合い、組み合わされて、もはやその形成の後をたどることも出来ない、しかし、広く人々の上を覆い圧倒的な影響をもたらす複合体である。ヴァレリーに仮託されて、三木の政治観が端的に表現されているくだりである。ここで慣習 convention と言われているものは、むしろ、約束・取り決め・あるいは協約によって定められている「慣例」という訳語の方がよりふさわしいものを指している。そこでは「信用」が第一なのである。三木は、convention の一例として芸術における「古典」について述べている。ある作品を古典として尊重するとき、私たちは、その作品の価値を自分でいちいち吟味するわけではない。それの価値は既に慣習的に定まっており、それを保障するものが「信用」なのである。それゆえ古典とは、ある伝統的なもの、神話的なもの、そして、ヴァレリーの表現によれば、一つのフィクション・擬制である（同 8-p.135）。かくして「制度」は擬制を作るという人間のロゴスの力に依存する、知的な制作物である。そこには、現にあるがままのものではないものの像を描く空想、あるいは想像すなわち構想力が働いている。このような慣習 convention ＝擬制 fiction の最も「霊妙なものは、すべての人間は汝の兄弟である、というキリスト言葉である」（同 8-p.107）。

〈習慣と第二の自然〉

第二は、習慣 habit である。慣習 convention がよりロゴス的であるとすれば、習慣 habit はより身体的、よりパトス的である。言い換えれば、習慣は有機的存在としての人間に深く結びついており、その意味で、必ずしも人間に固有のものではない。習慣を論ずるに際して、三木が、ヴァレリーを離れて、アリストテレスの有機体論とベルクソンの生命論に向かうのはこの所以である。習慣はそれ自体が、有機的生命の自然そのものとも言われる。環境に適応する行為が反復されることで習慣が形成される。convention が第二の実在を作り出すとしたら、有機的生命の自然である習慣は、「第二の自然」を作り出す。それが「第二の」自然と言われるのは、習慣が個体の範囲を超えて、社会的な形をとる場合である。「習慣 habit の概念と慣習 custom の概念とは区別されねばならぬ」（同 8-p.118）。この社会的慣習 custom が制度の実在的、物質的、恒常的な部分――三木はサムナーの「慣習の菓子パン」、あるいはデュルケムの「物」という用語を援用している（同 8-p.137, 139）――をなしている。この社会的慣習 custom の形成を、三木は、タルドに依拠しつつ、諸個人の間に張り巡らされる無数の模倣線と、模倣の根底に働く「共感」の原理によって説明している。ここでも三木は、模倣を知的、あるいは能動的な行為、共感を感情的あるいは受動的な行為としてとらえ、両者をそれぞれ構想力の二つの側面として位置づけている（同8-p.126）。ここから三木が『民族』の概念を引き出していることに注目しておきたい。「模倣の条件は共感即ちパトスを共にすることである。かかる共感が可能であるためには個人の根底に或るパトス的にして一般的なものが存在しなければならぬ。民族といふが如きものはかかるものである」（同8-p.128）。

第三は、ノモス、すなわち、法的な、規範的な性質である。すべての制度的なものには規範ないし命令の性質が備わっている。制度はそれ自体の価値、あるいはイデー（理想）を持ち、諸個人に対してそれを命令することが出来る。ここでは、三木がこの制度におけるノモス、規範、理想について、二つの限定、あるいは特徴を与えていることに注意しておきたい。一つは、「規範といひ、価値といひ、理想といっても、それは新カント学派において考へられるやうな当為Sollenではないということである。当為は実在から峻別される。しかるに制度は実在的なものである」。彼はデュルケムを援用しつつ、「観念的社会は現実的社会の外部にあるのでなく、その部分を為している」（同8-p.139）と述べ、ノモスが集団生活から流出したものであり、制度そのものと一体となったものであることを強調している。ゆえにそれは、「いはゆる『客観精神』Obujektiver Geistに属すると見做される」（同8-p.143）。ところが、このように三木は、一方で制度のノモス性が制度の「実在性」によって成り立つことを強調しつつ、他方で、このことを否定するかのように、「制度がノモス的であるのは、それが実在であることに依るよりもそれがフィクションであることに依るのである」と述べる。三木はノモスの問題を通して、再び、冒頭のフィクションの問題へと戻るのである。それはまさに逆説的であることを、三木自身自覚している。「制度の拘束性は、たとひ逆説的に響くにしても、構想力に属すると云ひ得るであらう」(同8-p.153)。構想力とは、現存しないものを現存せしめる力(「像」であれ「形」であれ)である。人々を拘束し、秩序を生み出すものは、この力以外にない。三木は、再びヴァレリーを引用する。「野蛮が事実の時代であるやうに、秩序の時代は擬制の国であることが必要である。――なぜならば秩序を単に物体による物体の強制の上にのみ建てることのできる能力は存在しないから。そこには擬制的な力がなければならぬ」(同8-p.153-154)。ヴァレリーがここで、「いかなる力もそれだけで権力を生み出すことはない」と考え、社会の基礎に契約というフィクションを想定したルソーを頭に描いていたかもしれない、と想像することは出来る。

〈習慣と技術〉

擬制フィクションは、野蛮に対比される文明の特質であり、「神話」がそうであったように、優れて人間固有の存在の仕方である。かくして制度は、習慣―慣習 custom が作り出す第二の「自然」と、擬制が作り出す第二の「実在」との統一である。このことを三木は、「制度は慣習 custom と技術との統一である」(同8-p.175)と要約的に述べている。擬制を構成することは、技術を媒介することなくしてはできない。この「習慣と技術との統一」について、三木が具体的にどのように考えていたかを、最後に見ておきたい。制度は何よりも環境に対する適応を意味する。それゆえそこには客観的合理的技術が求められる。とりわけ、環境がもっぱら自然であるとき、技術は端的に「道具或ひは機械の如きもの」であり、リアルなものである。しかし、制度が環境とするものは人間集団であり、だからこそ、制度はフィクショナルなものとなる。実に「フィクショナルなものがリアルであるというのが歴史の世界である」。ゆえにそこに働く技術も、単なる「道具」以上の意味を持つことになる(同8-p.179)。この単なる道具以上のものとしての技術を、三木は「タクト Takt, tact」という用語で表現する。触覚という語義を持つこの語は機転を利かせてうまくやること、といった意味や、常識や礼儀といった意味まで含む。血の通った技術とでも言おうか。三木がそれを政治の技術として述べていることにここでは注目しておこう。「制度の技術は単なる技術でなくてタクトでなければならぬ。それが広義において政治的であると云はれるのもそのためである。政治は他の意味と共に就中タクトという意味を含んでいる。政治の科学性乃至技術性を考へるに当っても、この点を忘れてはならないであらう」（同8-p.177-178）。さらに、もう一点、とりわけ政治の技術が要請される状況について三木が述べている箇所を引用しておこう。「制度は自己自身によって自己自身を模倣するという傾向のために固定的となる。かく固定的になった制度は発展してゆく社会に対して適応し得なくなってくる。」その時、「固定した制度をフィクショナルなものにするためにロゴス的な活動が必要とされるであらう」（同8-p.181）。三木にとって、歴史的行為が何よりも歴史を書くこと——語ること——ロゴスであったことを思い出しておこう。

第六節　東亜協同体論と構想力の論理

〈北支事件から支那事変へ〉

すでに述べたように、三木の戦局への思想的な対応の仕方は、盧溝橋事件（一九三七年）に始まる「支那事変」を受けて決定的な形をとるようになったと思われる。このことは、これ以前のもう一つの重要な戦局である「北支事件」に対する三木の態度と比較してみるといっそうはっきりする。三木は、傀儡国家「満州国」の設立から、さらに北支全体へと支配権を広げようとする日本軍と、それに反発する中華民国軍との戦闘が、日本軍優位のうちに停戦となった一九三三年にいたる「北支事件」について、次のように述べている。「最近の北支事件は」、軍と日本政府によって、大陸における「赤化共同防衛」のためのものであるとされている。しかしながら、中国の「赤化」、すなわち、中国の知識人青年層における共産主義思想の浸透は、まぎれもない現実である。現在日本は、この状況を変えるために二つの道を取っている。一つは、思想を思想によって克服する道であり、日本は共産主義思想に対立するものとして、「日本主義」の思想を対置させている。しかしこれはわが国においては何等かの意味を持つかもしれないとしても、中国の人々にとっては何の意味も持たない。日本に日本主義があるなら、支那にも当然「支那主義」があるであろう。第二は、思想の克服は力の行使によるしかないという武力行使の方法である。これもまた、国内においては、ある程度一定の期間有効であるかもしれないが、外国に対しては何ら力を持たないのみか、極めて危険である。なぜなら、武力で弾圧されたものは北支から逃れて中支へ、そして結局アジア全体へと拡大してゆくだろう。こうして日本はやがて世界全体を相手にしなければならなくなるからである（同 15-p.29-30）。すでにこの「赤化共同防衛」というスローガン自体が、戦争のスローガンとしてさえ「理解できぬ」ものとなっている。そもそも日本が「赤化」から守ると言っている中華民国が、「赤化防止」という共通の課題を掲げるイギリスとともに、日本と闘うという現状がある（同 15-p.30）なかで、このスローガンは、日本の利害とイデオロギーを中国に力づくで押しつけるための口実に過ぎないものとなっているのである。その結末が、世界を相手にした勝ち目のない戦争であることは明らかである。

現状をこのように認識した三木は、この結末を避けるために、今行われていることと逆のこと、つまり、「赤化防止」や「日本精神」といった空虚なスローガンに代わって、現代の中国と日本の双方にとって現実的な意味のある思想を作り出すことと、無意味かつ破滅的な結果をもたらす現在の軍の活動をおさえることである。しかしその後わずか数年にして勃発した盧溝橋事件は、「北支事件」以来の状況が、いっそう深刻化しつつ依然として続いていることを、三木に改めて思い知らせるものであった。事件は、この事態を憂慮する勢力によって、第一次近衛内閣がたてられてから約一か月後に起こったものである。内閣はこの事変を受けて、「戦線不拡大方針」を打ち出すが、軍の統帥権が天皇にある明治憲法のもとでは、内閣も、議会も軍に対しては、いわば手足を縛られた状態の無力な存在でしかなかった。それでも、公家にして、哲学やマルクス主義経済学を学んだ文人という、歴代首相の中では異色の存在である近衛にかけるまわりの期待は大きく、昭和研究会もその期待のもとに発足したものである。大陸への日本軍進出以来、日本の対支行動のスローガンとして掲げられてきたのは、「赤化防止」と並んで「東洋の平和の確立」であったが、現実の状況は、それとは程遠い軍事的侵略の一途をたどっている。昭和研究会の戦略は、直接的な軍部批判によってではなく、様々な分野の専門家の知見を結集して、このスローガンを実質的具体的なものとして世に提起し、そのことを通して軍部の行動を間接的に批判し、その行動を抑制することにあったように思われる。

ここには三木の、起きてしまった出来事に新しい意味を付与するという志向性と一致するものがあった。研究会は、内外の改革に関する多くの試案や要綱、趣意書を発表したが、時局に対して何の影響を及ぼすことも出来ないまま、設立後五年の一九四一年に解散に至るのである(4)。

〈近代化論〉

三木は、昭和研究会に参加するきっかけとなった論文「日本の現実」(一九三七年)において、まさに、日本が目的とすると言う「東洋の平和」が、依然として日本精神の優位性を力説し、その拡大こそが東亜、ひいては世界に平和をもたらすという、きわめて貧困な思想であるばかりでなく、中国の、ひいては世界に対して危機感を抱かせるだけのものであることを強調している。日本はすでに思想戦において敗れているのである。自ら政治的議論には不向きであると自認していた三木は、具体的な戦局や政局について提言することよりも、この思想戦の空白を埋めることを自分の役割として受け入れようとしたように思われる。

三木の東亜協同体論の目的は、端的に言えば、世界全体に進行する近代化の趨勢を肯定的に受容すること、そのうえで、この趨勢がもたらした現代の対立と混乱と闘争の状態を、日本と中国が共同して克服し得る道を模索することであった。三木は近代化を端的に世界全体の西欧化の趨勢としてとらえる。日本はこの趨勢の波を受け、いちはやく西洋文化を受容することで、近代的な制度を持つ国民国家と資本主義経済の体制を確立することで、アジアの中の先進国となった。三木はこの過程を価値評価抜きで、一つの歴史的現実として受容する。三木にとって歴史的出来事は、良きにつけ悪しきにつけ、「パテイマ」(受動的かつ能動的な行為の結果)なのであった。今この時点において、西洋文化と日本文化(あるいは東洋文化)を対立させることには意味がない。三木は津田左右吉の、日本に対する中国文化の影響と、西洋文化の影響の本質的な違いについての論考を、深い共感をもって引用している。かつての中国文化の影響が一部の知識人のみに及ぶ表層的なものであったのに対し、今日の西洋文化の影響は、経済組織社会機構と共に生活そのものの根底に及ぶものである、その結果、今や西洋文化は日本文化に内在するもの、日本文化そのものになった（同 13-p.460-461）。

一方で、現代の世界は、この「西洋化」＝「近代化」の帰結として、先進西洋諸国による帝国主義的侵略とアジアの植民地化の時代を迎えている。これは、個々の自由な営利的活動が自ずから全体の利益をもたらす、という西洋近代の予定調和的自由主義的原理が、西洋の枠を超えたとき破綻したことを意味している。かろうじて植民地化を免れることが出来た日本と異なり、中国は今まさに列強の帝国主義的進出の中で、近代化への道を歩もうとしている。それは西洋文化を受容しつつ、同時にそれを突き抜けていくという、困難な道である。東亜協同体の構想は、この困難を同じアジアの国として日本と中国が共有しあい、西洋文化を潜り抜け、それを超えていく可能性を追求しようとするものでなければならない。「支那の近代化は東亜の統一にとって前提であり、日本は支那の近代化を助成すべきである。支那が近代化されると同時に近代資本主義の弊害を脱却した新しい文化に進むことが必要である」（同 17-p.510）。この「近代化」の中に三木は、民族主義的国家の形成という契機を含めて考えており、「日本は支那の民族的統一を妨害すべきではない」と強調している。新しく要請される東亜協同体は、あくまでも両民族国家の平等な関係において、しかし、独立国家の形成と近代化において一歩先んじている日本のリーダーシップ（あくまでも支配関係ではなく機能的な意味においての）のもとに、新しく構想されるものでなければならない。

他方、近代化―西洋化の過程は、第一次世界大戦後に生まれた二つの政治体制であるファシズムとコミュニズムの問題によっていっそう困難かつ複雑さを増している。三木はすでに二・二六事件後に書かれた論稿（「時局と思潮の動向」一九三六年）で、この事件の主導者たちが主張し、今日広く喧伝されている「日本主義」は、ヨーロッパで台頭してきたファシズムと実質的にほとんど異なるところはない」（同 15-p.84）と述べ、その共通の特徴は資本主義反対のスローガンにあるとしている。ドイツやイタリアのファシズムは資本主義反対を唱えつつ、現実には資本主義を擁護するものであり、大衆の生活救済をもたらすよりもそれを圧迫するものとなっている、今の日本主義もこのままでは、早晩そのようになっていくであろう、資本主義の行き詰まりを資本主義以前の状態に戻ることで解決することは出来ないのだ、と三木は述べている。他方、資本主義反対を掲げるもう一つの政治体制であるコミュニズムは、資本主義体制そのものを廃棄し全く新たな共産主義社会の建設を目指しており、今まさに中国では、ソ連共産党の指導を受けつつ中国共産党の革命軍が人々の間に広く勢力を広げ、中華民国の国民党軍との間に熾烈な闘争を展開しつつあった。当代の中国大陸は、こうして、西欧列強の帝国主義勢力、ソ連と連携した中国共産党の革命勢力、そして「赤化防止」「東洋の平和」をスローガンに軍事行動を展開するファシズム国家日本という、三つの勢力の対立抗争の場になっていた。こうした状況の中で中華民国を率いる蔣介石政権は、一貫して日本の軍事介入を、日本の帝国主義的侵略として受け止め、徹底的な抗日政策を取り続けてきた。中国を西欧列強の帝国主義と共産主義の両方から守り、「東亜の平和」を実現するというスローガンを掲げて中国に軍事介入した日本軍は、こうして、自ら守るというその当の相手との泥沼の戦争へと、さらには、西洋列強国と新興国ソ連との双方との、文字通り「世界を相手にした」戦争へとひた走ることになった。歴史は三木が当初から危惧した方向にすすんだわけである。

〈混合の弁証法〉

三木は、大陸に展開されているこの諸勢力の対立、闘争を、それぞれの背景にある思想同士の対立としてとらえ直すことで活路を見出そうとしたように思われる。すなわち、西欧列強の帝国主義を支える自由主義的個人主義、ドイツ、イタリア、日本のファシズム国家の思想である全体主義、そして共産主義革命勢力が依拠する唯物弁証法。三木は、これらの思想が、いずれも時代の環境と歴史的課題に適応する中で形成されたものであり、それぞれの矛盾を抱えるものであると考える。現実の戦場においては絶望的なまでに敵対的関係にあるものが、その思想的背景にまでさかのぼって考察されるなら、それらはいずれも否定の対象ではなく、むしろ「総合」の対象となるのである。自由主義は、ルネッサンス以来のヨーロッパにおける、旧体制から解放された独立した個人の自由な活動から出発して社会を考える立場である。この自由主義に支えられた西洋文化は、ヨーロッパを超えて今や広く世界の現代文化となったわけだが、二度にわたる世界戦争の中で、とりわけ、非西洋社会との接触を通してその有効性が失墜した。三木は、これは、自由主義の言う個人の自由が、いまだ抽象的なものであったことによるものであり、協同主義は、その具体的実現を目指さなければならないとする。全体主義は、個人の結合から社会が生まれると考えるのでなく、むしろ、全体としての歴史的具体的な社会から始めて、その中に個人を位置づけるという点で自由主義の限界を克服する可能性を持つ。その時、この全体としての社会は、有機体をモデルとした自然的調和的な社会となるが、ここにおいても、現実には調和は自然的にもたらされることはなく、むしろ自然的調和的社会を実現するために強権的な権威（ファシスト権力）が要請されるという矛盾を呈している。協同主義は、全体を個人に内在するものとしてとらえることによって、個人の独立性を否定することなく、全体を成り立たせることを考える。唯物弁証法は、現代社会において深刻な問題である階級対立の問題をとらえ、それを克服するための社会的実践の立場に立つ。しかしながら、その唯物論は存在を意識の外に位置づけ、意識を外的存在に規定されるものとすることによって、その実践の立場と矛盾することになるばかりでなく、個人を或る階級に還元してしまうことによって、個人の固有性や自由を認める余地がなくなる。協同主義は、階級を、全体との機能的かつ倫理的関係のうちにおくことによって、階級闘争とは異なる解決の形を考え、そこに国家の機能を位置づける。協同主義は、このような「総合」の形を、国家のうちに、そしてさらに、民族と民族の間に形成しようとする立場であった(以上、『新日本の思想原理』同 17-p.518-525、『続編』同 17-p.559-567)。これは、三木個人の名ではなく、研究会の公式見解として発表されたものであったが、ここに見る、「総合」としての協同主義には、対立しあうものの相互の否定ではなく、それぞれが虚無を抱える個物同士の「混合の弁証法」という三木の立場が色濃く反映している。

〈歴史の理性と構想力〉

このような「総合」あるいは「混合」の論理は、同時期に書かれている論文「歴史の理性」において、「構想力の論理」と言い換えられている。論文は「いったい歴史のうちに理性があるのか、——現在の世界情勢を前にして誰もがかう問ひたくなるであらう。そしてその『恐ろしい混乱』を見ては、誰も多少とも懐疑的にならざるを得ないであらう」という文章で始まる。しかし彼は、「懐疑主義者は結局は現状維持派に過ぎないのがつねである」と断じ、むしろヘーゲルの「歴史の狡知」という言葉のうちに、我々の一切の動機を踏み越えて進む歴史というものに対する「烈しい現実感を認める」のである。しかしまた、歴史の狡知とは、我々が過去の歴史を解釈するときに抱く感慨であり、現在という時間において、我々が、「我々の存在の意味を獲得するために行動しようといふ場合」には、頼りとすることのできるものではない。こうして三木は、『歴史哲学』から『構想力』に至る「行為」の論理を、今この「恐ろしい混乱」の中にあえて踏み込むための論理として、もう一度振り返るのである。「歴史の理性とは構想力のことであると云ふことができるであらう」(同14-p.260)。この論文には、『構想力』における三つの章「神話」、「制度」、「技術」で展開された内容が凝縮され、形を変えて展開されている。私たちは「神話」の章において、三木が、もうない過去でも、いまだない未来でもなく、現在を表象する現代の神話について語るのを見た。今新東亜の創造を語るにおいて、それは「直観」の重要性として語られる。「直観とはすべての過去が未来に向かって現在の一つの点において燃焼することである」(同14-p.265)。新しいものは、過去―現在―未来の連続的な発展の先にではなく、すべての過去が燃焼し尽くされる、否定と超越の過程を通してのみ形成される。歴史的実践の持つこのような超越性、飛躍性が強調されるのは、現代がまさに断絶と危機の時代として意識されているからである[5]。しかしながら同時に、新しい秩序は、「物の変化を通じて物において実現されるフォーム」として創造されなければならない(同14-p.268)。ここで「物」とは、東亜協同体という形ある制度である。『構想力』は像を作る(想像力としての)構想力の章「神話」から、形を作る構想力としての「制度」の章へと進んでおり、すでに見たように、そこではこの形としての「制度」の形成過程について具体的に論じられていた。しかし論文「歴史の理性」では、制度に関するこの具体的な議論についてはほとんどふれないままに、形を作る技術について、『構想力』第三章で展開された技術論一般が、科学の普遍的法則主義と対比されて論じられるに終わっている。制度論について具体的な記述の欠落はなにを意味しているのだろうか。

具体的な制度論の欠如は、三木にとって東亜協同体論が一般読者やあるいはまた、中国の知識人に対してよりも、むしろいっそう、日本の軍部にむけて書かれたものであり、この戦争の歴史的意味をふり返り、その行動を修正することを求めたものであったことを示しているように思われる。当時の一般的な知識人が東亜協同体論に対して抱いていた感想は、「当時の私にしてみれば、帝国主義日本の対中国侵略戦争を東亜協同体の建設に不可欠なステップと見なすことなど、到底容認できるものではなかった」という昭和塾の受講生の言葉(室賀p.101)に端的に表現されるようなものだっただろう。しかし、中国大陸の状況を、思想史的に俯瞰し、この現在という時間において日本が果たすべき役割を示すことは、何らかの形で、軍の中の心ある部分に影響を与え、その行動を修正させる可能性をわずかでも持つかもしれない、と三木は考えていたように思われる。このような戦略が通じる状況ではなかったと今からは言えるが、三木自身は、日米戦争が激化し日本の敗戦色が強まる中でも、この戦略を捨てなかった。「戦時認識の基調」(一九四二年)で彼は、前半で、軍への積極的協力を国民に訴えながら、後半ではそのためにこそ、国民の間に兵器、戦略、戦術、戦史等、軍事科学上の知識全般の普及が不可欠である(三木15-p.471)として、戦争の実情についての正確な認識を国民の間に広くいきわたらせることの重要性を強調している。軍は後半こそ三木の狙いであることを正確に理解し、以後三木の言論活動に警戒と干渉を一層強めたのである。

以上のような戦略的な意味を考えたとしても、三木の構想力の論理における制度論が、東亜協同体の論理となることができなかったのは、彼の社会形成論自体が抱える欠落が関係している。『構想力』における制度は、すでに見たように、習慣と相互模倣という日常的、恒常的な行為を通してそれと知らないうちに形成される「第二の自然」と、互いの合意と約束に基づく擬制の形成という意識的知的な行為の結果である「第二の実在」との二つの性格を持つものであった。確かに、当時の中国と日本のように戦争状態にある二つの国の間にはこのいずれを受けつける条件も存在していない。しかしそれだけでなく、より本質的には、『構想力』の「制度」の章は、三木の言葉を借りれば「国内の」制度について論じたものであり、国際的な制度について論じたものではない。三木は、民族国家の論理と、諸民族国家間の論理との違いを全面的に論じることなく終わっているのである。戦時において、しかも、東亜協同体のような国際的な協同体を構想するとき、それは不可欠のものであったにもかかわらず。しかし、この問題についての三木の考え方の一端は、論文「知性の改造」（一九三八年）にわずかに見ることが出来る。この論文で三木は、上述したような自由主義、全体主義、コミュニズムの三者の「総合」としての民族的国家の問題を、ゲゼルシャフトとゲマインシャフトの総合として論じている。その中で、東亜協同体について次のように言及している。「全体主義が民族的全体から東亜協同体といふ如き民族を超えた全体に発展する場合、合理性の要求はいよいよ大きくなり、その全体が単に閉鎖的でなく同時に開放的でなければならぬことがますます明らかになる」（同14-p.212）。ここには、東亜協同体が習慣や模倣による「第二の自然」によりも一層、意識的知的な行為に依拠する「第二の実在」、すなわち「擬制」としての性格を持つべきであるという考え方が見て取られる。『構想力』においては、この「擬制」としての制度と第二の自然としての制度との関係が論じられていた。東亜協同体論が単なる時局論を越えて、国家間の関係へと拡大された社会形成論となるためには、構想力論自体がその方向にむけてさらに展開されることが必要だった。この意味においても、『構想力』は未完の作品であったと言えるだろう。

最後に、私たちは、きわめて時局的な三木の東亜協同体論に、未完に終わった三木本来の「哲学」の本質的な特徴があらわれていることを確認したい。「出てきてしまったもの existentia」としての歴史的出来事を、自らに課された事実として受容し、出来事の外に出るのではなく、どこまでもその内部にとどまりながら、可能な道を模索し続けること、戦局の中で三木が試みた実践を支えた哲学は、端的に言えば「肯定の哲学」である。三木は一貫してある出来事なり思想を、徹底的に断罪したり否定したりすることをしない。「現実の肯定が我々の出発点でなければならない」。そしてこの出発点とは、現実の認識でなければならない。「現実を肯定するには、現実の重大性についての認識を持つことが必要である」（「知識階級に與ふ」同15-p.241）。歴史を肯定するとは、単に受動的、無批判的な受容ではなく、歴史における「現在」の具体的な相を深く認識することを意味する。それは、現実を外在的に批判する視点からは出てこない認識である。歴史の認識は、同時に、そこに生きる自己の認識でなければならない。肯定の思想のこうした意味を三木は、親鸞の末法思想のうちに見出していたように思われる。

第七節　末法の自覚——遺稿「親鸞」

〈親鸞における人間の研究〉

三木は若い日パスカルと出会い、キリスト教の思想に強く惹かれたと思われる。しかし三木がパスカルから受け入れたものは、キリスト教への「信仰」ではなく、パスカルの深い人間認識であった。『パンセ』がカトリックの護教論のための草稿であったことは、三木とて知らぬわけはなかったが、彼の処女作は『パスカルにおける人間の研究』であって、『パスカルにおけるキリスト教思想』ではない。クリスチャンの立場から言えば、キリストへの信仰抜きにパスカルが理解できるか、という向きもあるだろう。『パスカル』の最後は、パスカルのキリスト教論が、人間の悲惨と偉大の解きがたい矛盾を、人にして神なるイエス・キリストにおいて総合するというところで終わる。この「総合」を受け入れるためには、「信仰」が必要である。信仰を受け入れることのなかった三木は、総合の手前、悲惨と偉大の分裂の中で生きることを選んだと言える。同じことはマルクス主義との関係においても言える。マルクスは、資本主義社会に生きる人間の基礎経験をその根源において把握し、階級社会における疎外された人間の矛盾と苦悩としてそれを理論化した。三木はこの「人間学」にこそ強く惹かれ、「人間学のマルクス主義的展開」をはじめとするマルクス論を著した。しかしこの矛盾が階級闘争や前衛党独裁によって必然的に解決されるという「科学的唯物論」を信じて受け入れることはなかった。それはキリスト教の神を受け入れることと同じ「信仰」に属するものと思われたのだろう。この信仰を受容しないことによって、彼は、当代の正統的マルクス主義者からは排斥された。それは三木自身良く自覚していたことである。このような三木の立ち位置は、例えば、亀井勝一郎の、「キリスト教もわかるが信仰はしない、共産主義にも同感するが入党はしない、いずれの場合も危険や困難のない代わりに、思想家として魅力に欠けてくる。同伴者は永久に同伴者であって、ついに主体性の不確立で終わる」(室賀 p.108より重引)という評価をもたらすこともあったろう[6]。

三木は三木なりに「危険や困難」を引き受け、三木なりの「主体性」をもって行動したのであるが、そのことを亀井のように公に喧伝することはなかった。自己の立場を絶対化することは、三木の本分ではなかった。三木の肯定の立場は、同時に、肯定する立場そのものを相対化することと不可離であった。このようなスタンスが、何によって支えられていたのか、本章を閉じるにあたって、最後にそれを三木独特の「信仰」の在り方のうちに求めてみたい。

三木の死後、いくつかの未完成の断章とメモからなる草稿のままの『親鸞』が遺稿として残された。しかし親鸞への強い思いは、彼の生涯にわたって深い底流として存在していた。ともに一九四二年『読書と人生』に収録されている、「わが青春」と「読書遍歴」の中に、真宗は子どものころから両親、祖父母のとなえるお経や念仏の声を聴き、その声に導かれて自らいつしか自然と我がものとした宗教であったことが述べられている。その後、キリスト教や禅宗の文献に親しむようになっても、依然として『歎異抄』は彼の枕頭の書であり続け、「私にとってはこの平民的な浄土真宗がありがたい。おそらく私はその信仰によって死んでゆくのではないかと思ふ」と記している。昔から多くの人が生き、死んでいったのは、このような信仰によってだったのだろう。しかし同時に、少しもそれとの齟齬を感じさせない調子で、三木は次のようにも書いている。「後年パリの下宿で――それは廿九の年のことである――『パスカルに於ける人間の研究』を書いた時分からいつも私の念頭を去らないのは、同じような方法で親鸞の宗教について書いてみることである」(三木 1-p.364)。記憶も薄明な幼少時からの、いわば体に染みついた、土着的ともいえる信仰と、知識人としての生を終える最後の時の信仰と、この二つの信仰の間にさしはさまれるように書かれた遺稿『親鸞』。もし完成されることが出来たら、それは処女作『パスカル』と同型の『親鸞における人間の研究』ともなるべきものだったのである。この構想こそが、三木の戦時哲学に底流として流れ続け、彼の肯定の哲学を支えたものだったのではないだろうか。哲学者としての三木が親鸞のうちに見出していたものは、パスカルやマルクスの場合と同様に、一つの教義ではなく、人間的現実を深く見詰め、その矛盾に深く分け入る透徹した認識であった。遺稿の諸断片の中で最も多くの部分を占めている「歴史の自覚」という題がつけられた草稿の中で、三木はこう書いている。「人間的現実は本質的に歴史的現実である。人間の現実を深く見詰めた親鸞はこれを歴史的現実として認識した。歴史は人間的現実の最も深い現実である」(同 18-p.470)。親鸞の末法思想こそ、人間的現実の深みにおいて把握された一つの歴史哲学であると三木は考えていた。

〈歴史哲学と末法思想〉

末法思想とは、仏教の歴史観である「正像末三時」の思想から導かれる思想であり、教えを説いた釈迦の死後年を経るにしたがってその感化力が衰えてゆくことを示すものである。正法の時代は、釈迦滅後の初めの時代であり、教えと、それに基づく修業（行）と、その結果（證果）がある時代である。像法の時代とは、時がくだった、正法と似た（つまり像）の時代であり、教えがあり行があってももはやその證果を得ることの出来なくなった時代である。末法の時代とは、教えはあるにはあるがなきに等しく、もはや行も證もない時代である。これら三時を過ぎてもはや教えもなくなる時代は「法滅」の時代とされる。三木は、親鸞の宗教的実践は、この今、現在が正に末法の時代であることの認識からこそ導き出されたものであると考えている。三木はこの「末法の時代」＝「末世」を同時に、釈迦滅後すでに久しく、将来現れて釈迦の教えを説き衆生を救うであろうとされている弥勒は未だ現れない「無仏の時」とも呼んでいる（同 18-p.449）。末法の世とは、こうして、二つの仏――もはやいない仏と、いまだいない仏――の間の中間時としての「現在」である（同 18-p.447-448）。『歴史哲学』における、もはやない時間といまだない時間の中間時としての「現在」は、親鸞において、かろうじて教えはあれど、人々を律すべき戒はもはやなく、騒乱に明け暮れる混乱と悲惨の窮まる無戒の時代として具体的、体験的に把握されているのである。無戒とはもはや破戒もない、一種の究極的状態である。戒が存在すればこそ、戒を破ったという破戒の自覚が成り立ちうるのであって、そもそも戒が存在しなくなった状態において、「無戒はいかにして自覚的になるのであるか」と三木は自問する。そしてそれは、末法の時代の歴史的現実の認識を通して、と答えるのである。

この時、末法の時代の歴史的現実を認識するとは、どのようなことを意味しているのか。「歴史を客観的に見てゆくことからは、そもそも末法思想の如きものは生まれないであらう。ただ客観的に見てゆけば、歴史における進歩といひ退歩といっても、要するに相対的であり、進歩と退歩とは単に程度上のことで、進歩の反面には退歩があり、また退歩の反面には進歩があると云ふことができる」(同 18-p.451)。歴史を進歩と見るオプティミズムも、退歩と見るペシミズムも親鸞には無縁である。オプティミストは進歩の反面の退歩を見ることなく、ペシミストは退歩の反面の進歩を見ることなく、どちらも一面的で絶対的な歴史しかとらえられない。それは歴史を、自分から離れた客観的なものとして見るからである。末法思想はこうした、進歩—退歩という物差しからではなく、歴史的現実をどこまでも主体的に、むしろ主観的にとらえる。主観において、とは、「時代において自己を自覚し、自己において時代を自覚する」(同 18-p.452)ということである。末法の世が悲惨と堕落を極めるものであるならば、それらの悪はすべて、自己自身の中に我々が日々具体的に見出だしているものでもあることを我々は知らずにはいられない。自己の悪を時代のせいにすることも、時代の悪を弁護することもできない。時代の悪と自己の悪が相互に一体であることを知ることで、我々はいかにしてもそれから逃れられないという現実に直面するのである。親鸞の教えとは、このように「自己の罪を末法の教説から、したがってまたその超越的根拠から理解」(同 18-p.453)する道を開くものであると三木は考えている。

親鸞が説いた絶対他力主義は、この末法の世に生きる自己を深く認識することから必然的に導き出される。もとより、あらゆる善行に励み浄土に往生しようと努力することは理の当然であり、究極のものである。しかし、自己の善行に満足するものは、単なる浅はかな現実肯定であり、真の肯定ではない。「そこには超越的なものはない。そしてこれは現実についての認識の不足にもとづいている」(同 18-p.480-481)。「認識」や「理解」という言葉が繰り返されているように、三木の親鸞は、世にしばしばいわれる体験的、情的親鸞像とは根本的に異なっている。彼は第一章と題された断章の初めの部分で、そのことを述べている。親鸞の教えがともすれば単に美的なもの、文芸的なものとして誤解されやすいことに対して、我々は厳に警戒しなければならない、と。親鸞の認識した末法の世とは、進歩と退歩、正義と不正、善と悪、聖と俗、といったあらゆる二項の区別が消滅する世である。そこに三木は、パスカルをもヘーゲルをも越える現実認識の深さと厳しさを見出していたように思われる。そしてその認識の先にこそ、ただただ阿弥陀の名を唱え、阿弥陀に呼びかける「南無阿弥陀仏」の言葉、最も純にして真なる「言葉の言葉」(同18-p.485)による普遍的な救済がもたらされる。

〈肯定の思想と自然法爾〉

末法に向かう歴史的時間は、こうして、同時に、「阿弥陀の本願」にひたすら信を置く「浄土教」自身の展開の歴史と表裏である。三木は親鸞の末法思想のうちに、単なるペシミズムではなく「真実の教である浄土教が次第に開顕される」という歴史観を読み取る(同1-p.467)。自己と時代の罪の深さと徹底的な無力さの自覚が極まるところに、浄土教が開顕する、というこの一点において、三木は、親鸞思想とキリスト教における終末観の類似を見出すのである(同18-p.468)。それ以外の「他の諸点においては本質的な差異がある」と三木がつけ加えるとき、そこで考えられている「差異」がいかなるものであるかは、未完の断章のままに終わった『親鸞』において明示的に述べられることはなかった。しかし、彼の『パスカル』を読んだ私たちには、それが、受肉した神であるキリストの十字架の死による贖罪という教義の有無によるものであろうことは想像できる。キリスト教においては、この世の正義と不正義、善と悪は反転させられるのだが、その対立自体は厳然として存在する。ゆえに、罪はあくまでもキリストの血によって贖われなければならなかったのだ。親鸞の教えにおいては、善と悪、正と不正の対立自体が阿弥陀の慈悲のもとに無化され、救いは自ずから成る(自然法爾)のである。

三木はまた、親鸞の歴史観のうちに、ヘーゲルのそれとのある種の類似をも見出している(同18-p.469)。最初に阿弥陀の本願があり、最後にそれが実現される。この過程の初めにおいて「それは既に開顕されていたのであり」、従ってそれは「自己から自己へ帰って来る運動」、即ち、ヘーゲルの概念の発展史としての歴史と類似している。しかしながら、ここでも違いは決定的であると三木は述べている。浄土教の歴史は、単なる概念の歴史ではなく、人間の歴史である。この教えは、単に法として自己展開してきたものではなく、あるいは概念の自己展開ではなく、どこまでも、祖師達によって継承されてきた伝統にもとづいている。この伝統の始原にある者は、阿弥陀である。かつて「法蔵菩薩」と呼ばれ、衆生(すべての人間たち)を救済するという願を立て、修業を積んで阿弥陀仏となった人―仏である。そしてこの阿弥陀の本願を、自らの修業を通して悟り、それを衆生に語り伝えたのが、仏教という宗教の始祖である釈迦という人間である。阿弥陀についてのこの釈迦の教えは『大無量寿経』という経典を通して、七人の祖師たちによって伝えられてきた。このように、浄土教の歴史においては「単に教法が問題でなく人間が問題であった」。そして「親鸞にとって伝統は単に客観的なものではなく、深く自己のうちに体験し證すべきものであった」(同1-p.469)。親鸞にとって伝統は生死を賭けた絶対的なものだったのである。これを、三木は『歎異抄』の中の次の一節を引用することで示している。

「親鸞にをきては、ただ念仏して、弥陀にたすけられまいらすべしと、よきひとのおほせをかうふりて、信ずるほかに別の子細なきなり。念仏はまことに浄土にむまるるたね(生まれる原因――筆者)にてやはんべるらん。

また地獄におつる業にてやはんべるらん、総じてもて存知せざるなり。たとひ法然上人にすかされまいらせて（騙されて――筆者）、念仏して地獄におちたりとも、さらに後悔すべからずさふらふ」（同 1-p.465）。

この自己のはからいを捨てた、「よきひとのおほせ」への絶対的信従こそ、親鸞とヘーゲルを分かつものであると三木は考える。ヘーゲルもまた、一人一人のはからい＝理性をこえたもの（絶対精神）への信によって、歴史との和解を試みたのだったが、親鸞はむしろ、始祖釈尊をはじめとする一連の人々の体験と伝承への信によって、末世の世との和解を見出した、と言い換えることが出来よう。

しかし、親鸞の信仰は、祖師達への信を媒介としつつ、始祖釈尊をさえも超越した地点にまで進むところにその本質がある。釈尊を理想とし、それに倣って行を重ねる自力自證の道は、いまだ宗教ではなく道徳ないし哲学である。「宗教は真実でなければならない」。そして「親鸞がこころをつくして求めたのは『真実』であった」（同 p.483）。親鸞にとって真実とは、端的に阿弥陀の本願そのものである。これに比すれば釈尊の説く経と言葉は依然として人間の言葉に過ぎない。釈迦に倣うことが問題ではなく、ただ直接に阿弥陀の本願に連なることが問題なのである。この直接的帰依の形こそ、阿弥陀の名（名号）を唱えること（念仏）であり、それこそが、正しく、一切の自力を捨てたところで超越にふれる親鸞の信仰であった。ただただ阿弥陀仏への帰依を唱える「南無阿弥陀仏」は、そこに、唱える側からのいかなる具体的な願いも誓いも入り込みようのない、ぎりぎりに切り詰められた純粋な祈りの言葉である。それは同時に、いかなる神学上の教義も介在しない、単純明快で、文字を読むことのない民衆にとってきわめて近づきやすい祈りの形でもある。こうして、哲学者（あるいは谷川や唐木によれば未完の哲学者）としての三木と、子どものころから慣れ親しんだ「平民的な浄土真宗」の信徒としての三木が、円環を閉じるようにして結びつくのである。拘置所で非業の死を迎えたとき、彼の口に「南無阿弥陀仏」の言葉があったであろう、と私たちは想像してみることしかできないのだが。

このような信仰と、三木の構想力論は、決して唐木の言うような互いに相容れないものであるとは言えない。三木にとって親鸞の「真実」は、末法の世に沈潜し、その苛酷な現実を自らの現実として深く認識し、そこに生きるところに見出された歴史的・超越的真実であった。戦時期を生きた三木にとって、世界はまさに末法の世の観を呈していただろう。歴史に理性などあるのか、とつねに自問しつつも、三木はこの世界を生き、この世界を深く認識し、その混乱と悲惨を超えてではなく、まさにその只中で、「形」を構想し続けた。それが三木の「肯定」の思想であり、末世を生きる生き方であったと言えよう(7)。

終章　戦時・戦後を生きる――求道者稲垣武一の場合

第一節　戦時下の稲垣

〈稲垣武一遺稿〉

三木は親鸞の絶対他力の救いを、末法の世の透徹した認識と、深い絶望からこそひきだされた絶対的肯定の思想として受け止めた。末法思想抜きにしては、絶対他力は、甘い「浅はかな現実肯定」に堕すること、そして、昨今流行中の親鸞主義が、まさに末法思想抜きの、「文芸的」、「美的」な傾向に堕していることに警告を発していた。二十世紀初めから戦時にかけて、主として知識人の間に起こった「親鸞主義」における親鸞は、まさにこの美的観照的親鸞であったように思われる。そしてその性格ゆえにそれは、同じように、美的観照的性格を持つ「日本主義」とぴったりと符合し得たのである。本章で取り上げる稲垣は、少年期から青年期をこの親鸞主義的日本主義の思潮の中で送り、そこに時に疑問を抱きながらも、深い影響を受けた人物である。二五歳で終戦を迎え、三三歳で短い生を終えるまでの八年間は、彼にとって、この思想を相対化し、真に自己自身の進むべき道を求めて苦闘する年月であった。長い迷いと彷徨の後、彼が選んだのは、カトリックの信仰であり、キリスト教の立場からの社会変革を模索する道であった。稲垣は、本書で取り上げてきた人物たちとは異なり、「哲学」を生業とする者ではなく、九州の佐賀高等学校から東京大学の国文科に進み、卒業後、江田島海軍兵学校の教師に赴任し、そこで終戦を迎え、戦後は故郷に戻り、亡くなるまで新制高等学校の英語教師としての仕事に誠実に取り組み続けた人物である。彼自身の言葉で言えば、「名もなき一教員」であり、そして、終生、祖国を思い、真実を求め、自己の無力さを嘆きつつ歩んだ「一求道者」であった。彼はまた、その日記や短歌に残された、故郷の田園や野山の四季折々の細やかな描写を見ると、哲学的思考よりも、美的感性に恵まれた人であったように思われる。哲学者たちの戦時の思考をふり返る試みの最後に、彼等とは境遇においてもその資質においても対照的な、稲垣というもう一人の無名の知識人の歩みを取りあげてみたい。

稲垣武一の歩みは、彼の死の翌年の一九五四年、友人知人たちが、彼の残した日記や雑録、短歌などを集めてまとめた『稲垣武一　遺稿』によってのみ知ることが出来る。私の手元にあるA４判のこの冊子からは、年を経て紙は変色しながらも、「遺稿刊行会」の人々の込められた思いがそのていねいに編集された紙面を通して伝わってくる。しかし最初に私がこの遺稿を目にしたのは、これとは別の、聖母の騎士社文庫の『日本文化とキリストの福音——求道者の魂の軌跡』という二〇〇三年版のものであった。これは、稲垣武一の実弟でありトマス・アクィナスの『神学大全』全訳の仕事などで知られるカトリック神学者稲垣良典によって、新たなタイトルをつけられて出版されたものである。良典が、限られた人々にのみ残された個人的な記録を広く世に出すことにためらいを覚えつつ、「日本文化」(芸術や文学だけでなく、祖父や両親の生き方のうちに生きている日本の精神的遺産も含めて)を深く愛した者とキリストの福音との出会いの一つの形としてこれを公刊することを決意したおかげで、私はこの遺稿を知ることが出来たのである。一九二五年の一五歳の日から始まりその死によって、一九五三年、いまだ「戦後」の混乱が続く時代に中断されたこの記録は、その思想的遍歴も含めて、もう一つの戦時思想を私たちに示してくれる。

〈日本主義との出会い〉

稲垣の親鸞主義＝日本主義との出会いは、一九三八年佐賀高校在学中のことであった。それまでの彼の読書歴は、心の赴くままに、聖書の三福音書、法華経、阿弥陀経、歎異抄などの経典から、万葉集、国木田独歩、かと思えばプルターク、ビスマルク伝などの英雄伝、あるいは、将来専攻することになる本居宣長などまで、きわめて幅広い。同時に、すでに戦時下にあって、いずれ戦場に赴き死を迎えることになる自分の運命を思い、日記に様々な自問を記している。『今、国のために命をすてうるか否か』。と自らに問うた。『否』と自己の心は答えた。どうしても恐ろしい。自分はまだ生命の本義を知らない。未だ真の生活をしたことがない。だから死ぬのは恐ろしい。しかし国の為に命をすてることが出来ぬものは日本人たるの資格がない。否、国家人社会人の資格がない」(稲垣2003 p.102)。その中で彼は、天皇と神との関係についてくりかえし自問している。「我国に於いて、畏れ多い事ではあるが、天皇と神とはいかなる関係におはすか、を考へた。……身を天皇に捧げるのはもちろんであるが、魂をも天皇にささげつくすべきか、魂は神に捧ぐべきか、自分はまだ知らぬ」(同p.92-93)。「日本の天皇の君権を世界に及ぼすは益なし。来るものは拒まずとして可なれど、これを強ふるは不可なり。世界に君臨するは唯一の主なり」(同p.95)。「天皇即ち氏族の長にましますを神としてあがむることに、絶対の満足をかんじない」（同p.103）。本書を通してみてきた哲学者たちの戦時における国家と宗教の問題は、少年から青年の年齢にこの時代を生きた者にとっては、何よりも、自己の死の問題であった。この死はいったい誰に、何に捧げる死なのか、死において、この「身」と「魂」とは何に帰属することになるのか。天皇という日本の君主、あるいは氏族の長と、宇宙の絶対的存在としての神との違いもまた、この切実な問いから必然的に意識されたものであった(1)。

この迷いの中で、稲垣は佐賀高校の「同信会」に出会い、入会する。その時の感激を稲垣は後年、江田島の兵学校でふり返り、自分を「津田」という主人公に託した「生の記念」という文章に記している。「いまや津田は人生と国家とに対する信念において、情意において相一致する朋が出来た。つまり全人格的に共感する朋が出来たのである」。「同信会が、津田のすべてになったのである」。会を主宰する「高橋先生」への信頼と会員相互の真摯で友愛に満ちた交わりの中で生まれたこの新しい経験の日々を、稲垣は「生の記念日」「神話時代」と呼んでもいる。敗戦後の復員三日目の日記には、「同信の友との連絡をとりもどす必要あり。」という文章が見られる。この同信会とは、親鸞の教えと日本主義とが結びついた思想を共有しあう会であり、同様の会は当時広く全国に存在していた。『遺稿』の刊行に際して、この会の指導者であった当時の佐賀高校教授、高橋鴻助は、「序に代へて」を寄せ、その中で次のように述べている。

「……同信会時代に私共が、否、私が（と僭越ながらむしろ言ふべきであらう）語ってゐたことにも稲垣君の鮮烈な求道精神を満たし得ぬものがあったのではないか、否、それは確かにあった筈であると、私は数年前から痛切に反省させられてゐるのである。一切の煩悩を摂取して捨てざる親鸞の信と、民族文化の、従ってフィヒテの言ふやうに史的永久生命の担い手としての祖国への信とを結びつけて考へていたのであるが、そしてそれは根本的には決して間違ひではないと思ってゐるのであるが、然しそこに何か欠けてゐるものが私にはあった。」(稲垣1954-p.1-2)。この「序に代へて」は後の文庫本には掲載されていない。

「親鸞への信」と「祖国への信」とを結びつけて考える思想。時代の中で、十代にして死の間近いことを考えなければならなかった稲垣が深く魅入られたこの思想とは、具体的にどのようなものだったのだろうか。同信会の読書会で、稲垣は木村卯之の『親鸞と現実探求』(一九三六)と倉田百三の『祖国への愛と認識』(一九三八)を読み、また、二・二六事件のことを聞きに高橋を訪れた際に、雑誌『原理日本』を借りて三井甲之、蓑田胸喜、松田福松の文章にも接している。いずれも、当代の親鸞主義＝日本主義の代表的な論者たちである。この中で後世最も名(悪名と言うべきか)を残したのは、その独特で狂信的とも言える文体で、「国体」に反すると彼がみなした多くの作品を『原理日本』誌上で断罪し、国の思想統制に力を発揮した蓑田である。しかし、彼の書いたものは稲垣にはそれほどの影響を与えた様子はない。ここでは、この中で最も年長であり、木村や蓑田たちに大きな影響を与えてきた三井と、稲垣に強い共感を与えた倉田について見ておこう。

〈「自然のやうに」――国学の伝統〉

三井甲之は、一九〇〇年に東京第一高等学校に入学、真宗大谷派の僧侶、近角常観が近くに開いた「求道学舎」で近角の日曜講和を聞き、親鸞の教えに共感する。三井は近角から、自己の内的体験(実験)を何よりも重視するものとして親鸞の教えを学んだ。ちなみに南原は三井と同年に一高に入学し、同じころに内村鑑三の教えに接していたことになる。田辺元は後に自らの出身校である一高のこの時代のことを、教養主義的文化主義に毒される前の、国家と死生の問題に深い関心が漲っていた時代であったと回想している。個人的な内面の煩悶と、国家、宗教とが、良かれあしかれ結びついていたのが、明治末から大正にかけての時代であった。三井の場合、そこに文学という要素が直接結びつく。彼は一高時代から句作を行い、とりわけ「写生主義」の正岡子規に傾倒していた。大学入学後は、伊藤佐千夫が主宰する「根岸短歌会」に入会する。俳句と短歌と親鸞の教え、これが三井の中で一体となる。三木の言う、美的、体験的、芸術的親鸞主義の最も典型的な例と言える。三井は一九一一年、雑誌『人生と表現』を創刊し、その後『原理日本』の中心的論者となる多くの者たちは、木村卯之や蓑田の場合のように、まずこの雑誌への投稿からスタートすることになるのだが、この雑誌のタイトル自体が、その芸術主義を示している。三井は一九一二年その雑誌で以下のように述べている。

「自己の追求心を阿弥陀の本願として表現するときに所謂金剛の信念を得るのである。これは芸術的表現においてて芸術家が実現し、またその作品の鑑賞に於いて鑑賞家が実現する所の心のたのみである」(中島 2017 p.38 より重引)。

このような芸術的表現としての親鸞の教えと、「日本」とを結びつけていったものが、近角の「実験」、子規の「写生」、そして、三井が国文科の学生として学んだ本居宣長の「はからひをすてて、あるがままに」であった。一九二七年発行された詩集「祖国礼拝」は十年余りの年月を経て、一九三九年に原理日本社から再版が出ている。そこには、祖国、親鸞、同信の言葉が並ぶ、次のような詩も含まれている。

「祖国を去りても　胸にはうかぶ　祖国の面影、　見ゆる現実　見えざる信海　『発現は決意生活、執持は自信生活、　信楽こそは同信生活と、　三機を分かつ心理分析　親鸞はかくこそ説きし』と　つぐる友よ、　ああ楽しき我らの同信同朋生活」(三井 1939 p.51 -52)。

あるいは、「原理日本」の言葉も。

「集中と分散と分析と総合と探求と独創と個人と社会と国家と　はてなき海の八重波の同じきうしほにとけ入る如く　小草の葉末にそよぐ微風の　力もあつめて　人の組織を無限の自然に　とけ入らしめよ。　一切の差別は　ここに消え　のこる名はただ原理『日本』」(同 p.39)。

この祖国、同信、日本を表現する芸術が和歌という文学形式である。「国民生活と密着して離れぬ国語によって神代から続いて将来万世までも栄ゆべきシキシマノミチとしての和歌は、日本人にとっての諸芸術の中心をなすのであります。」(三井 1934 p.69-70)。この和歌(ウタ)は、目に見えぬ神の心が、人のコトバによって表現されたものであり、一人一人の恣意によるものではなく、「すでにありしココロをコトバに解きほごしてしめしたものである」。そしてこのすでにありしココロとは、天皇の大御心あり、すなわち、ミコトノリである。「それ故にコトバの基本形式は、億兆臣民より上御一人へ、ではなく、上御一人より億兆臣民へ」でなければならず、「此の順序の顚倒は許容せられぬのである」(三井 1936 p.106-107)。かくして、明治天皇の歌(御製)が、日本人の心をつなぎ一体化するものとして特別な存在となるのである。

このような文芸的、宗教的、国家主義的心情の一体化した三井の「シキシマノミチ」を、大学において国文学、とりわけ宣長を学ぶなかで稲垣は受け入れていった。しかしそれは、自問自答を経てのことであった。大学時代の「宣長小論」は、最終的に「帰依信順」、「承勅必謹」、「忠義孝悌」に至る過程を問答形式で記している。「宣長大人は人間にとって Sollen を立てるといふことが、いかにはかないものであるかを痛感確認してをられた。……人間生活の規範といふものは無限の歴史的民族生活からにじみ出てくるもので、個人がたてることの出来るものではない。」「歴史的生活からにじみ出てきた規範とはどういうものであるか」「人間は実際に於いてさういふ規範に従って生きているのである。……それなくしては我々の人生そのものが成り立たないのだ。我々はそれに依拠して生きてきたのだ。いはゆる道義心が草木であるならば歴史は大地である。宣長大人は大地を自覚せられたのである。」「しかし歴史的規範も我々自身の直接意識においては個人的規範と区別さるるではないか。」「さうではない。個人のはからひ個人のさかしらのはかなきはわれわれのいつもいつも体験することではないか」「はからひせずに生きることができるであらうか」「帰依信順である。承召必謹である。忠義孝悌である。更におしつめていはば、名も無き民の自覚、愚子の自覚である。仏教的にいはば凡夫感である」。(稲垣 2003 p.135-137)。迫り来る戦況の危機を感じながら、自ら歌人でもあった稲垣は、三井のシキシマノミチを「宗教的芸術的修業」(同 p.126) と受け入れつつ、ひたすら「凡夫」の道を歩もうとしていた。それを彼は、「自然のやうに」と表現し、それと対照的に自ら規範を立てようとする態度を三井の言葉を使って、「エラガラウとするもの」と表現するのである。

〈自然の道と日本主義というイデオロギー〉

しかし、そこには、自然を言いながらその自然を実現するために強権をもってしなければならないという矛盾が自ずから内在していた。そこには、現実の日本が、天照大神がたて代々万世一系の天皇によって伝えられてきた神の国であると同時に、阿弥陀の本願によって実現した浄土でもある、という、きわめて無理な「ことあげ」＝イデオロギーとしての日本主義が必要とされた。神としての天皇と仏とが一致するこの独特な国家は、「自然」なものとされる限りにおいて、それは近代国家とは本質的に異なるものとされるのだが、しかし、外に向かって他の諸国家や諸民族と対峙するときには、まさに国家としての使命を遂行しなければならない。なぜなら、日本の外の世界が、いまだこの「自然の」神の国＝浄土が実現されていない世界、あるいは、その実現に抵抗する世界であるならば、いかにしてもその実現のために闘うことが必要だからである。こうした神国日本の思想と一体化された浄土の思想において、決定的に欠落しているのが、三木が親鸞思想の神髄と見た「末法思想」であることは明らかであろう。日本は天皇の大御心と仏の慈悲によって救われた汚れなき光満ちた国であるという思想が国是となっていた一九四一年、真宗大谷派の会合において深刻な議題となったものの一つが、末法思想であった。神の国であり浄土であるはずの日本国に満ちている末法の世の悪や苦しみをどう説明するのか。戦時下における親鸞主義＝日本主義がそれに対して与えた答えは、当時真宗のリーダー的存在であった暁烏敏の言葉に端的に表現されている。日本に悪が、不幸が存在するのは、「日本国民が天皇の御心を受けないからで、臣民の自覚がないからである」。悪の存在する世界は現実の真の世界ではなく「空想の世界、迷いの世界」である。この迷いを醒ますのが、教化の仕事である（中島 2017 p.234 より重引）。こうして、国外においても、国内においても、このすでに実現しているはずの理想の国を否定するものに対する苛烈なイデオロギー闘争が正当化され、必然化されることになる。蓑田が『原理日本』において遂行したのは、この仕事であり、それは、しばしば支離滅裂とも感じられる論理と、極めて激しい攻撃性に満ちたものとならざるを得なかった。稲垣が蓑田の書くものの中に、「悲壮感」と「強烈深刻なるもの」を感じざるを得なかった（稲垣 2003 p.117-118）のはそのためであろう。それはまさに三井の排する「エラガラウ」とすることそのものではないのか。彼は「原理日本社の諸先生方」の言葉のうちに、心を拘束し死に至らせるような「教義」を見出さずにいられない（同 p.127）。

〈倉田百三の日本主義〉

その彼にとって、世界史におけるアジアと日本の現状から「日本主義」の必然性を説く倉田百三の『祖国への愛と認識』は、『原理日本』のそれとは異なる印象を与えた。倉田は、すでに大正期において、親鸞を主人公とする戯曲『出家とその弟子』や、評論集『愛と認識との出発』によって広く世に知られていたベストセラー作家であったが、昭和の戦時下において、『原理日本社』のメンバーとは異なる視点から、日本の世界史における位置を論じ、親鸞主義と日本主義を結合する論理を展開した。この書によってこそ、稲垣の「日本主義者としての情熱と決意」は鼓吹された（同 p.114）のだった。戦時期の祖国の現状を読解する論理を、彼はこの書に見出したようである。本書の内容を概観しておく。

第一に、現代の世界は、先進資本主義国の代表であるイギリスの営利主義と一体の自由主義と、それに対抗して出てきたソ連の唯物論的物質主義とによって支配されているという認識があり、このいずれをも否定して、世界を真に天意に適った世界に変える使命を帯びているのが現代の日本であるという認識が示される。そこで、第二に、もっぱら営利を求めるための生産と商業取引によって成り立つ資本主義的経済体制から、営利ではなく具体的必要物の生産を中心にした経済体制へと転換する（交換価値から使用価値への転換？）することが求められる。それによって、次々と営利を求めて他国に向かう帝国主義的侵略活動は必要なくなり、各国は、それぞれに経済的に自立した国家となり得る。ここには、倉田が愛読していたフィヒテの「閉鎖的商業国家」の思想の影響を見ることが出来るかもしれない。ここで注意しておかなければならないのは、営利のための侵略は否定されつつ、国家が自立を保つための資源を求めて行う「領土拡大」は自衛のための行動として当然視され肯定されていることである。第三に、ソビエトロシアの革命は、資本主義的営利主義を廃することを旗印としてなされたものであり、その意味においては、一定の評価がなされている。しかし、その物質主義はしょせん、経済優先主義と国力拡大主義であり、その外交政策は当初よりブルジョワ帝国主義外交と少しも異なるところのない、むしろ一層機略的なものであった。国内的には、この方針を貫くための一党独裁制度の下、それに反するとみなされたものに対する徹底的な粛清が行われている。たしかに、この本が書かれた時期はソ連の大粛清の時代でもあった。それは、すべて「人間の精神を物質の下に隷属せしめ、道徳と宗教との要請を経済的優先の鉄則によって抑圧」（倉田 1939 p.198）するその唯物主義に由来する。第四に、以上のような世界の現状認識から、これらを否定したまったく新しい国家のあり方が、ほかならぬ、わが日本において実現されるべきこと、そして、そのための条件が、代々天皇のもとに家族主義的道徳によって結ばれてきた日本にはすでに備わっていることが強調される。もとより倉田は、日本が資本主義化していることを認めないわけにはいかない。ゆえにまず、営利主義的経済を禁じ、資本主義体制を廃し、自律的なアウタルキー（自給自足的経済体制）を確立することが必要である。その改革が行われ、国内において営利主義の犠牲に苦しむ貧民（とりわけ農民の困窮）がなくなり、経済的平等がいきわたるとき、そこには、本来の日本の道徳的、家族的な秩序がおのずと顕れ出でるであろう。ゆえに第五に、日本の使命とは、具体的には、イギリス型の営利主義とロシア型の物質主義を共に否定し、これらによって毒されていない真の日本精神を国内外に広めることである。そして第六に、これらの観点から現在行われている「日支事変」を見るならば、その原因は、イギリスの自由主義思想とソビエトロシアの唯物思想に毒されて国を誤ろうとしている中国の支配者層（とりわけ知識人層）の認識の誤りにあり、この認識を改めさせ（同 p.80）、中国が日本とともに真の天意に適った世界秩序建設に向かうようになるための、これはやむにやまれぬ戦争である。「三千年来の文化的交流と授受との恩恵と追憶とを相互に重ね来たっている」ところの支那を我々が愛していないはずはない。「我々は支那を愛し得ないならどの国をも愛し得ぬであらう。それは忘恩と思ひあがりの心無さでもあるのである」（同 p.289）。かくして第七に、愛ゆえの戦争、「念仏申しつつ殺す」（同 p.54）という「大乗的信仰」に基づく戦争が正当化され、アメリカに代表される、「生ぬるく、常識的な小乗的人道主義」との区別が説かれるのである。今日の日本の重苦しい状況は、ひとえに、かかる愛の闘いを実践しつつある軍部と、小乗的人道主義やイギリス的自由主義、あるいはロシア的共産主義の思想の立場から、軍部の行動に反対し妨げようとする議会勢力との分裂、対立に由来している。

以上のような倉田の国際情勢の認識と戦争論は、三木の東亜協同体論と微妙に重なり合う部分を持つものであることが知られよう。大きな違いは、歴史の進む方向を三木が資本主義と帝国主義を「突き抜けて」いく道に見出し、それゆえ自由主義と西洋近代も、そこから生まれたソビエト社会主義をも一方的に否定するのではなく、それらを「総合」する道を模索したのに対して、倉田は現代の思想動向を断罪し、天意に適う道を資本主義以前に戻る道に求めたことにあった。しかし、倉田にとっては、三木と倉田との間にあるものはそのような違いよりも何よりも、「祖国への愛」の有無であった。

「我々は日本主義者か否かを何より先づこの愛の有無によって感じ別ける。例へば我々は三木清や青野季吉らが如何に正論を吐かうとも、祖国と言う語を此頃使ひ初めようとも、彼等の書くものからこの愛を感じることがない故に、結局彼等が日本主義にとってためにならぬ人たちだと云ふことを直覚するのだ。之に反して神話的右翼主義者らに対しては、我々と非常な見解の差異を持つにも拘わらず彼らにこの愛を感じる故に我々の味方であると感じるのだ。この愛を持つものとは『話せば解る』希望があるが、之を持たぬものとは話しても解る望みはない。即ち彼らがこの愛に目覚めぬ限り『問答無用』である。ただ攻撃と被攻撃とあるのみ」（同p.114）。

それゆえ彼の著書は『祖国への愛と認識』となる。愛こそが認識にましてすべてなのだ。それは究極のところで、認識や理解にこだわる三木を「エラガラウ」とする悪しき知識人として排斥する『原理日本』の精神と一致する。複雑、困難な時代を、互いの認識の違いを徹底して議論しあい、そこからの活路を共に探り出して行く、という道は、日本主義者が「直覚する」限りでの、祖国へ「愛」によって閉ざされていたのである。

〈稲垣の「愚見録」一九四三年〉

稲垣自身の「祖国への認識」は、大学時代を経て、日本主義とは異なる方向に向かって行った。卒業の年に書かれた「愚見録」という小論がそれを良く表現している。そこには、第一に教育問題、第二に農村問題、第三に政治問題、そして第四に対外政策が取りあげられ、それぞれ簡潔に論じられており、現在の日本の真の問題は国内にあり、という認識が示されている。彼が考えるに、明治以来の日本の根本的な問題は、中高等教育の普及がそのまま人材の中央集中を招き、地方農村の衰退につながったという、教育問題であった。ゆえに、将来の教育の在り方として、東京に集中する大学を地方に分散し、学生には在学中、可能な限り世界を見学させ、「島国的退嬰自足心を打破」させるとともに、その見識をもって卒業後は郷里に戻り、郷里に土着し、郷里のために活動することを奨励しなければならない。他国についての正確な認識を持った知識人の育成と、地方農村文化の振興、これが、日本を救い得る究極の道であると彼は既に考えていた。対外政策もここから考えなければならない。「まことに、教育改革を実現し、農村問題を興隆し、工業力を発達せしめ、武備を厳にせば、居ながらにして東亜諸民族を畏服せしむべし。……東亜諸国に文化指導者を派遣する必要なし。日本に神の文化が興隆せば、求道者の群れが東亜各地から自ら集ってくるに違ひない。問題は国内にある」。彼は、現在の対外政策を「着実さを欠く」「有害無益な対外干渉」と断じつつ、他方で、漢民族とスラブ民族の脅威から日本国を守るために、満州国の統治に死力を尽くすべきであるという認識を示している。しかしながら、「他民族を同化するということは容易のことにあらず、また、数世紀にわたる不断の努力を要することとなり」とも述べ、われわれがまず努めるべきは、日本人自身の精神生活、社会生活の充実であって、先後本末を誤ってはならないと述べている（稲垣 2003 p.152-161）。ここには、昭和研究会のそれと似た志向性が見られる。こうした思いを抱きながら、稲垣は、大学卒業後、士官学校の教員として応召され、そこで戦後を迎えることになるのである。

第二節　敗戦の思想——国体のゆくえ

〈敗戦を生きる〉

文庫本の方には巻末に、江田島兵学校の教え子の一人の回顧談が記されている。それによると、敗戦時、絶望した幾十人かの生徒が学校の裏山に登って自害しようとした。その時稲垣は、「腹、切ってどうする！お前たちは若いのだ。これからの多難な日本を背負って行かなければならんのはその若さなのだ」と激しく叱責したとある（同p.502）。後に稲垣は、出陣学生の手記集『きけわだつみの声』に深く心を打たれつつ、しかし同時に、「生粋の青年将校らのうちの純粋なる人らの持っていた美しさ」も忘れてはならぬ。確かに彼らは、学生兵に比べれば、「世界的に開かれた霊の世界を知らなかったかもしれぬ。しかし、清冽であった。無我であった。祈りそのものであった」（同p.344）と記している。敗戦を、「反戦」の思想からだけでなく、確かに視野が狭かったかもしれないが、純粋に祖国に殉じようとした者たちの眼からも見なければならない、ということを、稲垣はくりかえし述べている。生き残った「生粋の士官」と士官学校在学生たちのために、敗戦直後の軍人に対する冷たい視線の中、郷里の佐賀に私塾の語学校を開き、再教育を施し、それぞれの大学に受験させた（同p.503）という稲垣は、「愚見録」で記した思想の一端を、敗戦後すぐに実行に移したと思われる。多くの友人が戦死した中で、生き残った自分を、稲垣は、神は自分に幸いを与えようとして生き残らせたのではなく、この身を使って、たとえ拙くとも何等かの務めを果たさせようとしているのだと、考える。しかし自分にそれが出来るだろうか。「われは神意をおそる。神命をおそる」（同 p.169）。

稲垣の敗戦経験は、「戦後文化」を主導することになったそれ、例えば、戦後すぐに創刊された雑誌『世界』で、丸山真男が述べているそれとは対極的なものであった。「日本帝国主義に終止符が打たれた八・一五の日はまた同時に、超国家主義の全体系の基盤たる国体がその絶対性を喪失し今や初めて自由なる主体となった日本国民にその運命を委ねた日でもあったのである」（丸山真男 1946）。丸山は、東大法学部における南原の愛弟子であり、南原が戦時中に創設した「日本政治思想史」の講座の担当教員として敗戦を迎えた人物である。この雑誌の発行人である岩波茂雄もまた、創刊号の巻末に次のように記している「無条件降伏は、驕慢を粉砕するために我国人に与へられた昭和の神風となし、謙虚敬虔国家の理想に精進せん」（岩波茂雄 1945）。さらに、同じ時期に、『世界』より一年遅く創刊され、『世界』と並ぶ戦後進歩派の雑誌となった『展望』の編集者であった臼井吉見は、敗戦時をふり返り、より直截にその時の感想を述べている。「人は知らず、僕にとっては、こんなまぶしいほど明るい時代が来ようとは、かつて考えたこともなかった」（臼井 1965 p.86）。敗戦を暗い時代からの解放、まぶしいくらいの明るい時代をもたらしてくれた神風にも比すべき幸運と見なし、そこに、国民を主体とする自由と民主主義を国是とする新しい国家の始まりを見る見方こそが、敗戦に続く「戦後啓蒙」の時代に共有された思想であった。

他方、暗闇としての戦時を代表する人物のうち本章で取り上げた人物を見てみると、三井は公職追放の身で病を得ながら歌人として生き、稲垣と同年の一九五三年に没。倉田は敗戦を見ることなく病のため一九四三年没。蓑田は敗戦後の一九四六年郷里において自殺。また、昭和研究会の協力のもと戦局を模索し続けてことごとく失敗に終わった近衛は、敗戦直後に自決。そして三木もまた敗戦直後に獄死した。こうして、三木が「戦争に直接参加して深い経験をした人々」によって作られるであろうと考えた「戦後文化」は、戦後啓蒙の輝かしい光の影に隠れて広く世に知られることはないままに終わった。

〈「国体」の問題〉

こうした中で、稲垣の戦後の記録は、三木が考えていた「戦後文化」の一つの形を探る上で貴重なものである。彼の戦後の日記には、解放感もまぶしいくらいの明るさもない。彼はまず、「国体」の問題と取り組まなければならなかった。敗戦によって「国体」を全面的に否定し、アメリカ流の民主主義に乗り換えることは、彼にはできなかった。古事記から引き出された「神国」思想については、戦時期から否定的であった稲垣であるが、彼にとって国体にはもっと本質的、あるいは実存的な意味があった。敗戦時、稲垣が日記に繰り返し述べているのは、神道、もしくは、しきしまのみちは、教義ではなく、「日本人の民族的生命意志、生そのものの肯定、あるいは生の永遠連綿への悲願」（稲垣 2003 p.178）である、それは連綿と積み重ねられてきた「日本人的歴史生活の総計」であり、我々が重んじるのは、個々の祖先ではなく、この「全体歴史的社会的生命」そのものなのだ（同 p.211）ということである。それを彼は、「自然的民族的神聖本能」（同 p.176）とも言い換えている。戦後稲垣において、三井の次のような「しきしまのみち」は否定されることはなかったのである。「生きむとする意志、生命の存在は説明を要せぬ基礎的事実でありまず。生命の血脈は伝統を遡源して、その窮盡するところに、われら日本人、やまと民族は神、祖神をあふぐのであります」（三井 1936 p.86）。生命と共に両親や祖父母から伝えられた「神聖な本能」は、敗戦という危機の中で一層強くなりこそすれ、捨て去ることは不可能であった。しかし同時に稲垣は、国体が歴史的社会的生命の意志そのものであるとしたら、当然それは、歴史的生成のうちにあるべきだ、と考えていた。彼は後に柳田国男の『祖先の話』を共感を持って読み、古代から近代にかけて神道思想が形を変えてきたことを確認している（稲垣 2003 p.266）。この歴史的生成の中で国体を見るとき、戦時期の国体思想は、いかなるものであったか。「昭和の御代のわれら日本人は、国家愛あまりにありし故に国を敗りしにあらざるなり。右翼と呼ばれし人達は、愛国を説くことはさかんなりしも、国のため身をくるしめこころをいたむこと深からざりき」、なぜなら、「祖国愛に徹するとき、おのづから人類愛のこころもわきいづべし」（同 p.217）。民族の歴史的伝統的生命の意志と人類愛が対立するものではないはずだから。国体を超歴史化し絶対化し、排他的な民族主義と化したところに、戦時の国体思想の第一の誤りはあったと稲垣は考えていた。

〈歴史的現実としての国家〉

しかし、戦時期日本の誤りは、こうした思想的な誤りだけでなく、それと深く結びついた具体的な政治の誤りであると稲垣は考えている。それは個々の政策の誤りというよりもいっそう、「政治」というもののとらえ方そのものの誤りであった。「人間のいとなむ政治・社会生活は決して理想状態に至りうるものにあらず。過去しかり。現在しかり。未来もしからん。国家伝統、古代国家を絶対神聖視するは不可。絶対神聖なるは神のみ。……国は現実なり、歴史的現実的生命なり」（同 p.218）。国体が、歴史的民族の生命の表現であるならば、そこで行われる政治は、より一層、歴史的現実的でなければならない。日本に決定的に欠けていたのは、歴史的現実の中で政治を考えるリアリズムである。稲垣のこうした視点から見るならば、私たちが本書の序論で検討してきた西欧政治思想史の伝統とは、端的に「リアリズムの伝統」であったと言うことができるかもしれない。このリアリズムの欠如は、近代以前から(たとえば秀吉の朝鮮出兵にも見られるように)日本民族における政治的能力の欠如に示されている。「大東亜戦争は、過去の日本民族文化の大欠陥を示せり」(同p.224)。こうした反省の上に、敗戦のわずか半月後、稲垣は、アングロサクソンの経験主義に学ぶべきところを見出す。それは、アメリカがいま日本に与えようとしている「デモクラシー」ではなく、むしろそれを生み出してきた歴史的経緯を学ぶことである。すでに大学生の時、稲垣は、西欧近代の民主主義は、単に学者や思想家の作品ではなく、王政に失望した民族生活体験によって生み出されたものであると述べている(同p.125)。戦後彼は改めて、「アングロサクソンの優勢なる所以」を、彼らが経験を重視し、経験を頼りに試行錯誤して来たところに見出すに至っている(同p.169)。こうした歴史的体験を抜きにして、「デモクラシー」を天与のものと受け取るとき、それはやがて危機にいたるであろう、そのとき我々は妥協してはならぬ、天賦人権は死をもって守らねばならぬ(同p.323)。ここでの「天賦人権」は、次節以降で見るように、敗戦後の稲垣が受洗へと導かれた、キリスト教のペルソナと結びつけて考えられている。こうして稲垣は、歴史的特殊的なるものと、いかなる状況においても死をもっても守るべき普遍的なるものとの双方を共に内包する、「政治」というもの、しかも、有限な人間が営むものである限り、決して理想状態には至り得ぬものでもある「政治」というものに対峙することになる。稲垣の短い戦後は、こうした内的な緊張を抱える「政治」の問題と格闘しつつ、何とか希望に値する国を再建しようともがき続ける年月であった。それは「国体」を否定あるいは無化し去るのではなく、それを自らのいわば運命として抱え込みながら、それを歴史の中で相対化し、新しい生命を与えようとする試みでもあった。このような稲垣にとって、「敗戦」のイメージは「解放」でも「輝かしい光」でもあり得なかった。あえてその具体的なイメージを、遺稿の中から選ぶなら、次の二つがあげられようか。一つは、「やせおとろえ、ふるえてさまよふ」「戦災孤児の女の子」の姿である。この姿から稲垣は「世は——勿論我をも含めて——罪から成ってをることに、めざめよ」とみずからを叱咤する(同 p.246-247)。もう一つは、路傍に立ちいくばくかの施しを求めて人々から嘲りを受け、絶望して自殺したとニュースの片隅に記された復員傷痍軍人の姿である。いつも日記のように書き続けていた歌に、彼はその思いを託している。「国のためいさみたたかひきづづきし人のおはりはかくなりにける」「日の本のやまとの国はなさけなき鬼らのすめる国となりぬる」(同 p.490)。罪の自覚にうながされるようにして、稲垣は中学生時代から親しんでいたキリスト教の方向へと向かう。

第三節　国体とキリスト教

〈近代日本のキリスト教〉

中学時代から敗戦期までの稲垣のキリスト教経験は、そのまま、近代日本のキリスト教史を刻印するものであった。ここで、彼に影響を与えた限りでの、近代日本キリスト教史における三つの出来事と著作について、時代順に概観しておく。第一は、一八九一年(明治二四年)の「不敬事件」である。内村鑑三の「教育勅語」奉読式における敬礼をめぐって生じたこの有名な事件は、時の東京帝国大学教授井上哲次郎の『教育と宗教の衝突』(一八九三年)という著作によって、国家とキリスト教との間の、本質的に相容れない関係として論じられている。この問題はその後『井

上博士と基督教徒　正・続編』が編まれるなど、当時広く論議を呼んだ。しかし内村のキリスト教が、その熱烈な愛国心とキリスト教とが結びついた独特な日本的キリスト教であったことはすでに見たとおりである。稲垣は、戦時期に内村の『非戦論』を、敗戦後には『代表的日本人』と『興国史論』を共感をもって読んでいる。彼にとって内村は、祖国愛とキリスト教を迷いなき信仰によって直結させた日本的キリスト教の変わることのない手本であった。第二は、一九〇五年―一九〇六年にかけて、綱島梁川が自らのキリスト教体験を語った一連の論稿によって引き起こされた動向である。綱島は雑誌『早稲田文学』を中心に、トマス・ヒル・グリーンらイギリス理想主義哲学の立場に立つ評論を発表した人物であり、『善の研究』執筆時の西田も彼のものを共感を持って読んでいる。彼の「余が見神の実験」は自ら神を「見た」という経験を伝えるとともに、神と人間は、共に「精神的人格」を本質とするという点において深く結ばれていること、自己の内面を掘り下げ、神の子の自覚を持つことこそ、生の本質にいたる道であることを広く青年層に訴えたものである。ちなみに、ここでも井上哲次郎は、綱島の宗教観を、主観的・「生理的に不健全な状態に於いて得たもの」であると批判している(井上 1906 p.43)。これは綱島が結核を患い、病の床で執筆していたことを指していると思われる。しかし、綱島の宗教論は彼の死後に、安倍能成による編集を経て岩波文庫の一冊として一九二七年に出版され、後の世代に広く読まれることになる。稲垣は中学と高校の時代、この文庫本をかたときも離さないほどに愛読し、そこから「人格」の宗教としてのキリスト教を受け取った。敗戦の年、彼は、一方で神道をわれらの「神聖本能」としつつ、同時に、我々はそこにとどまらずに「神聖人格イエス」への信に入らなければならないのではないかという迷いを見せている。

〈河村幹雄のキリスト教〉

第三は、ほとんど今では知られていない河村幹雄（1886-1931）のキリスト教論である。戦後の稲垣には、少なからぬ影響を与えたものなので、少し詳しく紹介しておきたい。河村は、九州帝国大学の地質学教授であったが、広く教育や宗教についての評論活動でも知られていた。そのいくつかは、死後の一九三四年『名もなき民のこころ』として出版された。この著書には「基督の信について祖国愛のうかがはるゝ節々」という論稿があり、これが、敗戦後の数年、稲垣に強い影響を与えることになったと思われる。この論稿で河村は、当時の「新思想家」と頑迷な「復古主義者」をともに批判しつつ、イエスの宗教について次のように述べている。「『イスラヘルの迷へる羊の外に我は遣はされず』といふのがイエスの信であった。……彼は飽くまで祖国民に忠であったが故に、異邦民族の「忠」にも感動し、之に対して「忠」ならざるを得なかったのである。祖国と称へ同胞と呼ぶを小として、世界、人類といふを合言葉とする我新思想家の如きを見ば、イエスはおそらくヨハネのごとく『見たる汝の兄弟を愛さざるものは見ざる汝の神を愛す能はず』と言ふであらう」（河村 1934 p.345）。河村のキリスト教は、「頑迷な復古主義」を払しょくした場合の国体の思想と両立し得るキリスト教であった[2]。国体の問題と対峙しつつ戦後国家のあり方を模索する稲垣にとって、河村のキリスト教が一つの導きの糸であったことは、敗戦後の日記で稲垣が四度にわたって河村に言及している箇所から如実に読み取ることが出来る。最初は二一年三月。「イエスはその祖国の忠臣なりき。志士なりき。祖国の運命を荷ひたりき。イエスには祖国への使命感あり、殉義の義烈あり」という文章の後に、「河村幹雄先生は、師弟に教ふるに先づ第一に、『教育勅語』を以てせられた。あゝ、先生こそ真に偉大なクリスチャンであられた」（稲垣 2003 p.199）という記述がある。同じ年の六月には、優れた教育者であった河村について述べつつ、自ら今後教育に生きるべきかという迷いを表白している。実際彼は教師の道を歩むことになる。同年九月、河村のキリスト教が「正統的キリスト教」とは異なるものではないだろうかという疑問が示される（同p.229）。それは、国体とキリスト教が連続的に接続されうるものではない、ということへの最初の自覚の表現である。にもかかわらず、河村のキリスト教は長く稲垣から離れることはなかった。最後に死の年の春、やっと彼は河村のキリスト教への決別を宣言する。「河村博士の霊よ、私を迷はしてはなりませぬ。古武士の日本は過ぎ去ったのです。完全に過去の亡霊となったのです。武士道の復活がセンチメンタリズムなることは、満州事変以来二十年の歴史を持って、実験ずみなのです。河村博士の霊よ、戦後八年にわたる私の精神的苦闘、いな、全国民の努力は何でしたろう。伝統への未練をすて去って、普遍的原理の上に、人生と社会とをきづかんとする幼き探求のこの十年ではなかったでせうか」（同p.424）。

〈キリスト教における「罪意識」と「社会形成力」〉

稲垣のキリスト教は、最後まで、こうした、綱島の精神主義的内面的なキリスト教と、内村や河村の日本的キリスト教の両方の要素が不整合なままに共存するキリスト教であったように思われる。しかし、敗戦三年後の受洗に至る時期においては、こうした底流に加えて、キリスト教の持つ二つの特徴がとりわけ稲垣を引きつける要素であった。一つは、キリスト教における罪意識と、善悪についての厳格な態度である。キリスト教には、「実人生における現実と理想との深刻なる矛盾、人間性に内在する善と悪との争闘」があり、この分裂あればこそ「総合統一」が求められる。この分裂の自覚の中にこそ、強烈な「罪の意識」が生まれ、その克服の希望のしるしこそイエスの闘いと死と復活である(同 p.178)。他方、仏教では「善悪不二」と言われる。この言葉は本来は、ただ、「浅薄なる、素朴なる近視的人間中心主義的、独善的、善悪観を打破せよ」という意味に取られなければならない。あくまでも、善は完全であり、悪は不完全である。ゆえに悪はどこまでも「征服」されなければならぬ。仏教はこの追及が不徹底であり、ゆえに罪意識も希薄である(同 p.274)。あるがままの自然への随順を説く神道には、そもそも善悪や、罪の意識そのものが欠如している、と稲垣は考えている。敗戦を何よりも、民族主義的偏狭によって日本国民が犯した深い罪過としてとらえる稲垣にとって、戦後のスタートは何よりも、キリスト教の厳しい罪意識と、善悪の分裂―克服の思想のうちに求められなければならなかったのである。第二は、これと関連して、キリスト教には強烈な社会形成意志があることである。仏教も神道も、「政治的社会的意志が足りぬ」。それに対して、「イエスはユダヤ民族興亡の危機、宗教的、政治的、社会的危機に生まれ、強烈な社会形成意志を有する」(同 p.223)。あるいは、「基督教には社会形成力があるが、仏教には混沌の中に秩序をつくり出す力が欠けている」(同 p.226)。稲垣の考えるところ、戦後のこの時代は、何にもましてこの社会形成力が求められる時代であり、彼はこの社会形成力を、ローマ帝国の支配下にあって政治的にも宗教的にも混乱と衰退にあったユダヤ民族に、新しい神の国の秩序を示した実践家としてのイエスのうちに見出したのである。

稲垣のこの構図は、田辺のそれと驚くほど似ている。この構図の背景には、キリスト教と並ぶもう一つの強力な社会形成意志を示す、共産主義勢力の伸長に対する危機意識があった、という点でも、両者は共通している。「今はこの両者のたたかひである」(同 p.227)。マルクス主義は、物質文明のみを追求し精神文化をなおざりにしてきた近代文明の帰結である、と、この時点では稲垣は考えている。ゆえに、「マルクシズムを批判するには、近代主義を批判せねばならぬ。近代主義を批判するには、カトリシズムに行かねばならぬ」(同p.246)。稲垣は、物質主義にならぶ近代主義のもう一つの特徴をルターの宗教改革がもたらした個人主義のうちに見ており、それゆえ、カトリシズムこそ近代主義と戦後の危機を乗り越える社会形成力を持つ勢力であると考えていた。他方、田辺は、カトリシズムを中世的位階秩序の権威主義的キリスト教として退け、プロテスタントのキリスト教に期待した。それが両者の一つの違いであった。しかし、それ以上に、田辺と稲垣の決定的な違いは、田辺がそれを哲学的論理の世界において完結させ、宗教的信仰の世界へと至ることはなかったのに対して、稲垣は、自ら身をもって実践せずにはいられなかったことである。その時、キリスト教の教義そのものを受け入れる「信仰」という大きな壁が立ちはだかることになる。受洗に至る稲垣の三年間は、この壁を前にした思想的苦闘でもあった。

第四節　受洗への道

〈国体からキリスト教へ〉

洗礼を受けることについて具体的に考え始めるとすぐに、稲垣は、キリスト教と国体を結びつけることの根本的な困難を考えずにいられなくなる。「人もし我に従い来たらんと思わば、おのれを捨て、おのれの十字架を負いて我に従え」。このイエスの言葉を稲垣は深く受け取る。おのれを捨てるとは単に、我欲を捨てよということではない。人間的愛情(私情、恩愛)をも捨てるということである。果たして自分は私情を、恩愛を捨てることが出来るだろうか。もとより私情を捨てるとは、冷酷になるということではなく、私情の限界を、私情は人を救うことは出来ないこと、私情が持つ罪を知ることを意味する。人間の「愛」は限界があることを知り、あきらめること、それは人間にとって大きな悲しみである。しかしこの悲しみを通ってしか、神の愛を知ることは出来ない(同 p.205)。この「悲しみ」を稲垣は、パウロの苦しみに重ねる。ユダヤ人中のユダヤ人であったパウロにとって、ユダヤの古き律法を否定し乗りこえていくことは、いかに苦しかったことか。ユダヤ人の律法は、日本人にとっては「人情」である(同 p.283)。人一倍情が深く、同朋日本人、日本の自然、社会に深い愛着を持っていた稲垣にとっては、こうした人間的な愛の限界を認めよという、キリストの教えは、何よりも厳しいものであっただろう。実家の裏山に登り、夕暮れの村里の景色の中で、彼はしみじみとこの悲哀をかみしめる。「森はこんもりと黒く、あちこちの家々の灯がすずしくともる。をちこちの水田で蛙が鳴く。夏の夕べ。平和な、人なつかしい夏の夕べである。逝きし世がこひしい。かへらぬ昔である。事そぎてすなほなりしいにしへこひし。農の日本、神まつる村里の生活がこひしい。……しかしかへらぬ昔である。……懐古の感傷にふけってはならぬ。めをさませ」(同 p.282)。この段階ですでに稲垣は、河村のキリスト教の限界を自覚していたはずであった。

〈信仰の困難――カトリック教義の問題〉

第二の困難は、キリスト教の教義を受け入れることにあった。とりわけ、その最も根本的な教義である、神の受肉――処女マリアの胎内より救い主イエスが誕生した、という教義である。最後の啓蒙思想家たるカントも躓き、田辺が「神話」と一蹴したこの教義こそ、キリスト教においては、最も聖なる事実そのものである。内村は、万能なる神には人間にとって不可能と思われるいかなることも可能である、というゆるがぬ信仰によってこれを受け入れた。稲垣は、「馬鹿正直な」、ドン・キホーテ的な、「内村鑑三的な生き方」(同 p.351)をこそ求めながら、この内村の信仰に至ることはついにかなわなかった。受洗に至る稲垣の三年間の迷いを見ると、興味深いのは、彼がキリストの十字架による贖罪と復活の教義については、早くから受容しながら、キリスト降臨に関しては最後の最後まで認めることをためらい続けた、ということである。たしかに、イエスが地上での闘いを終え、十字架上に死に、そして新しい命として復活した、というのは、一連の出来事として理解可能であるが、神が、処女マリアの胎内から、人間の赤ん坊として生まれてきた、というのは、何重にも理解不能であろう。神が人間になるということも不可解なら、もっと卑近に、生殖行為なしに子どもが生まれる、というのも経験的な知からは了解不能である。キリスト・イエスの「降臨」と「死」についてのこのような稲垣の受け止め方の違いには、先に見た、田辺のマラルメ論における、出生の不条理こそ、死の不条理を超えるものである、という一節を思い出させるものがあるが、もとより稲垣は、出生という出来事そのものの不可思議ではなく、もっぱら、処女なるマリアの受胎(「童貞受胎」)という事実に躓き、そのために受洗をあきらめようとさえしているのである。「自分はつひに、処女受胎のみは信じえぬかもしれぬ。これが運命なら潔く運命のままに生きよう」(同 p.276)。こう書いた三日後には、また「童貞受胎」を資料的に正当化する試みをしている。この出来事はマタイ伝とルカ伝以外には資料がない。しかしまた、これを否定する資料もない。確証もないのに、この言い伝えを疑うのは不敬虔ではないか。「自分はここまで考へる。しかし、ああ、まだ信ずるにはいたらぬ」(同 p.277)。そして、この問題は考えても駄目である、信仰に入ることなしに受け入れられるものではない、と結論するのである(同 p.278)。以後、稲垣はむしろ、受胎告知を受けたマリアの、「私は神の僕女、御言葉の通りこの身になりますように」と言うその従順さ、謙虚さにこそ「完全なる『人』」(同 p.317)の姿を見出し、自らの信仰のモデルをそこに求めるようになる。受洗後の稲垣の祈りは、ほとんど常にマリアに向けられるようになるが、それは信仰の対象である神への祈りではなく、どこまでも、「全き人」としてのマリアに対して、信仰の導きを願う祈りであった。「童貞聖母よ、われをみちびきたまへ」(同 p.423)。

もう一つの教義は、唯一の普遍の教会(カトリック教会)の教義である。教皇を頂点にいただくこの教会が、キリストの真理を伝える唯一の正当な教会であり、その教えは誤ることがない(教皇の不謬)ということを、いかにして受け入れるか。この問題を考えるにあたって、稲垣が参照したのは、ドイツのカトリック神学者カール・アダムの『我等の兄弟なる基督』であった(同 p.207)。これは英語版からの重訳として一九四六年に出版されたばかりであり、序文として日本のカトリック神学者吉満義彦による、バルト神学批判の論文が付されている。バルトは、田辺のキリスト教論に大きな影響を与えたドイツプロテスタント神学者である。吉満はバルトの、強烈なカトリック教会批判を引用しつつ、神の厳密な超越性と恩寵の絶対的必要性の確信において、バルト神学とカトリックの間には対立はない、としている。そのうえで、神と人間の間の越えがたい断絶対立を見るペシミズムのバルト神学に対して、カトリックは、神と人間との間の本質的類似性をみる「類比」の神学によって、「常に屍体の臭い」のあるペシミズムではなく、「生命の神学」たりうるのだ、と述べている。(カール・アダム 1946 p.43)。稲垣が、「われらの魂は肯定するためにつくられている。希望すべくつくられている。われらは、否定に安んずることは出来ぬ。絶望に安んずることは出来ぬ。教会を信ずるか、信ぜぬか」(同 p.301)と迷う時、吉満のこの文章が頭にあったのかもしれない。ペシミズムが信仰を徹底的に個人のものとするのに対して、カトリック的オプティミズムは、神の長子としてのイエスに続く兄弟たちの集まりである教会を信仰の主体とする。アダムの著はそのタイトル通り、父なる神とその長子、そしてそれに倣う兄弟たちの愛の共同体としてカトリック教会をとらえたものである。それは具体的にイエスの弟子たちから始まり今日にいたるまで連綿と続く、客観的な共同体である。「その共同体は単なる個々のものの総和、あるいは矛盾せる見解の調和ある和合ではなく、超個人的統一体として、その個々の成員に先立ち、彼らの一致の根底を形造るところの本質的なる共同体である。」(同 p.173)。稲垣は、カトリック教会のこうした共同体主義、客観主義を、端的に、「真理とは厳しいもの。幾万億のひとが証した真理こそ、唯一の真理ではないか。真理とは各人が自由に探究しうるが如き甘いものではない。カソリックにくらべると、プロテスタントは甘いやうな気がする。個人思惟を過信している」(稲垣 2003 p.249) として受け止めている。教皇の不謬は、人間的系譜の連なりによってではなく、ペテロに聖霊の保護を約束したイエスの言葉によるのである。真理を伝えることは、人力ではできない。「人力で伝えられるような真理は宇宙最高の真理ではない」(同 p.312)。

〈被造物としての自覚――謙虚なる知性〉

こうした具体的な教義と向き合う中で、稲垣の「信仰」の形、あるいは「人」としての自覚が形成されていくのが見られる(3)。その中心は、「被造物としての自己認識」にあった。歴史の変動期を生き、国体もまた歴史的規定の中で変化しなければならないと稲垣は考えていた。しかし人間は「もっと深刻に規定されている。それは被造物であるという事実である」(同 p.328)。この事実を知ることこそが、人間の神的理性である。それを稲垣はくりかえし「謙虚なる知性」と呼ぶ。それは決して、「宗教的直観」ではなく、どこまでも「知性」であり「理性」である。しかしそれはまた、どこまでも謙虚なる――すなわち自己の限界を知りつつ、自己を絶対的神との緊張関係において限定しつつ働く――知性であり、理性でなければならない。この謙虚なる知性の窮まるところに、十字架のイエスの、処女にして神の母となった聖マリアの「狂愚」があると稲垣は考えている。そこでは、自己の運命に対する悲喜は忘れ去られている（同 p.325)。

この愚かさにこそ倣って生きよう。一九四八年クリスマスの夜半ミサで彼はカトリックの洗礼を受ける。

第五節　受洗後の苦悩――実践に生きる

〈学校という戦場――「自己満足」との戦い〉

受洗後の稲垣は、もはや教義について思い悩むことはなくなる。死までの五年間、彼は、「謙虚なる知性」を、思想としてではなく、神学としてではなく、もちろん哲学としてでもなく、生身の身体をもって、それ自体として、すなわち、生きることそのものとして全身全霊をもって実践しようとした。「謙虚なる知性」の反対は、彼の言葉で言えば「自己満足」である。「死とは何か。自己満足である。人間とは一つの過渡的状態にすぎぬ。それにとどまるは死である。死ほどおそるべきものはない。死は最大の悪である」（同 p.322)。受洗後の稲垣の日記は、この自己満足＝死との闘いの日々を生々しく伝えるものである。この闘いは、彼の肉体の衰弱と死を持ってしか終わることがなかった。「死にたいと思う。迷ひにも疲れた。もがくのにも疲れた。しかし自殺は許されぬ。おん母よ、こんなことを考えるのは罪でしょうか。しかし私は苦しいのです」（同 p.388)。死の前年の日記である。それでは、彼の実践とは、具体的にどのようなものだったのだろうか。一つは、新制高等学校における教育の実践、もう一つは、キリスト教の立場からの社会的政治的実践である。後者が具体化していれば、稲垣の苦悩、迷いのもう一つの形が日記に残されることになったと思われるが、実際に残されたものは、もっぱら教育の場における闘いの記録であった。

戦後教育は闘いの場であった、という時、それは冷戦体制の下での激しいイデオロギー闘争を指して言われるのがふつうである。しかし、稲垣においては全く別の闘いが問題であった。彼は受洗の翌春、佐賀の新制県立白石高等学校に英語担当教員として赴任する。その時彼が懐いていた教育観は次の言葉に凝縮されている。「真理への畏敬をおしへねばならない。真理を教へることは出来ない。真理を求める態度と第一歩とを教へうるのみである。自分の主観的意見を生徒に提供しようとしてはならぬ。生徒とともに真理への道をたどってゆくのである」(同p.331)。「謙虚なる知性」に生きようとする稲垣は、真理そのものを教えることの不可能性を十分に自覚していたが、「真理への畏敬」を教えることは可能であろう。それに自分は一身をかけよう、そう稲垣は決意したのである。しかし、そのことのいかに困難であったかは、これ以後の日々の日記が示している。真理をイデオロギーの形で直接教えることの方が、おそらくはるかに楽であったに違いない。「真理への畏敬」は、生徒の人格に対する働きかけによってしか教えられない。生徒の人格と自己の人格との直接的な関係を築くこと。これが稲垣にとって絶望的なまでに困難に思われた。生徒に共感をもって接すれば「生徒への感傷的同情に沈み、殆ど指導力をもちえざる我」(同p.345)にぶつかり、「ああ、慚愧、我が柔弱は生徒を堕落せしめたり」(同p.349)と悩む。「高校生にとっては厳しい訓練が必要なのだ。苦しみなくしてどうして力強い人格が生まれよう」(同p.346)と、厳しく接しようとすれば、生徒に敬遠される。「教育と言っても結局大したことはできないのだ。授業そのものに、全力をそそぐべきか？それはできる。道徳的訓練は、不可能に近い」(同p.348)と思い迷い、「教師としての愛をもちえぬなやみ」(同p.347)に沈む。しかし問題は教師としての稲垣の資質にあったとは思われない。生徒の演劇を見て彼らのみずみずしい社会正義感の成長を喜び（同 p.341）、クラス雑誌の発行を、「実に嬉しい。うれしい」と手放しで喜び（同 p.364）、病気で休んでいる彼を見舞いの卵をもって訪れた生徒にうどんを食べさせ、四冊の岩波文庫を持たせて帰す（同 p.373）稲垣もいたのである。

問題はむしろ、彼自身の「自己満足」との戦いにあったように見える。クリスマスの告解にあたって、彼は自己の「魂の根底に食い込んでいる腐敗」として自負心傲慢心、虚栄心を思わずにいられない（同 p.353）。そしてそれは教育において最も危険なものである。生徒の魂への愛ではなく、成功への渇望と失敗へのおそれが心をかき乱している。要するに自分は自分のことを思ってばかりいるのだ。生徒をうまく動かして、自己の求める成功に達しようと望んでいるのだ（同 p.356）。いかに生徒のためと思いながらも、本心の無意識においては（同 p.367）、この思い上がりから逃れることは出来ない。実に「教室は恐るべき場所だ。心の内でごまかしやたくらみなどしていては、生徒の敏感な魂は動き出してくれぬのだ」（同 p.372）。おそらく、本書で取り上げた哲学者たちの誰一人として経験しなかった「戦場」が、ここにある。この闘いに何度も敗れ絶望しながらも、稲垣は、教育を絶えざる自己否定の営みととらえ、自分はそのほんの初歩にしかいないのだ（同 p.412）、と考え、「だだっぴろいがさつな環境も自分にはよい道場だ」（同 p.397）と考え直す。確かに戦後全国に作られた公立高等学校は、稲垣が送った旧制高等学校とは全く異なる環境だったろう。敗戦時にまだ子どもで戦後のアメリカ文化の中で育った高校生に、求道の精神はミスマッチだったに違いない。しかしそれでも、中には彼から感化を受けたと話す生徒も何人もいたのである（同 p.370）。こうして挫折を繰り返しながら、稲垣は何度も教室という「道場」に戻っていくのである。「教へ子たちよ　さびしかったらう　わた

しもさびしい　愛しえぬさびしさ　無限に愛したいと思ったけれど　ちっとも愛しえざりしわびしさ　教え子らよ　さびしかったらう　私も苦しかったのだ、骨身にしみてくるしかったのだ　わすれよう　わすれてくれ　春はくる。天地にみちて春の潮がおしよせる　のびて行け　教へ子ら」（同 p.483）。日記と別に残された断片の一つに記されている稲垣の生徒への想いである。

〈近代文明の危機とカトリシズム〉

他方で稲垣は、戦後日本社会の混乱と悲惨をかみしめ、一人のカトリック教徒として、それと、いかに取り組むべきかを考え続ける。その際先ず参照にされたのは、ヨーロッパの社会的カトリック思想であった。彼が何よりも危機感を抱いていたのは、この戦後の数年間、日本が西欧デモクラシー・キリスト教文明を真剣に受け止めることなく、ただアメリカの物質主義的享楽的文化の流れに浸り、その中で、青年層に共産主義思想が急速に広がってきている状況であった。一方で、かつて日本が侵略した中国では、革命が成就し共産主義国家が成立している。稲垣は、中国の精神のスケールの大きさと、依然として世界的理念に欠けた日本とを比較せずにいられない。このままいけば、いずれ日本は結局左へ行くであろう。遂には共産化するかもしれぬ。なぜなら右には信念も思想もないが、左にはそれがあるのであるから（同 p.369）。彼は今後中共がどうなっていくかに強い関心を寄せている。その「予測は至難である。現在の道徳的高揚が三世代後まで持続されるものか。道徳的高揚が失われるや、かの体制は非情な圧政になるであろう」（同 p.404）。革命の道がかくなるものであるならば、求められるべき道は何か。戦時下において三木も日本主義の倉田もともに考えていたように、戦後の稲垣も、革命も戦争も資本主義の野放図な発展の結果もたらされたものであると考える。そしてそれは、あらためて考えるに、キリスト教国と称する先進諸国の責任である。近代以来、人類の罪、とりわけキリスト者の罪悪は積みに積まれている。「罪、罪、罪、罪」（同 p.400）。今や、日本民族の罪は、この人類の罪、しかもキリスト者からなる人類の積み重ねてきた罪と一体のものとしてはっきりと自覚されるに至る。稲垣は、この近代の罪、キリスト者の罪を深く自覚する思想を、ヨーロッパのカトリック思想家の中に見出し、そこに手がかりを得ようとする(4)。

稲垣がこの時参照したのは、共に戦前に書かれ、戦時末期、あるいは戦後直後に邦訳されたフランスのジャック・マリタンと、イギリスのクリストファー・ドウソンのものであった。かれらはいずれも、西欧近代文明の危機を、人間の価値を非常に高く見、自然を観念的に理想化することで、精神、あるいは霊的なるものを低く見る、あるいは否定し去るに至ったこと（ドウソン）、のうちに見出し、人間の日常生活と霊的な生活とを総合的にとらえる、トマス・アクィナスのカトリック神学が時代遅れの非科学的、反動的な思想として斥けられてきたことのうちに見出す。トマスこそ、霊魂の問題と日常生活の営みとを切り離すことなく、総合的にとらえる見方を我々に示してくれた。この二つが切り離されたとき、日常的・自然的生に対するキリスト者の態度は、一方には世への忍従があり、他方には世の拒絶があるのみである（ジャック・マリタン 1944 p.122-123）。トマス神学に立ち返ることによって、マリタンは、この世の時間を単に物理的時間ではなく倫理的時間としてとらえ、そして、この世を超える霊的時間を、この世の時間を根底から生命づけるものとしてとらえる（同 p.108-109）。マリタンは、現代の資本主義の問題にも切り込み、それを、この世の時間をもっぱら物理的にとらえ、倫理と切り離された物理的手段として絶対化した「アメリカ式方式」（同 p.115）の結果としてとらえる。彼は「貨幣の増殖性」と題する脚注において、貨幣が利得を生み、それが再び資本となるに至るという過程自体には、何ら非難の余地はない、とのべ、それが非難されるのは、貨幣が生産企業の活動の補給に役立つものとしてではなく、貨幣そのものが生けるものとされ、企業やそこにおける人間活動がそれの手段とされるときであるとしている。それは利得が企業活動の果実ではなく、貨幣そのものが生み出す果実となることであり、これが貨幣の増殖性と言われる事態である。マリタンは、このような過程が生じるかどうかは、「人間的判断」によるが、それが倫理的な判断となりうるのは、そこに霊的なるものの介入が不可欠であると考えている（同 p.157）。かくしてマリタンの改革運動は、聖―俗を総合的にとらえるトマス主義、あるいはスコラ哲学の復興（ネオ・トミズム、あるいはネオ・スコラ主義）へと向かう。このようなキリスト教の立場からの現代社会批判が、稲垣にどこまで説得力を持ったか定かではない。むしろ彼は、ドウソンの『アウグスチヌスとその時代』に一層のリアリティを感じたようである。ローマ時代末期、異民族侵入の危機的状況の中で文明と社会秩序の根底から崩壊した状況を読み、「いまの時代かの時代に酷似せるをおぼゆ」（稲垣 2003 p.244）と記している。また、ドウソンの『宗教と近代国家』読了後には、宗教は、宗教であることに徹することでのみ、社会に貢献しうる、というドウソンの指摘に対して、「自分の政治熱に二斗の冷や水をあびせらる」、と反省する。そして直ちにその後に続けて、「しかし問題は残る。現下の政治の進行に対し、いかなる行動をなすべきか」（同 p.415-416）と自問するのである。

〈社会改革の道を求めて――キリスト教とマルクス主義〉

このように見てくると、稲垣は、マリタン、ドウソンの読書を通して、現代カトリック思想に学ぶと同時に、ヨーロッパと日本との違いを実感するに至ったのではないかと思われる。マリタンにしろドウソンにしろ、彼らの関心は彼ら自身の文化であるヨーロッパ文化にあり、ヨーロッパにおいては、教会と国家・社会の関係の問題は、世俗化＝近代化の歴史において、すでに長く論じられてきた問題であった。しかし、稲垣の関心はそこにあるわけではない。稲垣が対峙しなければならないのは、新教、旧教を問わずキリスト教会が社会的存在としてはほとんど無に等しく、かたや国家は今や「近代国家」への一歩を踏み出さなければならないとされている、戦後の日本社会である。かくして、稲垣は、「欧米流の近代文明危機論の直訳ではなく、今の日本の民衆の心を、その悩みを、病気をもっともっと知るべきだ。それはまことの学問だ」(同 p.394)と、日本の問題に帰っていく。問題なのは祖国日本の行く末である。「いまやわが関心は英国にあらずして、わが民族の史的生活と現在とにある」(同 p.302)。キリスト教のうちに、社会形成力を求めた稲垣は、文明論的なキリスト教論にそれを求めることは出来なかったように思われる。「自分のなやみはどこにあるか？教会は永遠への救済をめざす。然るに自分はいまの日本国が救いたいのだ。自分だけでなく青年層はそう感じている」(同 p.398)。

日本の現実から出直さなければならない。まず現実の日本の国際的な状況から。一九五二年年頭の日記は、「日本国の前途、愈々暗し。日本は滅びたのである。日本は独立国ではないのである。」(同 p.369)とある。前年秋にサンフランシスコ条約が締結されたことを受けての感慨であろう。しかし、戦時期において、「問題は国内にある」と考えていたように、稲垣は戦後のこの国際情勢においても、真に解決すべき問題は国内問題であると考えている。戦時期、稲垣は日本の問題の根源は農村の疲弊にあると考えていた。今、日本における資本主義の問題がそれと重なって強く自覚されてくる。彼は敗戦二年後に、プロテスタントの社会運動家賀川豊彦の『死線を越えて　下巻』を読み、日本の底辺層の現実、日本資本主義の罪悪相」を知り、「左翼運動のおこらざるをえなかった原因がわかった」(同p.258)と記していた。そしていまや、資本主義の問題は、マリタンやドウソンが考えるような、宗教的な側面からのみ考えるだけでは処理しきれない、より深刻なより現実的な問題として認識されるに至る。「日本をおもへば胸は重い。くらい日はまだつづくであらう」(同p.346)。この現実を理解するためには、マルクス主義、とりわけ日本におけるマルクス主義者から多くを学ばなければならない。「現実分析、特に資本というものの動きに対する分析については、マルキストに学ばねばならない」(同p.402)。共産党に対抗する対策を考える前に「心を空しうしてコミュニズムを研究し、それに含まれる真理を学ばねばならぬ。巨大な真理がここに含まれているのである」(同p.414)。死の数年前の稲垣の読書リストには、日本のマルクス主義に関連する書物が多くを占めるようになる(5)。マリタンの霊的なるものに導かれた「人間的判断」では、とらえきれない複雑で巨大な問題が、資本主義の現実にはある。それをつかまない限り、日本の現状を打破していくことは出来ないだろう。しかしながら、革命の道は選択できない。「ソ連や中国も一定段階に達すれば、精神的危機がくるであろう」(同p.428)。他方、終戦後の世界は戦場、あるいは潜在的な戦争状態の相を一層顕わにしつつある。大陸では朝鮮戦争が闘われつつある。「ああ世をおほふは、暴力主義のみ。いにし世もしかありしか。しかありらん。ただ現在のごとく無恥にてはなかりしか。知らず。ガンヂーこそしたはしけれ。祈らん」(同p.417)。この世界の暴力と闘う道をキリスト教の信仰そのものに見出すことは難しい。むしろ非暴力運動によって独立戦争を闘いぬいた、東洋のガンヂー的生き方こそが「したはしい」(6)。

敗戦を解放と受け止めることのなかった稲垣にとって、このような八方ふさがりの状況は必然であった。しかしそれだからこそ、彼は、社会改革の道を模索することをやめなかった。そのためには、広く問題を共有し得る人々の組織がぜひ必要である。これは一人で考えられる問題ではない。だからこそ、新しい組織がぜひ必要なのだ、という結論にいたる。それは、社会形成力を持つ、と彼が考えるキリスト教と、社会的現実についての巨大な真理を含むと彼が考えるマルクス主義とを、そして、社会改革を望み実践しようという意志を持つすべて人々を糾合する、新しい組織となるだろう。「ありとある人の心の門たたき教えをきかなむ心たいひらに」。まさにこの試みの端緒につこうとしていた一九五三年一一月一七日の最後となった日記には、「勉強したい。『近代化』といふことのまことの意味をつかみたい。……ああ、学びの道は遠いかな」と記されていた。三木が彼の戦時の思想において、そして、その肯定の思想において、根底に据えていたのが、この「近代化」ということの意味であったことが想起される。稲垣の「学び」へのかくも強い希求は、ひとえに、我が祖国の、そして世界の平和な未来はいかにしたら可能か、という問いがもたらしたものであった。しかしもしかしたら、それは人力に及ぶものではないのかもしれない。カントが書いたように、そして内村が述べたように、人間はただ「御国の来たらんことを」と祈りながら歩んでいくことしかできないのかもしれない。死の前年の稲垣の祈りのように。

「世界の平和はくる。……自分はのこる半生を、平和のために捧げます。聖母よ、おんみにささげます。人類の平和のために、祈り祈り、祈りつづけます。私は、どうしてもおんみをうごかしまつり、戦争の到来をふせぎたいのです。……ですからどうかおんみのお祈りもて、主を動かし平和を人類に給ふてください」(同 p.411)。

一九五三年一二月三日、多くの想いを残したまま、彼は、急性腹膜炎のために三三年のこの世の生を終える。次は、その一か月前の歌である。「夜はふけぬ国のなやみとおもふとき涙ながれぬ口をしくして」(同 p.447)。この年は、戦後という時代が依然として戦争あるいは戦争状態の時代であることが一層顕わとなった朝鮮戦争の休戦の年でもあった。

註

序章

(1) 宇都宮芳明(一九九八)は、カントの平和論を、平和という一つの主題(理性の関心)をめぐっての様々な理性使用の統合の試みであると位置づけている。すなわち、政治の現実に即した理性使用、法の場面に即した理性使用、道徳や宗教の場面に即した理性使用があり、これらは相互に混淆されてはならないが、しかしまた相互に無関係であってもならない。(宇都宮 1998 p.258)。このように、理性使用の異なる次元を、混淆することなくしかも統合しようとする試みとしてカントの平和論をとらえる立場は、第二章で取り上げる南原繁の「価値並行論」におけるカント理解と同型のものと思われる。

また、カントにおける国家連合と世界国家の関係についての現代の評価については、津守(二〇〇九)による整理がある。

(2)『社会契約論』の政治思想は、マキャヴェリが実際にフィレンツェにおいて経験した歴史の中から導き出されたものとは異なる。同時に、それは手本とすべき理想を描いたものでもない。それは国家という存在の理念型を描き出したものである。だからそこに描かれているのは、決して理想の国家ではなく、矛盾とその矛盾に対処する方法をもち、しかしいずれにしても決して完全ではありえない「国家」という有限な存在なのである。多くの人がこの点を見ることがなかった。とりわけ、フランス革命の初期のリーダーたちは、ルソーの中に、真に人民のものである自由な国家の思想を見出した。アーレントは、飢えた群衆の暴動を、自由な人民の革命的行動として祭り上げ、革命を混乱と恐怖に陥れたとして、ロベスピエールらを痛烈に批判するとき、彼等の思想をルソーのそれと一体化している(アーレント 1975 p.78-85)。ロベスピエールは確かにルソーの熱烈な弟子を自認していたが、ルソーは、その晩年、迫り来る革命の足音を聞きながら、革命の不毛さについて語っていたのだ。

(3)人民主権という観念そのものは、本稿において用いられている二つの系譜を分かつ決定的な要因ではない。例えば、本章において前者の系譜に位置づけられたカントが『永遠平和』のための第一確定条項として挙げているのが、「共和主義」である。「どの国の市民的(国家的)体制も、共和的でなければならない」。カントは、この共和的な体制を構成する三つの条件を次のように述べている。「第一は、各人が社会の成員として、自由であるという原理、第二、社会のすべての成員が唯一で共同の立法に臣民として従属することの諸原則、第三に、すべての成員が国家の市民として平等であるという法則、この三つに基づいて設立された体制―これは根源的な契約の理念から生ずる唯一の体制であり、この共和的な体制こそが、原初の契約の理念から生まれたものである」(カント 2021 p.165)。ここには、明らかにルソーの『社会契約論』の立論が反映されている。カントが共和制を永遠平和のための第一の前提条件でなければならないとするのは、実際に戦場に赴き、戦費を負担し、さまざまな戦禍を被るのは人民であり、人民が自らこうした戦争を望むことは、戦時においてものうのうと暮らす君主や貴族たちと比べては、はるかに少ないからである。「平和への希望を君主ではなく人民にかけたこと」をカントとルソーの共通点として強調するのは、一八世紀の平和思想を論ずる場合に、今日もかなり一般的に見られるものであり、たとえば田畑・樋口(一九六八)などがある。「人民主権」による「平和」の確立という思想は、「人民」の蜂起に始まったフランス革命を経て、やがて科学的な社会主義に導かれた社会主義革命によって、どの国もプロレタリア人民の国家になることで世界平和が確立されるだろう、と考える思想の系譜とも結びついていく。ドイツ観念論の完成者とされるカントとマルクス主義とのこの接合は、決して思いがけないものではない。本章における「共和主義」の系譜は、永遠平和のための条件として位置づけられたカントのそれとは、本質的に異なるものであることをここで確認しておきたい。

(4)しかしここでは、家族の神は、戦死者の弔いという死の行事を通してその力を未だ失うことなく維持している。ヘーゲルはこのことを、ソフォクレスの悲劇『アンチゴネー』を引用しつつ強調している。ポリスへの反乱者として闘い戦死した兄の遺体が横たわっている。この遺体はポリスの掟に従って、そのまま放置されなければならない。アンチゴネーは敢然と家族の掟に従って埋葬の振る舞いを決行する。彼女はその罰として生きながらに墓地に葬られる。ポリスと家族のこの対立は、ポリスそのものの中に否定的―動的契機として組み込まれているのである。『法・哲学講義』における戦争においては、もはや家族のこのような死の機能は描かれていない。家族の機能は、結婚・財産・教育の三つ（まさに「近代家族」の機能）に縮減されている（ヘーゲル 2000 p.323）。

（5）歴史哲学の講義は、半年単位で五回行われている。本書で引用しているのは、これらを編集して一八四〇年に出版されたものを採用した版からの翻訳である。この版は一般に普及している版であるが、これに対する異論もいろいろある。山崎（二〇一五）は、一八三一年講義の新資料を検討して、従来の普及版が編者である息子カール・ヘーゲルの手によって「改竄」を加えられたものであると指摘している。新資料の検討から氏が導き出しているヘーゲルは啓蒙主義的色彩の強いヘーゲルのように思われる。しかし、氏の論文における一層重要な指摘は、『歴史哲学』そのものの性格についての次のような指摘である。氏によれば、本来ヘーゲルは、精神そのものの歴史性を問う「歴史哲学」を構想していたのだが、その構想を生かし切ることができず、現在遺されているような「世界史の哲学」となった。そもそも世界史、すなわち、諸国家の興亡の歴史は、戦争や暴力、外交的駆け引きの歴史であり、哲学の対象としてはふさわしいものではない。ヘーゲルは「精神の歴史性という二〇世紀の思想を先取りする内容を、発見しながら、それを「世界史の哲学」へとおとしめてしまったと、氏は結論している。しかし、結果として残された「世界史の哲学」（たしかにそれは、哲学ならざる哲学と見える）は、むしろ、ヘーゲルの世界史についての思考を、直接的な生の経験として生々しく伝えてくれるものとなったように思われる。

（6）このように、ヘーゲルは、概念と実在、思考と意志という二項をつねにたて、しかもその両者が互いに完全に一致することを、完全な存在の条件としている。彼がしばしば例として出すのが、人間における魂と身体の合一の例であるように、彼の哲学において、この二項は、別のものでありながら、決して互いに引き離すことは出来ないものである。前項（概念や思考）が強調されれば、それは「観念論」となり、後者（身体や意志）が強調されれば、それは唯物論になる。アーレントが、ヘーゲルは「観念論者」ではない、彼にとって、観念から始めようが物質から始めようが、それはどうでもいいことだったのだ、と述べている（アーレント 2002 p.152）のは、確かに当たっているのである。こうして私たちは、西欧政治思想における二つの系譜がヘーゲルにおいて統合されているのを見る。

（7）山崎は、一八二〇年代プロイセンにおける政治的・宗教的反動と、教会・政府・大学から向けられたヘーゲルへの激しい攻撃について詳細に述べるとともに、ヘーゲルの宗教哲学をこうした動向の中に位置づけ直す試みを提起している(山崎1995 p.51-122)。

(8)宗教哲学は四回の年度に行われた。本書で引用するのは、そのうちの一八二七年度の講義と、一八三一年度(ヘーゲルの死によって中断された)の講義の記録の翻訳である。小林(一九九八、二〇〇一)は、唯一ヘーゲル自身の草稿が現存する一八二一年講義を取りあげ、ヘーゲルの歴史哲学と宗教哲学との間に存在する関連性を指摘している。氏は、「神の存在の場となる世界が、歴史的な世界、客観精神という世界であるとき、存在論的證明の内実と形式はどのようなものとなるのであろうか」(小林 1998 p.50)と問い、その後書かれた論文では、「ヘーゲルはキリスト教に制限された「最後の哲学者」ではなく、キリスト教の本質(救済史)を世俗的な歴史に解消してしまった〝最初の哲学者〟なのではないだろうか。」(小林 2001 p.14)と述べている。

(9)講義は「パリ高等研究院」において一九三三―一九三九年に「ヘーゲルの宗教哲学」という題目で行われた。この一連の講義は一九四七年に、受講生の一人、レーモン・クノーによって編纂され出版された。原書はこの講義の速記録に、雑誌『尺度Mesure』に発表されたものと、コジェーヴ自身の手による一九三四―一九三五年の四回の講義録と、一九三三―一九三四年の二回の講義録が付録1、2として加えられたかなり大部のものである。邦訳には速記録に関しては抄訳、付録1と2は最後の二つの章として組み込まれている。

(10)ここで言う「夜」とは、一九三三―一九三四年の講義録(邦訳では第九章)の最後に引用されているヘーゲルの文章に由来する。「人間はこの夜(邦訳では「闇」)である。それは空虚な無であり、自らの不可分の単純さのうちにすべてをつつみ持っている」(コジェーヴ 1987 p.423)。

コジェーヴの戦時から戦後の仕事については、オフレによる浩瀚な伝記(オフレ二〇〇一)を参照。

(11)イポリットは、高等師範学校時代に、アンリ四世リセで哲学を講じていたアランのヘーゲルの講義を聴き、強い印象を受けている。アランの一九二〇年代の講義をまとめた著書によると、ヘーゲルは現代のアリストテレス、最も深い思想家、ヨーロッパの運命に最も大きな影響を与えた思想家の一人、とされている(アラン 1960 p.13)。アランはヘーゲル哲学の中に、歴史の中で実現されていく人間の行為の理論を見出していた。他方で、当代のフランスでは、ヘーゲルの初期神学論集の刊行に触発された、ヴァールらによる宗教思想としてのヘーゲル論が広く関心を集めていた。ビアンコは、イポリットのヘーゲル研究は、アランの社会的、歴史的、政治的ヘーゲルと、ヴァールからコイレ(コジェーヴの講義はコイレの招きによるものであった)に至る実存的、宗教的ヘーゲルとの間の隙間を埋めることに取り組んだものであると評している(Bianco p.35)。

(12) コジェーヴとイポリットのヘーゲル論を比較検討したものとして森田二〇二三も参照。

第一章

(1) ポイエシスとプラクシスの関係について、田辺が最も端的に論述している例の一つに、論文「永遠・歴史・行為」(一九四〇)がある。ここで彼は、制作の実例として芸術的制作をもってするアリストテレス以来の制作(ポイエシス)論に対して、それが単に「自然観照の立場に立って技術的制作を度外視するならば」、自然の生成と人間の行為との関係を真に明らかにすることは出来ない、と述べている(田辺7-p.154-155)。これは、前年の論文(「国家的存在の論理」)において述べた西田哲学批判を、さらに具体的に、「技術」という観点から述べたものとしても読むことができる。この観点から見たときに、同時代の京都学派の教育学者である木村素衛の一連の論稿は、きわめて重要な位置を占めているように思われる。木村は、もともとドイツ哲学、とりわけ美学に関心を寄せていたが、西田によって一九三三年に京都大学の教育学の講座に招かれ戦時期を教育学者として送り、終戦後わずか一年に足らずして急逝した。彼は、ポイエシスとプラクシスの問題に正面から向き合い、技術的身体という概念を導入することで、政治と教育という二つの「形成作用」の緊張関係に満ちた構図を描き出した。「戦争」というテーマに限定した本書においては、取りあげることはしなかったが、戦時下において西田の「観照的制作」と田辺の「道徳的実践」の統合を模索した例として紹介しておきたい。京都大学赴任前に、木村は、美学者としての関心から、彫刻を例として芸術的制作過程における行為について論じ(「一打の鑿」)、ついで、ここで見出した行為の型を、道徳的実践行為に適応して論じている(「意志と行為」)。この二つの行為は、その後次のような形でとらえられるにいたる。制作的行為については、「形成的表現的主体は現実には常に技術的身体性を有する主体である。道具、機械、組織、制度などを媒介として技術的に働く主体である」(木村 1941 p.28)。他方、道徳的意志は技術的身体を離れては、抽象的で空虚な意志にとどまるであろう。このように両者を媒介するのが「技術的身体」であるが、技術が身体性を離れて、単なる「技術」であるとき、それは盲目であり、放置されれば、無限に増殖して超人的、非人間的な巨大な力をもつ「機械」として人間を圧倒するようになる。現代はまさにこのような「機械」の時代であり、これに対峙する主体としてこそ、木村は、「技術的身体」を要請しているのである。戦時中に書かれ、戦後に出版された『国家における文化と教育』には、「文化の有極的交流と道の世界史」と題する節が含まれている。道とは、それ自体が文化的所産であり、かつ諸文化を媒介するものである。この道を通って往還するものは技術的主体によって形成された地域的特殊性を帯びた国民文化である。それぞれの文化は、その国民の手を離れて、一個の「物」として、この道を通って世界という公共空間へ「飛び散る」。そこで他の様々な文化と接触し、変容することで、世界的公共的文化を形成する。しかし、そこにもまた、避けがたいアポリアが存在する。所産としての文化の伝達が盲目的な運動に委ねられれば、やがて世界は、最も力の強い文化か、そうでなければ、すべてが混淆した均一的な文化が支配する場となるであろう。以上をふまえて、同書の最後には、政治と教育という二つの異なる文化についての考察が述べられている。「政治は内外の世界史的現状に直接に相即する所から直接に発する」。それゆえ政治の特性はその「逼迫性」にある。他方教育は、「未限定性と未知性」にかかわる文化であり、そこでは「逼迫性」とちょうど対極にある「遷延」「遅怠」「融通性」の原理が不可欠である。教育という形成作用は、逼迫性を伴う「現在」のただなかにおいて、このような一種の空隙エポケーにおいてこそ働くことができる。これを彼は再び技術的身体という用語を用いて次のように要約している。「人々はしばしば教育とは未熟なるものを現実の社会生活へ適応する人間にまで陶冶することであると考へる。併しそのとき現在と考へられてゐるものは何であるか。人が普通現在の概念に於いて把握するところは、真の現在の対象的側面にほかならない(にすぎない―筆者)。真の現在は、すでに分析した如く、主体の決意的今であり、そしてこの今は技術的身体を介して形成的実践へ発展する」(木村 1947 p.127)。木村がくり返し強調している「ポイエシス即プラクシス」とは、戦時の逼迫する政治情勢の中で、教育という営みと向き合う過程で探り当てられた、きわめてリアルな概念として読み取るべきであろう。以上の木村論については、森田(二〇一五)などを参照。

(2)田辺の「国家的存在の論理」が出た同年の一九三九年に、務台の論文集『社会存在論』が出版された。タイトルからして、田辺の一九三四年の論文を想起させるこの本は、実際、務台がその初めで述べているように、田辺から「世界内存在としての種的基体」という着想を得て書かれたものであった。務台は、そのうえで田辺の種の論理に対して以下の二つの疑問を呈している。第一は、田辺の、論理を先行させる「論理主義」によっては、世界構造を導き出すことは出来ない、むしろ、表現的世界の構造の方から論理を定立することが必要だ、というものである。これは、西田の表現的世界の立場からの田辺批判一般に共通するものと言えよう。第二はこれと関わって、田辺が個と種的基体との対立葛藤から出発するのに対して、むしろ、この対立は個と表現的世界との対立を不可欠とするものであり、この個と世界との関係を欠くままの個と種との関係は、畢竟、個が種に埋没することに終わるのではないか、という批判である(務台 2000 p.88-94)。実はこれらの批判は、本書に収められた論文(「社会存在論における世界構造の問題」(一九三七))の中ですでに述べられており、この批判に対する田辺の応答もこの書に付録として収録されている。ここで田辺は、論理に先立つ表現的世界というもの自体が、一つの論理を構造原理としていることは疑いを容れないこと、自分の言う論理とは、行為と不可分の関係においてのみ成り立つものであること、それこそが自分の言う弁証法の本質であるということをまず強調している。そこから田辺は、務台が主体ということを言いながら、行為というものについて説くところがほとんど全くない、とし、「行為は生の直接性を破る否定的契機に他ならないから、単なる表現の世界には成立すべき余地がないのではないか」(同 p.171)と述べている。これは西田に対して田辺が繰り返してきた批判であった。注目すべきは、務台の第二の批判に対して、田辺はそれが従来の自分の種の論理が抱えていた問題点を指摘するものであることを率直に認めつつ、この点については、自分がすでに自ら明らかにした所である、と述べていることである。田辺は従来の自分の種の論理が、「種の直接性に重きを置く余り」、種の自己否定と、類の絶対否定との対立ばかりを強調し、「両者の相即する方向が無視せられる傾向をまぬがれなかったことは事実である」と率直に述べている。しかしながら、務台が「両者が相即的同一なることを」主張し、この同一性を絶対無の媒介によってとらえることに対しては、あくまでも批判する。このような絶対無というのは、「実は行為を離れた存在ではないのか」、このような絶対無は、歴史を根拠づけることは出来ない、と(同 p.180)。論文「国家的存在の論理」は、種の自己否定と類の絶対否定とを峻別する従来の種の論理から、両者の間の相即を追求することで、歴史を根拠づけようとしたものであったことが、ここに明らかとなる。この両者を相即するものを、田辺は、カント的な行為的主体に求めつつ、その限界において、「無」の応現的存在としての国家に行きついたのであった。務台の著作が出たとき、西田は「満腔の称賛」を呈し、若き丸山真男は「驚くべき思索の結晶」「限りなき示唆を含むもの」と評価したという(同 p.307)。なお、丸山によるこの著書に対する反応については、中野敏男(2002 p.127-131)も参照。務台に対して、京都学派と戦後啓蒙派の両方から寄せられたこのような称賛と、田辺の種の論理に対する戦時、戦後を通して寄せられた批判を比較してみるとき、そこに、戦時・戦後の日本の思想の特質のある一端を読み取ることが可能であるように思われる。

(3)本書の序で、田辺は、ここに言う「弁証」は、カトリック教会が行っているような弁証――つまり、様々な相対立しあい、矛盾しあう解釈の違いを、比較検討し、調整することで、一つの統一的なキリスト教の教義を確立証明しようとする行為――とは、異なっているということ強調し、自らの立場を、次のように述べている。「キリスト教自身が歴史社会の実践的所産として自らを弁証し、その構造契機としての主体の確立と統一、それに由来する発展と変革との転換媒介に於けるそれの革新的建設、を行的に自覚することを意味するのでなければならぬ」(田辺 10-p.21)。

(4)田辺は本書の最後で、この「弁証」を通して、自分がイエスにおける神への信仰からパウロのキリストへの信仰の道を歩むものであることを改めて自覚したと述べている。にもかかわらず、彼はパウロの信仰に入ることができない。信と不信の間に引き裂かれ、「われ信ず、わが不信を助けたまへ」と祈り、この祈りがキリストによって「許されないではなかろう」と信ずるところにとどまるのである(田辺 10-p.260- 261)。本書出版後一〇数年を経た、一九六一年、戦後の精神史をふり返る座談会の中で、京都学派の最も若い世代に当たるキリスト教徒である武藤一雄が田辺のキリスト教論について報告し、次のように述べている。「伝統的なキリスト教神学の立場にとらわれず、閉鎖的な神学的立場を超出して、キリスト教を徹底的に非神話化し、哲学や科学の立場と内面的に結びつけようとされる点に、我々クリスチャンの立場からいうと、どうしてもついて行けないところがあると同時に、また、われわれの気付かない多くの問題点を指摘され示唆される場合が多いと思います」(基督教兄弟団 1961 p.187)。確かに田辺においては、キリスト教の根本的な教義である、人となった(受肉した)「神であるキリスト」は存在せず、愛と闘争の実践によって神性にまで高められた「人としてのキリスト」が存在するだけである。神の受肉という、いかなる論理によっても説明することの出来ない事柄は、ただ信仰によってしか受容することは出来ない。この問題は、キリスト教の内部においても、歴史上繰り返されてきたものであり、フランスでは、ルナンの、人間イエスを論じた『イエス伝』が巻き起こした論争が日本にも翻訳紹介されている。「耶蘇が嘗て自ら神の化身と夢想せしことなかりし一事は疑ふ可からず」(ルナン 1922 p.213)。日本の明治期には、正統的なキリスト教の立場に立つ植村正久と、イエスを、神性を持つ人間ととらえる海老名弾正との間に激しい論争が展開されている(『明治文学全集 46』p.132 -143)。このテーマについては、『近代日本とキリスト教　明治編』(p.214-223) も参照。田辺の宗教はどこまでも、現実の具体的な問題との対峙から始まり、その究極的な解決の道を厳密な論理によってたどることで到達した地点に置かれている。このスタンスは、以下のマラルメ論に見るように、最晩年に至って、政治的現実的問題から距離を取るようになってからも変わることはなかったように思われる。

第二章

(1) 南原の戦後の弟子たちにとっては、この民族共同体と国家の問題が、南原理解の躓きの石であったようである。その最も率直な表現は、坂本義和の次の言葉に見られる。彼は、南原が斥けた(それはカント自身が『永遠平和論』において斥けたものでもあったが)「世界公民的な」コスモポリタン的な立場を、今こそ重要なものとして評価した後で、「ここに現代、カントがあらためて重視される一つの理由があり、『民族共同体』としての国家を基本とする南原は、カントのこの面を十分に評価しているとは言い難い」と述べている。(南原繁研究会 2008 p.23)。これはさらに南原が戦時期の学生を回想して語った「あまた学生のうち誰一人、かつて諸国に見られたごとき命を拒んで国民としての義務をまぬがれんとする者はいなかった」という言葉に対する「強い衝撃」としても語られている(同 p.27)。他方、戦時期からの南原の弟子であった丸山真男は、これとは異なる評価をしている。南原は体制の外側にいて敗戦を等閑視するアウトサイダーではなく、彼にとっての批判とは、祖国の罪を自分自身の罪と見なし、耐えることであった、としている(丸山 1975 p.7)。戦時期の南原の思想について、バーシェイ(一九九五)は、かなり詳細な紹介をしたうえで、それを支えた新カント派哲学は、戦後においては全く目立たなくなってしまったとし、それがとりわけ一定期間闘うための戦略として、優れた効果を発揮した、と述べている(バーシェイ 1995 p.294)。バーシェイの見るところ、南原は、戦時戦後を通して、高い地位と尊敬を集める公的存在として、自らの公的義務を遂行し続けたインサイダーの人間であった(同 p.158)。バーシェイの図式では、こうした南原に対して、もっぱら公的世界に対するアウトサイダーとして活動した長谷川如世閑が位置づけられ、両者の弟子である丸山真男がその両者の総合として位置づけられる。

(2)近代の英仏政治思想のうち、ホッブス、ルソーの系譜については、ここでは触れられていない。対して戦後のいわゆる近代主義者たちが依拠したのは、一七、八世紀英仏のいわゆる古典近代の政治・経済論であった。経済学者の大塚久雄、高橋幸一郎は、ロックの労働と所有権の主体としての自律的個人という観念から近代の経済学を構想した。政治学では、南原の戦後の弟子で、東大法学部の政治学講座を継承した福田歓一が代表的である。その『近代政治原理成立史序説』は、グロチウスのドイツ自然法に対して、ホッブス、ロック、ルソーによって切り拓かれた、自然権を核とする、社会契約説という擬制の(作為の)思想の有効性を論じたものである。ここでは契約説を否定したカントが批判の対象とされている。「ほかならぬ populus、Volk を無造作に所与として前提しつつ、社会契約を国家の論理的要請に蒸発させたカントの形而上学は、すでにこのような擬制観とは擬制の意味を異にする。すなわち、極論すれば、この形而上学には、ホッブスやロックが「自己保存」の名で呼んだ生身の人間、その欲求によって認識と実践とを相互媒介的に展開する人間が不在なのであり、したがって技術的、社会的、歴史的実践は、「批判」のうちに根拠をもたないのである。消極的にこれを裏付けるものは、いうまでもなくカントの実践理性批判の個人倫理への局限、抽象的普遍への形式化にほかならない」(福田 1971 p.433-434)。こうしたカントへの批判と同時に、契約説の系譜におけるロックの位置が強調されるところに、福田の、戦後民主主義思想との親和性がある。対してホッブス、ルソーをロックとの対比を強調する立場として森田(一九八六)参照。

(3)南原の新ヘーゲル派哲学批判は、むしろ、『国家学会雑誌』に掲載された以下の著作に対する書評において、本格的になされている。オトマール・シュパン『社会哲学』(一九二八)、フランツ・エルザレム『共同体と国家』(一九三〇)、リヒャルト・

クローナー『政治の文化哲学的基礎づけ』(一九三一)、ユリウス・ビンダー『ドイツ国民国家』(一九三四)、ホルシュタイン、ラレンツ『国家哲学』(一九三三)など。いずれの書評も、カント、フィヒテを経てヘーゲルによって完成されたドイツ理想主義哲学が、現代の困難な問題に対していかに対峙しようとしているかを、ていねいに見た上での批判である。フリードリッヒ・ベック『政治的共同体と精神的人格』(一九三八)については、現代ナチスが求める固有の世界観的基礎を実存哲学の立場から提供したものとして、「その認識論上の全体主義」が批判されている(いずれも著作集3)。

(4)中国問題に関しては、矢内原は、今や中国は南京国民政府を中心に民族国家として統一しつつあり、日本はこれと協力して平和的外交を築くべきだ、と考えていた(赤江 2017 p.79)。ここには三木の立場と相通じるものがある。三木はこの立場を東亜協同体の構想として中国の親日派に訴えようとし、矢内原は、何よりも双方がその軍事行動をそれぞれの罪として神の前に投げ出すことによってこの戦争状態をまず終結させようとしていた。歴史の大きな流れは、この両者をもろともに飲み込んで進んでいったのだった。

第三章

(1)バーシェイは、極限的な状況において、あくまでも「公的」に振舞うことを貫いた人物(極限的な公的人物)として、シモーヌ・ヴェーユと並んで、三木をあげ「極限的な公的人物の例として、彼ほどふさわしい者は、まずいないであろう」と述べている(バーシェイ 1995 p.34)。同書の扉には、ヴェーユの次の文章が掲げられている。「人間の知性は、たとえそれが最高の知性であろうとも、公的生活の難問の前には、全く無力である」(同序p.x)。これを彼は本文中で次のように言いかえている。「近代人は、知性によっては成し得ないことがあると知りつつも、知性を信じて努力せざるをえないということである。この真実は、個人が自ら学び取らねばならない」(同p.34)。シモーヌ・ヴェーユと三木清は、このように、インサイダー／アウトサイダーという枠組み自体を超えた存在として位置づけられている。

(2)彼が用いているパスカル『パンセ』のテクストは、レオン・ブランシュヴィック(イポリットの師である)によって編まれた、一八九七年の「小型版」と呼ばれるものか、一九〇四年刊行の『パスカル全集』収められた版であったと思われる。

(3)三木は、ヘーゲル没後一〇〇年の一九三一年に成立した「国際ヘーゲル連盟」の日本支部責任者を務め、その年、いくつかのヘーゲル論を執筆している。そのうちの一つは「ヘーゲルは如何に現代に生きるか」である。ここでは、現代のヘーゲル復興がもたらしたものを、「ヘーゲル雰囲気」と名付けて、その特徴を箇条書き的に次のようにまとめている。二元論に対する一元論的世界観、当為に対する具体的価値の思想、認識論的傾向に対する存在論的傾向、形而上学への要求、分析的抽象的思惟に対する弁証法的全体的思惟。そのうえで、現代のヘーゲル雰囲気において欠落しているのは、ヘーゲル自身において最も強い、客観的な歴史的社会的現実の問題への関心であり、かつ、この関心と関連づけられることなくしては意味を持たないヘーゲルの弁証法そのものである。現代のヘーゲル雰囲気は、「キェルケゴールとニーチェ、そして或る意味では寧ろカントであって、ヘーゲルではない」(三木 10-p.213)。

(4)昭和研究会については、昭和同人会編著・監修後藤隆之助(一九六八)、酒井三郎(一九七九)、室賀定信(一九七八)を参照。また、田辺元は、このような三木(あるいは昭和研究会)の東亜協同体論のことを、非現実的、感傷的観念主義であり、それが「支那の知識人を引き付け得ると思惟するのは甘い」と批判している。「現実はもっと厳粛である。我々は誠実に日本民族の生命の要求を主張し、率直に之を表明しなければならぬ。東亜の新秩序は、飽くまでも日本が主導者となり盟主となって、日支の交互的協力を誓盟する組織たることを必要とする」(田辺 8-p.111)。後にアメリカの一研究者は、昭和研究会の中心的な三人の人物――蝋山政通、笠信太郎、三木清――を論じた著作の中で、「昭和研究会の計画案は、政治にも経済にも疎い知識人が拵えた非現実主義的な図式に過ぎないという反対者から批判されたのももっともなことである」と述べるとともに、彼等の思想を「折衷主義」と断じている(フレッチャー 2011 p.273-274)。事後の目で客観的に評価すればそういうことになるのだろう。しかしフレッチャーが本書で一貫して述べている、「戦後の歴史家によって『暗い谷間』と呼ばれる時代は、彼ら知識人にとっては戦時動員と中国への軍事拡大の政策に便乗して大改革を断行する好機でもあった、すなわち、彼等の思考の根底には、知識人の権力志向が存在した」(同 p.2)という評価については、あまりに外在的な見方であると思わずにいられない。

山崎好裕(二〇二二)は、大東亜共栄圏の実際と企業の動向について論じた上で、西田・田辺・三木の東亜協同体論は、それに対する「左派的」な批判的立場に立つものであったと述べ、戦後一九九四年の広松渉の同様の立場からの論稿について紹介している。

(5) 三木における、有機的時期と危機的時期については、『哲学入門』(三木 18-p.261-264) を参照。

(6) 亀井自身は、確かに、共産党に入党し、その後転向する、という三木とは対照的な歩みをした人物である。それは親鸞主義についても同様であった。亀井は一九四四年『日本思想家選集』の一冊として『親鸞』を執筆している。戦後『亀井勝一郎選集』が講談社から出されたとき、この一九四四年の『親鸞』は一部を削除して収められ、これ以後のものは、この削除版を底本とするようになった。一九七一年の『亀井勝一郎全集』もこの削除版を底本としているが、編者による「拾遺」と「解題」に、削除部分が掲載されている。削除部分では、亀井は、親鸞の聖徳太子奉讃の和讃のなかに、親鸞思想と「皇神」の道との連続性を見出し (亀井 1971 p.440)、仏教渡来三〇〇年も前の『日本書紀』に記された、民の竈の賑わいを喜ぶ仁徳天皇の記事を引用し、次のように述べる「ここに直接仏教の教義に基づく何ものもない。しかも後世に謂ふ大乗の真諦はすでにここに完璧に示現してゐるのではなからうか」(同 p.444)。すなわち、日本が大乗の国であるのは、何も仏教の渡来によってではなく、それ以前から連綿と続く皇統によって、天皇の御悲願によってなのだ。こうして、親鸞思想と神道思想とは次のように結びつけられる。「如来の悲願が一切衆生を摂取して捨てずといふところにあり、祖師の精神に還ること、即ち如来の悲願を仰ぎ、衆生の苦悩を担ふことであるならば、我が国土においては、この一切はまづ、天皇の御悲願によって顕現したと申さねばならぬであらう。親鸞があの深き謝念をこめて太子奉讃をつくったことは決してかりそめのことではない。わが皇統に宿る大悲願への謝恩なくして、仏道もあり得なかったことを切に痛感してゐたからである」(同 p.446)。このような構図は、そこに聖徳太子が介在する点も含めて、次章で見る親鸞主義＝日本主義の構図そのものである。その後亀井は戦後の新しい時代に適応して、こうした親鸞観を撤回したわけである。それは時代に対する、亀井なりの「主体性」の形ではあったのだろう。なお、亀井は終戦直後『聖徳太子』を刊行しており、終章で取り上げる稲垣は、それを出版一年後に読んでいる。その感想は以下のようなものである。「恐るべき本だ。洞察は深刻だ。しかしその深刻さに低滞している。病的なものを感ずる。それは深淵をのぞきたがる、苦痛に美を見出さんとする、デカダンス的心理である。亀井氏は天才的心理学者であるが、デカダンスである。この深刻さを自分でこわさねばならぬ。そして人生の戦場に躍り出るのだ」(稲垣2003 p.272)。「人生の戦場に躍り出る」という表現の中に、私たちは、三木と稲垣に通底する、そして亀井のそれとは異なる、「主体性」の形を読み取る。

(7) 構想力のいわば母体である「虚無」の問題は、遺稿『親鸞』において、どのようにとらえられているだろうか。関連すると思われる個所に、次のような文章がある。

「親鸞の文章を読んでむしろ奇異に感じられることは、無常について述べることが少ないといふことである。これはとかく感傷的な宗教のやうに考へられてゐる彼の思想においてむしろ奇異の感を懐かせることであるが、しかしこれが事実であり、また真実である。そしてそこに彼の思想の特殊な現実主義の特色が見出されるのである」(三木 18-p.427)。親鸞の「現実主義」は無常感の唯美主義と対比させられる。親鸞は美的であるよりもまず、宗教的であり、美的観照や哲学的観照よりも、倫理的、実践的である。親鸞には無常の思想がない。その限りにおいても彼の思想を厭世主義と考へることはできない(同)。三木自身においても、「虚無」は、亀井のような美的無常感ではなく、そこから「形」を作り出そうとする人間の実践との関わりにおいて、「現実主義」的にとらえられた。しかもその「形」はどこまでも、歴史的現実の中でのみ成立し得る有限なるものとして、いかなる絶対化をも斥けるものである。それが三木における構想力と親鸞主義との結合の形であった。

終章

(1) 稲垣を悩ませたこの問題は、すでに見たように、明治末の内村鑑三の「不敬事件」以来、キリスト教の神と日本国家の天皇との関係として、広く物議をかもしてきたテーマであった。この問題に対する、昭和初期のカトリックの立場は、次のようなものであった。「前記の行事参列するを要求せらるる理由は言ふ迄もなく愛国心に関するものにして、宗教に関するものにあらずと思惟いたします。故に、若し彼等がかかる機会に団体として敬礼に加る事を求めらるるは、偏に愛国的意義を有するものにして毫も宗教的意義を有する者にあらざることを明らかにせらるるならば、参加に関する吾人の困難は相当減少すべき事を明言いたします」(田口 1932 p.134)。戦時の時局の切迫の中で、このような宗教側の言い分が通ることは次第に難しくなっていく。

(2) 河村は、生前、三井甲之と親しく語り合う仲でもあった。「三井甲之兄を甲州敷島村にたづねまつりて」と題された一二首の歌が、三井が依拠した雑誌『日本及日本人』大正一〇年一月一日号に掲載されている。その折に読まれたいく首かの歌が『名もなき民の心』に収録されている。以下はその一つである。「国のためたふときおん身よ心してまたこむ日まで恙なくませ」(河村 1934 p.358)。

(3) このころ読んだものに、ジャック・リヴィエールとポール・クローデルの往復書簡集(一九〇七—一九一四年)『信仰への苦悶』がある。本書は昭和一七年に日本語訳が出版されている。フランス・カトリックの代表的な作家であり、外交官として日本に滞在したこともあるクローデルに対して、学生だったリヴィエールが信仰上の悩みを訴える手紙を送って以来、受洗・聖体拝領、そしてその後の長きにわたって続いたやり取りの記録である。受洗に至ろうとして迷いを重ねていた稲垣に深い印象を与えたに違いない。例えばリヴィエールの次のような言葉はとりわけ。「あなたは、御自身お気付きにならずに、わたくしに対する宣告を送出しになりました。神はただ傲慢のみしか憎み給はぬ。……わたくしは、まだ、わたくしが、何よりも先に、本質的に、深く傲慢であることを理解しないでゐました」(クローデル・リヴィエール 1942 p.90 頁)。

(4) この背景にはカトリック教会自体が、戦時から戦後、社会問題に取り組む姿勢を強めていて、日本にも、カトリック総合雑誌を通してその動きが多く紹介されていたことがあるに違いない。とりわけ、ローマ教皇ピウス一一世(在位一九二二年—一九三九年)が戦時下において出した、ナチス、社会主義双方を批判し、カトリックの立場からの社会改革の必要性を説く一連の回勅は、戦後のカトリック社会改革運動において繰り返し引用された。稲垣も戦後の日記に何度かピウス一一世に言及している。「『労働者のもとへ、貧者のもとへ赴け』と教皇は言はれる。それに従うのだ」(同 p.393)。ヨーロッパにおける戦後のカトリック社会運動—カトリック・アクシオン—の実態の一端は、一九五二年のあるカトリック雑誌の記事に見ることが出来る。これは、ベルギー、フランス、イタリア、イギリスの各地のカトリック・アクシオン本部を訪問した報告記事である。報告者が女性であることから、訪問先の多くは女子部であるが、労働者のための各種の学校や講習所の経営、子供から成人向けまでの各種の雑誌類の発行、職場の環境改善への働きかけなど、多様な実践が紹介されている(『世紀』一九五二年五月号)。しかし稲垣がこのような記事に目をとめた形跡はない。

(5)日記に記されているのは以下のようなものである。ヤロスラウスキー『レーニンの生涯と事業』、波多野鼎『マルクス主義大要』、笠信太郎『ものの見方について』、清水幾太郎『愛国心』、今中次麿『基督教と共産主義』、伊豆公夫『日本現代史の基礎知識』、河上肇『近世経済思想史論』、高田保馬『社会主義経済学入門』、矢川徳光『ソヴエト教育学の展開』、猪木正道『共産主義の系譜』、塩尻公明『女性論』、小林多喜二『不在地主』、中野重治『ドイツ国民党員』、石母田正『歴史と民族の発見』。

(6)この迷いの中で、稲垣はしばしば、親鸞に帰ろうとする誘惑にとらえられる。「お前は親鸞の道以外に歩めないのだ。お前は親鸞によって、そのふわふわした生意気な思ひ上がりをくだいてしまはねば駄目なのだ」(稲垣 2023 p.369)。国を救い、人を救おうとする自分の「たわごと」をすて、ひたすら親鸞的でありたい(同 p.378)、と稲垣は切に思う。本来彼は求道の人であり、社会変革の人ではないのだ。しかし、「無義の義」「非行非善」的親鸞的行き方を求めようとしても、やっぱり駄目だ(同 p.360)と思ってしまう自分がいる。真に親鸞に行くということは、逃避であってはならない。親鸞を真に尊敬すればこそ、「いかばかりの真剣さをもって彼と対決せねばならぬことぞ」(同 p.433)。それは、ヨーロッパでもアメリカでも中国でもない、「日本」というものの核心をつかむことになるだろう、と稲垣は予想している。おそらく多くの日本人をとらえて離さぬ親鸞だからこそ、稲垣は、親鸞を「たれよりも、たれよりも、懐かしみ」つつ、自ら選んだカトリックの道と親鸞との間の絶えざる往還を生きることを選ぶのである。

引用および参考文献リスト

引用にあたっては、外国語文献に関しては、以下の訳書のページを記したが、原文、他の邦訳、欧文訳との参照によって、筆者が変更を加えたものであることをお断りしておく。出版年は、はじめに初版年、カッコ内に引用した版の年を入れた。全集からの引用は、巻―頁の順で示した。

アダム，カール『我等の兄弟なる基督』伊藤庄治郎訳（英訳よりの重訳）　吉満義彦序　1946 中央出版社 Adam, K., *Christus unser Brunder* 1937

アラン『イデー―哲学入門―』渡辺秀訳 1960 白水社 Alain, *Idées : Introduction à la Philosophie, Platon, Descartes, Hegel, Comte*, 1932

アラン『マルス―裁かれた戦争』串田孫一他訳 1950 思索社 Alain, Mars ou la guerre jugée, 1921

アロン，レイモン『回想録Ｉ』三保元訳　1999 みすず書房　Aron, R., *Memoires de 50 ans de reflexion politique*, 1983

アーレント，ハンナ『カール・マルクスと西欧政治思想の伝統』佐藤和夫編アーレント研究会訳　2002 大月書店 Arendt, H., *Karl Marx and the Tradition of Western Political Thought*, 1953

同『人間の条件』志水速雄訳　1994 ちくま学芸文庫 Arendt H., *The Human Condition*, 1958

同『革命について』志水速雄訳　1975 中央公論社 Arendt, H., *On Revolution*, 1965

赤江達也『矢内原忠雄―戦争と知識人の使命』2017 岩波新書

同『「紙上の教会」と日本近代―無教会キリスト教の歴史社会学』2013 岩波書店

稲垣武一『稲垣武一遺稿』1954 稲垣武一遺稿刊行会

同『日本文化とキリストの福音―求道者の魂の軌跡』2003 聖母の騎士社

井上哲次郎『教育ト宗教ノ衝突』1893 敬業社

同　対談「宗教と理性」1906『早稲田文学』四月号

イポリット，ジャン『ヘーゲル歴史哲学序説』渡辺義雄訳 1974 朝日出版社 Hyoppolite, J., *Introduction à la philosophie de l'histoire de Hegel* 1946 (1983)

岩波茂雄「『世界』の創刊に際して」1946『世界』岩波書店

イェシュケ，ヴァルター「歴史の歴史性」山崎純訳 1998『人文論集 49-1』静岡大学人文社会科学部

ヴァレリー，ポール『精神の危機』恒川邦夫訳　2010 岩波書店 Paul Valery, *Regards sur le monde actuel*, 1931

ヴェーユ，シモーヌ「トロイア戦争をくりかえすまい」橋本一明　渡辺一民訳　1998 春秋社 Weil, Simone, Ne recommencons pas la guerre de Troie, 1937

同『根を持つこと』橋本一明　渡辺一民訳　1998 春秋社　Weil, Simone, L'enracinement, 1943

ヴェリーン，D.P.「ヘーゲルの戦争の説明」『ヘーゲルの政治哲学―課題と展望　下』Z.A. ペルチンスキー編　藤原保信他訳 1981 御茶の水書房 Pelcynski, ed. *Hegel's Political Philosophy: problem and perspectives*, 1971

臼井吉見『蛙のうた：ある編集者の回想』1965 筑摩書房

内村鑑三『宗教座談』2014 岩波文庫

同『非戦論』1990 岩波書店

宇都宮芳明『カントと神』1998 岩波書店

オフレ，ドミニック『評伝　アレクサンドル・コジェーヴ―哲学、国家、歴史の終焉』今野雅方訳　2001 パピルス Auffret Dominique, *Alexandre Kojeve*, Grasette & Fasquelle, 1990

賀川豊彦『死線を越えて下巻　壁の声きく時』1914 改造社

加藤節『南原繁―近代日本と知識人』1997 岩波新書

同『南原繁の思想世界―原理・時代・遺産』2016 岩波書店

亀井勝一郎『亀井勝一郎全集 第七巻』1971 講談社

同『聖徳太子』1946 創元社

河村幹雄『名も無き民のこころ』1934 岩波書店

唐木順三『三木清』1947 (1966) 筑摩書房

カント，イマニュエル「視霊者の夢」『カント全集』第三巻　川戸好武訳　1965 理想社 Kant, I., *Traume eines Geistersehers, erlautert durch der Metaphysik*

同「宗教論」『カント全集』第九巻　飯島宗享・宇都宮芳明訳　1981 理想社 Kant, I., *Die Religion innerhalb der Grenzen der blossen Vernunft*

同『永遠平和のために』宇都宮芳明訳　2021 岩波文庫 Kant, I., *Zum ewigen Frieden*, 1795

同「世界市民という視点から見た普遍史の理念」『永遠平和のために／啓蒙とは何か他3編』中山元訳　2020 光文社古典新訳文庫 Kant, Idee *zu einer allgemeinen Geschite in Weltbürgerlicher Absicht*, 1786

同『実践理性批判』宇都宮芳明訳　2004 以文社 Kant, I., *Kritik der praktischen Vernunft*, 1788

同『人間学』坂田徳男訳　1970 岩波文庫 Kant I., *Antropologie*, 1798

北森嘉蔵「田辺先生における師弟関係」1963 田辺元全集月報8

木村素衞『形成的自覚』1941 弘文堂書房

同『国家に於ける文化と教育』1947 岩波書店

基督教学徒兄弟団『近代日本とキリスト教―明治編』1956 創文社

同『戦後日本精神史』1961 創文社

倉田百三『出家とその弟子』1917 岩波書店

同『愛と認識との出発』1921 岩波書店
同『祖国への愛と認識』1938 (1941) 理想社
コジェーヴ，アレクサンドル『ヘーゲル読解入門―『精神現象学』を読む』上妻精他訳　1987 国文社 Alexandre Kojeve, *Introduction à la lecture de Hegel* ,Gallimard, 2020
小林亜津子「世界と神との和解―「宗教哲学」講義 1821 年草稿におけるキリスト教と世俗性」1998『ヘーゲル哲学研究 4』
同「愛と運命の「論争的」和解としての歴史―「宗教哲学」講義 1821 年草稿におけるヘーゲルの歴史意識と救済史」2001『実践哲学研究 24』
酒井三郎『昭和研究会―ある知識人集団の軌跡』1979 TBS ブリタニカ
坂部恵他編『カント哲学のアクチュアリティ――哲学の原点を求めて』2008 ナカニシヤ出版
昭和同人会編著・後藤隆之助監修『昭和研究会』1968 経済往来社
昭和塾友会編『回想の昭和研究会』1991 西田書店
関根清三『アブラハムのイサク奉供物語―アケダー・アンソロジー』2012 日本キリスト教団出版局
ソレル，ジョルジュ『暴力論　上下』木下半治訳　1965 岩波書店 Jeorges Sorel, *Reflexion sur la Violence*, 1908,1920
田口芳五郎『カトリック的国家観』1932 カトリック中央出版部
竹内大祐「バタイユとヘーゲルの終わりなき共犯関係―バタイユによるヘーゲル受容の変遷について」2023　Limitrophe, no.2 東京都立大学西山雄二研究室
武田清子他編『明治文学全集 46 (新島襄・植村正久・清沢満之・綱島梁川集)』1977 筑摩書房
田崎嗣人「南原繁における「戦後」―「敗戦」と「贖罪」」2006『政治思想研究』第 6 号
田中峰子「欧州カトリック・アクション瞥見」『世紀―カトリック総合文化誌』(1924 年創刊) 1952 年五月号中央出版社所収
田辺元『田辺元全集』1963 筑摩書房
田畑茂二郎・樋口謹一「ルソーの平和思想」桑原武夫編『ルソー研究　第二版』1968 岩波書店

綱島梁川『綱島梁川集』阿部能成編　1927（1936）岩波書店

津守滋「イマヌエル・カントの政治哲学の現代的意義―『永遠平和のために』を中心に」2009『東洋英和大学院紀要5号』

鶴見俊輔「三木清のひとりの読者として」1968 三木清全集第17巻月報

ドウソン，クリストファ『聖アウグスティヌスとその時代』服部英次郎訳　1946 増進堂 Christher Dowson, *Augustine and His Age*, 1930

同『宗教と近代国家』深瀬基寛訳 1946 弘文堂書房 Ibid *Religion and the Modern State*, 1935

東畑精一・谷川徹三編『回想の三木清』1948 文化書院

中島岳志『親鸞と日本主義』2017 新潮社

南原繁『南原繁著作集』1972 岩波書店

同『日本の理想』1964 岩波書店

南原繁研究会編『平和か戦争か―南原繁の学問と思想』2008 to be 出版

西田幾多郎『西田幾多郎全集8巻』1948 岩波書店

西田雅弘「カント実践哲学の重層的構造―『永遠平和のために』（一七九五年）における「市民化」と「道徳化」」2011『下関市立大学論集』54-3

バーシェイ，A. E.『南原繁と長谷川如是閑―国家と知識人・丸山眞男の二人の師』宮本盛太郎監訳　1995 ミネルヴァ書房 Barshay, A.E. *State and Intellectual in Imperial Japan ; Public Man in Crisis*, 1988

パスカル，ブレーズ『パンセ』由木康訳　1938 白水社 Blaise Pascal, *Les Pensees*

バタイユ，ジョルジュ『バタイユ書簡集 1917-1962年』岩野卓司他訳　2022 水声社 Bataile, G. , *Choix de lettres 1917-1962*, 1997

ハルトゥーニアン，ハリー『近代による超克―戦間期の歴史・文化・共同体　下』梅森直之訳　2007 岩波書店 H.Harootunian, *Overcome by Modernity: History, Culture, and Community in Interwar Japan* 2000

福田歓一『近代政治原理成立史序説』1971 岩波書店

ブランショ，モーリス『文学空間』粟津則雄他訳　1962 現代思潮社 Blanchot, M., *L'espace litteraire*, 1955

フレッチャー，マイルズ『知識人とファシズム—近衛新体制と昭和研究会』竹内洋他訳　2011 柏書房 William Miles Fletcher, *The Search for a New Order*, 1982

ヘーゲル『ヘーゲル初期神学論集ⅠⅡ』ヘルマン・ノール編・久野昭他訳　1973・1974 以文社 *Hegels theologissche Jugendschriften*, herausgegeben von Dr. Herman Nohl, 1907

同『法哲学講義』長谷川宏訳　2000 作品社 Hegel, G.W.F., *Vorlesungen uber Rechtphilosophie*, 1824/25

同『歴史哲学講義上下』長谷川宏訳　1994 岩波文庫 Hegel, G.W.F., *Vorlesungen uber die Philosophie der Geschichte*

同『精神現象学』長谷川宏訳　1998 作品社, Hegel G.W.F., *Phanomenologie des Geistes*, 1807

同『宗教哲学講義』山崎純訳　2023 講談社学術文庫 Hegel, G.W.F., *Vorlesungen uber die Philosophie der Religion*

同『精神哲学』(『エンチクロペディー』第三部) 長谷川宏訳　2006 作品社 Hegel, G.W.F., *Enzyklopadie der philosophischen Wissenschaften im Grundrisse, Dritter Teil, Die Philosophie des Geistes*, 1830

同『大論理学』武市健人訳　1960-1961 岩波書店 Hegel, G.W.F., *Die Logik*, 1831

ヘイズ，リチャード『イエス・キリストの信仰—ガラテア書3-1〜4-11の物語下部構造』河野克也訳 2015 新教出版社, Hays, R. B. *The Faith of Jesus Chrit*, 1983

ベンヤミン，ヴァルター「暴力批判論」野村修訳『ヴァルター・ベンヤミン著作集1』1969 晶文社 Walter Benjamin, *Zur Kritik der Gewalt*, 1921

ポーコック，J. G. A『マキャヴェリアン・モーメント—フィレンツェの政治思想と大西洋圏の共和主義の伝統』田中秀夫他訳 2012 名古屋大学出版会 Pocock, J.G.A. *The Machiavellian Moment*, 1975

ホッブス，トマス『リヴァイアサン 1-4』水田洋訳　1992 岩波文庫 Hobbes Thomas, *Leviathan, or Matter, Forme, & Power of a Common-Wealth Ecclesiasticall and Civill*, 1651

町口哲生『帝国の形而上学—三木清の歴史哲学』2004 作品社

松元雅和『平和主義とは何か―政治哲学で考える戦争と平和』2013 中公新書
マラルメ，ステファヌ『イジチャール―エルベノンの狂気』秋山澄夫訳 1984 思潮社 Mallarmé, Stéphane, *Igitur ou la folie d'Elbehnon*, 1925
マリタン，ジャック『宗教と文化』吉満義彦訳　1944 甲鳥書林 Maritain, J., *Religion et culture*, 1930
丸山真男「超国家主義の論理と心理」『世界』1946 岩波書店五月号
同「南原先生を師として」1975『国家学会雑誌』88（7・8）
同・福田歓一編『聞き書　南原繁回顧録』1989 東京大学出版会
三木清『三木清全集』1967 岩波書店
三井甲之『祖国礼拝』1927 (1939) 原理日本社
同『しきしまのみち原論』1934 原理日本社
室賀定信『昭和塾』1978 日本経済新聞社
メルロ＝ポンティ『ヒューマニズムとテロル―共産主義の問題に関する試論』合田正人訳　2002 みすず書房 Maurice Merleau-Ponty, *Humanisme et terreur*, Gallimard 1947
同『弁証法の冒険』滝浦静雄他訳　1972 みすず書房 Maurice Merleau-Ponty, *Les aventures de la dialectique*, Gallimard 1995
森田伸子「木村素衞における政治と教育―京都学派の身体論を問い直す」2015『人間研究 51』日本女子大学教育学科の会
同「京都学派における『形成』概念の諸相と教育―西田・三木・木村を中心に」『続日本教育学の系譜―京都学派とマルクス主義』2020 勁草書房
同『子どもの時代―エミールのパラドックス』1986 新曜社
同「第二次世界大戦期における戦争と革命の哲学―アレクサンドル・コジェーヴとジャン・イポリットのヘーゲル読解を中心に」2023『近代教育フォーラム 32』教育思想史学会
矢内原忠雄『民族と平和』1936 岩波書店

山崎純「ヘーゲル歴史哲学の実像に迫る―新資料に基づく最終学期の構想」2015『思索 48』東北大学哲学研究会
同『神と国家―ヘーゲル宗教哲学』1995 創文社
山崎好裕「大東亜共栄圏の経済哲学―西田幾多郎・田辺元・三木清」2022『福岡大学経済学論叢 66-2』
リヴィエール，ジャック／クロオデル，ポール『信仰への苦悶』木村太郎訳　1942 甲鳥書林 Riviere, J. ,et Claudel, P., *correspondence* (1907-1914)
ルソー，ジャン・ジャック「社会契約論」作田啓一訳『ルソー全集第五巻』1979 白水社 Rousseau, J-J., *Du contrat social*, 1762
同「社会契約論ジュネーヴ草稿」作田啓一訳『ルソー全集第五巻』同上 Rousseau, J.-J. *Du contrat social* (premiere Version)
同「戦争状態は社会状態から生まれるということ」宮治弘之訳『ルソー全集第四巻』1979 白水社 Rousseau, J.-J., *Que l'état de guerre nait de l'état social*
同「サン・ピエール師の永久平和論抜粋」宮治弘之訳『ルソー全集第四巻』同上 RousseauJ.-J., *Extrait du projet de paix perpetuelle de Monsieur L'abbe de St. Pierre*
同「エミール」樋口謹一訳『ルソー全集第六巻・七巻』　1980・1982 白水社 Rousseau, J.-J., *Emile ou de l'education*, 1762
ルナン，エルネスト『耶蘇伝』綱島梁川訳（補訳阿部能成）　1922 三星社出版部（英訳よりの重訳）Renan, J.E., *Vie de Jesus*, 1863
Bianco Giuseppe, Hisoire et destinée d'un transfert culutrel, Introduction à *Genese et structure de Phenomenologie de l'esprit de Hegel, 2022*
Constance I., Smith, Hegel on War, *Journal of the History of Ideas*, XXVI, 1965
Franz Gheller, Le context sociopolitique du projet du paix perpetuelle d'Emmanuel Kant, *Etudes internationales*, 41-3, 2010
H.G.Bruggencate, Hegel's Views on war, *Philosophical Quarterly*, I, 1995
Hommage à Alexandre Kojeve, 2003 https://books.openeditioin.org/editionsbnf/385
Hyppolite, J., *Figures de la pensée philosophique 1931- 1968,* 1971 (1991) PUF
Hyppolite, J., *Logique et l'existence*, 1952 (2012) PUF
Mallarmé, Stéphane, *Igitur Divagations Un coup de dés*, 2003.
Soual Philippe, Conflits et reconciliation dans la vie ethique selon Hegel, 2011 *Revue philosophique de la France et de l'Etranger* tome136

あとがき

三木清は、戦後文化は、「戦争に直接参加して、深い経験をした人々の手によって作られる」と書きました。この言葉を、敗戦後八〇年にわたる「戦後文化」をふり返ってあらためて読むとき、さまざまな感慨にとらわれます。私自身は、日本の敗戦の直前に生まれた、純粋な戦後世代に属しています。生まれたばかりの赤ん坊が、戦争に直接参加したり、深い経験をしたりすることはあり得ません。けれども私は、自分が「直接的」ではなく間接的な形で参加した戦争(それは戦争一般ではなく、まぎれもなくあの戦争です)の意味を考え続けて生きてきたように思います。この本はこの長きにわたる思考のささやかな産物とも言えるものです。最後に、いささか私的な経験も含めて、この思考の跡を簡単に振り返ってあとがきとしたいと思います。

私は、日本の敗戦の五か月前に、当時の「満州国」で生まれました。一〇歳以上年上の兄たちには、植民地の暮らしも、敗戦後の混乱や引き上げ時の苦労もそれなりに記憶にあり、私は、時折その思い出も聞かされて育ちました。父は、敗戦時、日本の植民地である満州国に作られた「国民高等学校」の教員をしていました。父は、若い頃、地元の師範学校を卒業後、英文学を志し、周囲の反対を押し切って一人上京して、今の早稲田大学に通っていましたが、卒業間際に学資が続かなくなって郷里に戻り、小学校の教員を経て、旧制中学校の教師となりました。このような経歴の父にとって、植民地は、おそらく他の多くの人たちにとってと同様、新しい人生の可能性を与えてくれる世界であったと思われます。「戦争の全体の経過」を経た「戦後」の視点から見れば、これもまた、日本の帝国主義戦争への直接の参加の一つの形であると言えるでしょう。父は戦後を、高等学校の英語の教員として過ごし、七〇歳で亡くなりましたが、娘の私は、こうした戦時期の経験について聞くこともなく過ごしてしまいました。ただ、父が日記代わりに書いていた終戦直後の短歌の中に、「一袋の高粱米にひしひしと異邦の人の友情を感ず」という歌を見つけたときは、わずかに、どこかほっとするものを感じたことでした。紛れもなく侵略する国家の中にその一員として存在していた父と、異邦の人との間の友情を生きた一人の人間としての父と、この二つの存在のありようを考えることが、今から思うと、私にとっての戦後文化を生きることになったように思います。

大学の卒業論文で、ルソーについて書こうと思った時は、まだこうしたことは意識にありませんでした。ルソーの中に、社会的存在としての人間が抱え込まずにいられない二重性についての最もラディカルな認識を、未熟ながら直観的に見出だしてのことにすぎません。この問題を意識的に考えるようになったのは、大学院に進学してからのことです。私の大学院生時代は、一九六八年のパリ大学の学生反乱、いわゆる「五月革命」と連動する日本における大学紛争の時期と重なります。入学後間もなく全学ロックアウトで授業はなくなり、紛争終息後の授業には出る気にもなれず、私の大学院在学時代は、ほとんど独学の時代でした。政治的なものには全く疎い「文学少女」であった私は、ここで知り合った仲間の一人(のちに夫となった森田尚人です)から、ヘーゲル、マルクス、新マルクス主義の思想の系譜の手ほどきを受け、新しい世界にはじめて触れることになりました。今まで直感的なものであったルソー理解は、この新しい系譜と結びつくことで、それに先立つパスカルとホッブスとともに、私の中で一つのヨーロッパ思想史の形を成すようになりました。そしてこの新しいヨーロッパ思想史は、それまであまり関心も持たずに生きてきた「戦後文化」を意識化し、それを相対化する道へとつながって行きました。

日本の戦後をリードした思想を本書の関心から、ごくおおざっぱに、「近代主義」と「マルクス主義」の二つの思潮として見たときに、この対立しあってきた二つの思潮は、国家の問題の回避という点で共通しているように思われます。自由で主体的な個人から構成される市民社会を称揚する近代主義においては、国家は個人にとって外在的で抑圧的な存在として、抵抗と批判の対象として常に位置づけられ、国家の存在理由そのものについて本格的に問うことは回避されてきました。他方、マルクス主義は、本書の序章で見たように、本来は、市民社会のブルジョワ性(私利私欲の追求)を廃棄する革命的プロレタリアートの国家の確立と、世界革命による国家自体の最終的廃棄を歴史の究極目的として掲げる思想でしたが、戦後日本の保守と革新の対立構図において、革新派の知識人が、プロレタリアートの国家について正面から問うことはありませんでした。こうして、国家をカッコにくくっておく二つの思潮は、緩やかな形で結びつき、独特な戦後日本思想を形成してきたように思われます。国家の問題を回避する姿勢は、しばしば、単純に国家を悪いものとみなす考え方を生み出してきたことを、私はかつて大学教育の場で実感したことがあります。国家の思想史を講義した時、終了後、真面目で本もよく読む学生が「先生、国家って悪いものじゃないんですか」と質問に来たのです。この学生は決して例外的な存在ではなかったと思います。この時私は、戦後日本の思想状況が、おそらく世界の中でもきわめて特異なものなのではないだろうか、と実感したのです。少なくとも、ヨーロッパ思想史にわずかながらなじんできた目から見ると、この特殊性はきわだって見えます。

国家を問題にしない限り、戦争の問題を考えることは出来ません。それゆえ、戦後日本の思想を貫いてきたテーマは、戦争ではなく「平和」でした。しかし、国家と戦争についての困難な思考を抜きにした「平和」の思想とは、何だったでしょうか。それは、思想でも哲学でもなく、端的に「祈り」そのものであったと言えます。そしてもとより、平和とは、祈り以外の何ものでもありません。本書の終章における稲垣の言葉に私は深く共感するものです。しかし、稲垣の祈りは、自らそこに生きざるを得ない国家についての、そして、国家の罪としての戦争についての、血のにじむような手探りの思考の中から絞り出された祈りでした。祈りとは本来そのようなものなのではないでしょうか。稲垣をこのような境地に導いたものは、戦時の経験と、戦後それをふり返るために彼が試みた、多彩な読書経験であったように思われます。稲垣の経験の中には、歴史の当事者として生きること、思考すること、読むこと、そして祈ることのすべてが分かちがたく結びついています。そしてこれは、本論で取り上げた三人の日本の哲学者たちの戦時の経験に共通する形でもあります。

本書は、これらの人びとの経験を、「戦後文化」の中で生きてきた者としてできうるかぎり内在的に理解し、可能ならば追体験し、彼らとの対話を通して、私自身の「戦後文化」を作り上げたいという、遅まきの試みです。あの時代を生きた彼らの経験は、当然ながら複雑で、一つの物差しで評価できるものではありません。本書を書くにあたっては、彼らとともにその複雑さから目をそむけることなく、それを彼らとともに受容しようとすることにつとめました。それは、私が考える思想史研究という方法の本質でもあります。第一次、第二次の世界大戦を生きたフランスの哲学者アランは、戦争についてのエッセーの中で、賢者とは、多くを疑う人のことではなく、物事の多様性―複雑性を深く信じる者のことだ、と書いています。アランの教え子であったシモーヌ・ヴェーユは、祖国フランス（彼女はユダヤ人でしたが、何よりもフランス人として生き、死にました）がナチス・ドイツの占領下にある時においてもなお、祖国を絶対視することなく、むしろフランスという国自体が多くの周辺諸民族を侵略し征服してきた結果の産物であることに注意を喚起しています。彼女は国家という存在を絶対化せず、他の様々な事物と同様に、一つの地上的な事物と見ることの必要性を説きます。地上的事物とは、一刀両断にすることのできない、複雑さと有限性をはらまずにいない存在です。そして戦争とは、その複雑さが端的に、暴力的に露呈する現象です。本書で取り上げたすべての思想は、国家と戦争についてのこのような認識において、彼女と一致しています。

本書のタイトルは、同じくヴェーユの次の文章から着想されたものです。「諸概念を明晰にし、生来的な空虚さを抱える諸々の言葉を失墜させ、厳密な分析によって定義づけられた他の言葉でそれらの言葉を置きかえること。こうした仕事こそが、一見奇妙に見えるかもしれないが、人類の生存を保証することができるのである」。戦争という現実に対して、言語の力によって対峙しようとするこのような態度は、今日では、さらに一層「奇妙に見える」かもしれません。私が本書を書き始めて半年後に勃発したウクライナ戦争は今もなお続いており、さらにその後、イスラエルとパレスチナの戦争が前面化しました。世界中が戦場と化す危険は彼女の生きた時代よりもはるかに深刻化しています。このような事態においてこそ、言葉の力を信じなければならない。それも、一つの立場を絶対化する「空虚な言葉」ではなく、ともに有限な存在である国家と国家の間の複雑な関係から目を背けることなく、「厳密な分析によって定義づけられた」言葉の力を。現代は、まさに戦争の哲学が求められている時代なのではないか、という思いはいっそう強まるばかりです。

本書は、同世代として問題意識を共有してくださり、損得抜きの心意気で出版へと導いてくださった、東信堂の下田社長には感謝しかありません。また、最初の未完成な状態の原稿を読んで、読者の視点からいろいろなご指摘をいただくことで、全体の構成を大きく変え、特に序章部分を完全に書き直すこともできました。校正のたびの書き直しにも辛抱強くお付き合いいただきました。この場をお借りして心よりお礼申し上げます。

や行

ら行

わ行

な行

は行

ま行

た行

さ行

事項索引

あ行

か行

ま行

や行

ら行

わ行

人名索引

著者

森田 伸子（もりた　のぶこ）

1945年　中国に生まれる。
お茶の水女子大学文教育学部を経て、1971年東京大学大学院教育学研究科博士後期課程満期退学。
日本女子大学名誉教授。
著書　『子どもの時代―『エミール』のパラドックス』（新曜社 1986年）『テクストの子ども：ディスクール・レシ・イマージュ』（世織書房 1993年）『文字の経験―読むことと書くことの思想史』（勁草書房 2005年）『子どもと哲学を』（勁草書房 2011年）翻訳 B. バチコ『革命とユートピア―社会的な夢の歴史』（新曜社 1990年）など。

戦時哲学における国家と宗教――田辺元・南原繁・三木清を中心に

2025年3月25日　　初　版第1刷発行　　〔検印省略〕
定価はカバーに表示してあります。

著者©森田伸子／発行者 下田勝司　　印刷・製本／中央精版印刷

東京都文京区向丘1-20-6　　郵便振替 00110-6-37828
〒113-0023　TEL (03) 3818-5521　FAX (03) 3818-5514
発行所 株式会社 東信堂

Published by TOSHINDO PUBLISHING CO., LTD.
1-20-6, Mukougaoka, Bunkyo-ku, Tokyo, 113-0023, Japan
E-mail : tk203444@fsinet.or.jp　http://www.toshindo-pub.com

ISBN978-4-7989-1932-4 C3010